D1696740

BusinessVillage

Michael Wolan

digitale innovation

Schneller. Wirtschaftlicher. Nachhaltiger.

BusinessVillage

Michael Wolan
Digitale Innovation
Schneller. Wirtschaftlicher. Nachhaltiger.
1. Auflage 2013
© BusinessVillage GmbH, Göttingen

Bestellnummern
ISBN 978-3-86980-203-9 (Druckausgabe)
ISBN 978-3-86980-204-6 (E-Book, PDF)

Direktbezug www.BusinessVillage.de/bl/912

Bezugs- und Verlagsanschrift
BusinessVillage GmbH
Reinhäuser Landstraße 22
37083 Göttingen
Telefon: +49 (0)5 51 20 99-1 00
Fax: +49 (0)5 51 20 99-1 05
E-Mail: info@businessvillage.de
Web: www.businessvillage.de

Layout und Satz
Sabine Kempke

Illustration auf dem Umschlag
Weltkugel: naddi, www.shutterstock.com
Glühlampe: marinini, www.shutterstock.com

Illustrationen im Buch
Autorenfoto: Fotostudio Brigitta Kleber
Im Kapitel 2 Innovationshemmnisse: Feinspiel – Sebastian Schroeder
Prototypenfabrik: RieperDesign/Goeckedesign

Druck und Bindung
www.booksfactory.de

Copyrightvermerk
Das Werk einschließlich aller seiner Teile ist urheberrechtlich geschützt. Jede Verwertung außerhalb der engen Grenzen des Urheberrechtsgesetzes ist ohne Zustimmung des Verlages unzulässig und strafbar.
Das gilt insbesondere für Vervielfältigung, Übersetzung, Mikroverfilmung und die Einspeicherung und Verarbeitung in elektronischen Systemen.
Alle in diesem Buch enthaltenen Angaben, Ergebnisse usw. wurden von dem Autor nach bestem Wissen erstellt. Sie erfolgen ohne jegliche Verpflichtung oder Garantie des Verlages. Er übernimmt deshalb keinerlei Verantwortung und Haftung für etwa vorhandene Unrichtigkeiten.
Die Wiedergabe von Gebrauchsnamen, Handelsnamen, Warenbezeichnungen usw. in diesem Werk berechtigt auch ohne besondere Kennzeichnung nicht zu der Annahme, dass solche Namen im Sinne der Warenzeichen- und Markenschutz-Gesetzgebung als frei zu betrachten wären und daher von jedermann benutzt werden dürfen.

Inhalt

Über den Autor 7

Vorwort 8

1. Digitalisierung als herausfordernder Wachstumsmotor der Wirtschaft 9
    1.1 Mittendrin – im Zeitalter der sich beschleunigenden Digitalisierung 10
    1.2 Management digitaler Innovationen im digitalen Zeitalter: Schneller. Wirtschaftlicher. Nachhaltiger 15

2. Warum die Floprate von (echten) Innovationen bei über 90 Prozent liegt 21
    2.1 Blick auf die Studien 23
    2.2 Einundachtzig Innovationshemmnisse auf einen Blick 29

3. Management digitaler Innovation: holistische Ausrichtung, organisationale Leitplanken und Weichenstellungen 73
    3.1 Prüfung der Innovationsfähigkeit und Innovationskraft 75
    3.2 Perspektivenwechsel möglich machen 97
    3.3 Schrittweise Öffnung und Vernetzung mit externen Organisationen 104
    3.4 Steigerung der Innovationsgeschwindigkeit 112
    3.5 Steigerung der Innovationswirtschaftlichkeit 118
    3.6 Sicherstellung ökonomischer Nachhaltigkeit 128

4. Management digitaler Innovation: operatives Tagesgeschäft 141
    4.1 Identifizierung und Bestimmung von Suchfeldern im Digitalgeschäft 142
    4.2 Systematische Ideenfindung 145
    4.3 Identifizierung, Bewertung, Priorisierung und Auswahl von entwicklungswürdigen Ideen 160

4.4	Entwicklung eines tragfähigen Geschäftsmodells und Geschäftsplans	161
4.5	Pareto-Prototyping als schnelles, wendiges, ressourcenschonendes und wirtschaftliches Innovationsverfahren	170
4.6	Zehn Leitprinzipien des Pareto-Prototyping	178
4.7	Prototypen-Generator und Prototypenfabrik	200
4.8	Anwendungsentwicklung und Testing	206
4.9	Markteinführung	212

5. Ausblick in eine nicht mehr weit entfernte Zukunft: digitale Zukunftsmärkte von morgen und übermorgen 221

5.1	Die digitalisierte Welt der Zukunft	222
5.2	Global Smartization: die Welt wird smarter	228
5.3	Wenn Dinge beginnen, untereinander zu kommunizieren: Kommunikation vernetzter, intelligenter Systeme im Internet der Dinge und Dienste	231
5.4	Digitale Softwareagenten und Assistenzsysteme denken mit und entscheiden für uns	234
5.5	Phygital Products und Cyber-Physical Systems	235
5.6	Big Data und Predictive Analytics	237
5.7	Neue Datenübertragungswege über Lichtwellen oder Töne	240
5.8	E-Mobility und Connected Driving	242
5.9	Smart (Mobile) Learning	244
5.10	Future Work	245
5.11	Virtuelle Entwicklungslabore, Showrooms und 3D-Internet	248
5.12	Future Commerce	250
5.13	Future Health	253
5.14	Künstliche Intelligenz	256
5.15	Augmenting Cognition	258
5.16	Biometrische Identifikationsverfahren	259
5.17	Intelligent Robotics	260
5.18	Surrounding Interfaces, Floating Interfaces, holografische und volumetrische 3D-Displays	264
5.19	Gedankensteuerung	267
5.20	3D-Druck und 3D-Biodruck	269

Literaturverzeichnis 271

Über den Autor

Michael Wolan ist Geschäftsführer des Innovationsunternehmens Digitale Innovation – Gesellschaft für Innovationsmanagement mbH. Als Innovationsarchitekt und Strategieberater begleitet der diplomierte Kaufmann Unternehmen dabei, digitale Geschäftsfelder sowie sich selbst verstärkende Ökosysteme auf- und auszubauen, um neue digitale Produkte, Services und Geschäftsmodelle in hoher Geschwindigkeit und Qualität zu modellieren, zu validieren, zu entwickeln und nachhaltig im Markt zu verankern. Der Autor, Speaker und Prototypen-Entwickler ist Dozent an der Quadriga Management School im Fachbereich Innovationsmanagement.

Kontakt:
Internet: www.digitale-innovation.de
E-Mail: michael.wolan@digitale-innovation.de

Vorwort

Digitalisierung ist gut. Zumindest für einen Großteil der Menschen. Bei aller Zuversicht möchte ich nicht verschweigen, dass das unaufhörliche Streben nach stetiger Neuerung und Anpassung auf Dauer infrage gestellt werden kann. Die beschleunigte Digitalisierung, die in alle Bereiche unseres Lebens vordringt, dabei ganze Wirtschaftszweige verdrängt und durch neue Technologien ablöst, hat auch Schattenseiten. Der durch die hohe Entwicklungsdynamik induzierte Anpassungsdruck führt unternehmerische und individuelle Anpassungsfähigkeit auf Dauer an ihre Grenzen. Umso erstaunlicher ist das Phänomen der unausgesprochenen Selbstverständlichkeit, mit der viele Menschen der Digitalisierung begegnen, sie teilweise sogar herbeisehnen. Trotz der Schattenseiten werden Sie im Buch ausschließlich auf Chancen durch digitale Erneuerungen treffen. Ich bin davon überzeugt, dass wir Menschen Mittel und Wege finden, mit der Digitalisierung Schritt zu halten oder diese bei Bedarf durch Gegenbewegungen auf ein adäquates Niveau sich einpendeln zu lassen. Das durch Digitalisierung erschließbare Potenzial öffnet uns unzählbare Türen. Auf uns wartet eine spannende Zukunft.

Ich wünsche Ihnen eine impulsreiche Lektüre.

Köln, im Sommer 2013

1.
Digitalisierung als herausfordernder Wachstumsmotor der Wirtschaft

1.1 Mittendrin – im Zeitalter der sich beschleunigenden Digitalisierung

Analog war gestern. Heute regiert digital. Mit Lichtgeschwindigkeit digitalisiert die Menschheit ihren Planeten und überholt sich dabei sogar selbst. In der ersten Dekade des neuen Jahrtausends hat sie so viele technologische Veränderungen erlebt wie noch nie zuvor in einem vergleichbaren Zeitraum. Mit dem gefühlten Ende der »Gutenberg-Galaxie« steht das digitale Zeitalter seit 2002 für den Wandel unserer Gesellschaft zur Wissensgesellschaft und die weltweit steigende Verbreitung des mobilen Internets. Die breite Anwendung der Möglichkeiten durch die Digitalisierung wird getrieben von der hohen Effizienz in der Herstellung der damit verbundenen Hard- und Software. Das vom Intel-Gründer Moore formulierte *Moor'esche Gesetz*, gemäß dem sich alle achtzehn Monate die Leistungsfähigkeit von Prozessorleistung verdoppelt, gilt als einer der Grundpfeiler der Internetdiffusion. Eine ebenso bedeutende Rolle für den Erfolg des Internets spielen Miniaturisierung und Standardisierung. Durch die steigende Integrationsdichte von Mikroprozessoren wird eine zunehmende Miniaturisierung und damit eine Reduktion von Material- und Energieeinsatz möglich. Im Internet sorgt die Standardisierung von Hard- und Softwarekomponenten für Kompatibilität von Systemen und im Datenaustausch für einheitliche Formate zur vereinfachten Übertragung von digitalen Daten. Die Grenzen zwischen online und offline verschwimmen, die Macht der Technisierung und Digitalisierung ist allgegenwärtig und in fast jeden Winkel der Zivilisation vorgedrungen wie elektrischer Strom. Jahr für Jahr vergrößert sich das digitale Nervensystem unserer Umwelt.

Laut Hightech-Verband BITKOM wurde in Deutschland im Jahr 2012 mit Informations- und Kommunikationstechnologien von etwa 850.000 Beschäftigten ein Umsatz von rund 150 Milliarden Euro erwirtschaftet. Die Unternehmensberatung Boston Consulting Group prognostiziert ein jährliches Wachstum der deutschen Internetwirtschaft um etwa 8 Prozent – was im Ergebnis etwa 4 Prozent des Bruttoinlandsprodukts in 2016 bedeutet.

Über drei Viertel der deutschen Bundesbürger verschenkten zu Weihnachten 2012 digitale Medien. Anfang 2013 nutzten knapp drei Milliarden Menschen das Multimedium Internet. Bis zum Jahr 2020 soll die Anzahl der Internetnutzer auf geschätzte sechs bis acht Milliarden ansteigen und bis zu zweihundert Milliarden Dinge in Form von Computern, Telefonen, Fahrzeugen, Maschinen, Spielzeugen und intelligenten Endgeräten sollen zur digitalen Kommunikation fähig sein. Seitdem das mobile Internet bei Smartphones wichtiger als die Telefonie selbst ist, hat die Zahl der mobilen Internetnutzer 2013 in Europa erstmalig die der stationären übertroffen. Das mobile Internet ist ein Index unserer Welt geworden.

Die weltweite, zeitgleiche und permanente Verfügbarkeit digitaler Daten hat unsere Kommunikation verändert. Sprache und Schrift werden immer mehr entmaterialisiert, entkontextualisiert und in das universale digitale Format überführt. Ohne materiellen Kontext werden Zeit und Raum für uns unsichtbar überbrückt und in neuen Kombinationen wieder zusammengesetzt. Durch elektronische Speicherungs- und Übertragungsmöglichkeiten lassen sich die scheinbar körperlosen, digitalen Informationen massenhaft kopieren und transportieren. Dabei basiert der digitale Informationsaustausch auf einfachstem Binärcode. Mit seinen zwei Grundzuständen 1 (»richtig«) und 0 (»falsch«) ist der Code das Ergebnis maximaler Reduktion analoger Komplexität und Kontinuität. Durch logische Verknüpfung und technische Verschaltung dieser einfachen Daten lassen sich höherwertige und komplexere Informationen gewinnen. Der Code bildet die Grundlage für die Verarbeitung von digitalen Informationen im 010101-Zeitalter. An seine Verwendung ist die Existenz unserer digitalen Medien gebunden. Die in den kommenden Jahren in ihrer Summe Billiarden ausmachenden Texte, Bilder, Filme, Klänge oder Empfehlungen basieren auf digitalen Informationen. Neben visuellen, auditiven und funktionalen Informationen werden inzwischen auch Gerüche, haptische Wahrnehmungen und Körperhaltungen digitalisiert. Druck, Temperatur, Bewegung oder Beschleunigung lassen sich über komplexe Prozesse in ein elektrisches Äquivalent umwandeln. Zwischen der untersten Ebene der Maschinensprache und den von uns wahrgenommenen Informationen liegen bis zu zehn Übersetzungsebenen, um digitale Prozesse und Informationen auf den Displays der mobilen Endgeräte für unsere analogen Sinnesorgane begreifbar zu machen.

Rund um die Welt entwickeln Universitäten, Forschungszentren, Konzerne, KMUs und Start-ups hochleistungsfähige Systeme, um die reale mit der digitalen Welt zu synchronisieren. Vernetzte Gesundheitssysteme und medizinische Ultra-low-Power-Sensoren der nächsten Generationen werden Körperfunktionen von Menschen und Tieren messen, auswerten, überwachen und bei Bedarf an spezialisierte Dienstleister übertragen. Intelligente neuartige Folien werden uns über Herstellung und aktuellen Zustand der in ihnen verpackten Lebensmittel aufklären. Mit Lebensmittelfarbe auf Zuckerpapier gedruckte Codes werden auf geschmackvolle Art ergänzende Produktinformationen für uns verschlüsseln. Produkte werden uns ihre Lebensgeschichte erzählen – von der Produktion bis zum Recycling. Verkehrswege werden untereinander selbstständig ausgehandelt. Künstliche Intelligenz ist nicht länger eine Zukunftsvision. Sie wird immer mehr Teil unseres Alltags. Technologien sind nun so weit, dass sie die gesprochene Sprache verstehen und unsere Fragen beantworten können. Wir dürfen von Technik zudem erwarten, dass sie mitdenkt.

Der Leiter des Deutschen Forschungszentrums für künstliche Intelligenz DFKI Wahlster spricht von der vierten industriellen Revolution. Durch vernetzte Energie- und Logistiksysteme wird vieles in unserem Leben smarter und cleverer: Smart Grids, Smart Homes, Smart Environments, Smart Citys werden unser Leben auf unserem Planeten einfacher, sicherer, umweltfreundlicher, sorgenfreier und für diejenigen, die sich darauf einlassen wollen, auch lebenswerter erscheinen lassen. Digitale Produkte und Services von morgen werden uns kognitiv entlasten. Sie werden für uns unzählige Daten erfassen und diese analysieren und interpretieren, Komplexität für uns reduzieren, bei Bedarf Entscheidungen für uns treffen, einfache bis mittelschwere Assistenzaufgaben übernehmen, sich an unser Verhalten anpassen und für uns mit der Welt kommunizieren. Hardware- und Software-Hersteller werden physikalische Produkte mit digitalen Funktionen und überlegener Anwendungslogik anreichern. Informationsasymmetrien werden sich Schritt für Schritt verringern. Kommunikationswege und Kooperationszusammenhänge werden sich zum Zweck steigender Wissensgenerierung unaufhörlich neu konfigurieren.

In den schnelllebigen Märkten des dritten Jahrtausends werden Innovationen zum absoluten Muss für nachhaltiges Wachstum. Der Einsatz digitaler Technologien eröffnet Innovatoren branchenübergreifende Chancen. Auch wenn digitale Produkte in immer kürzeren Abständen durch neue, intuitivere, nützlichere und technisch leistungsfähigere Nachfolger abgelöst werden, stehen wir gerade erst einige wenige Schritt hinter der digitalen Startlinie. In der Online- und Mobile-Welt gibt es noch ganz viel Neues zu entdecken, zu entwickeln, zu vermarkten und zu kommerzialisieren. Weltweit warten Umsatzpotenziale im drei- bis vierstelligen Milliardenbereich in den kommenden Jahren auf ihre Erschließung.

Die transformierende Digitalisierung der Wirtschaft ist längst real. Ihre Schattenseiten produzieren Woche für Woche neue Schlagzeilen in den Medien. Bewährtes muss sich anpassen oder weichen. Der weltweit salonfähig gewordene Zugang zur Digitalität in Arbeits-, Bildungs- und Freizeitbereichen führt Strategien, Strukturen, Prozesse und Kulturen von Unternehmen an ungewohnte Grenzen. Eine einzige disruptive, technologische Innovation kann das Aus für eine ganze Branche bedeuten, setzt bisherige Spielregeln außer Kraft, verteilt die Karten neu. Seit Jahren werden Marktstrukturen und Traditionsbranchen umgekrempelt. Nach der Transformation von Musik- und Fotoindustrie sind es nun Händler, Banken, Versicherungen, Verlage, Touristikunternehmen, Automobilkonzerne, Transportunternehmen, Energieversorger oder Telekommunikationskonzerne, deren Branche sich in den kommenden zehn Jahren durch

> *»I can't think of any industry sector or company which is immune from digital transformation ... and the pace of change will only increase.«*
>
> [Andy McAfee; Principal Research Scientist am MIT]

digitale Innovationen von Grund auf verändern wird. Alte Geschäftsmodelle erscheinen nicht mehr verteidigungswürdig – sie lösen sich auf. Neue Ansätze sind gefragt.

Wettbewerbe und Workshops für innovative Ideen feiern seit Beginn der 2010er-Jahre in vielen Unternehmen Hochkonjunktur. Niemand möchte den Anschluss verlieren oder in der Wertschöpfungskette weiter-, womöglich ganz nach hinten durchgereicht werden – in einer Zeit, in der die Kleinen mutiger denn je die Großen angreifen. Und dies mit einer Intensität, als gäbe es kein Morgen mehr. Täglich stehen Millionen von jungen, hungrigen und hoch qualifizierten Menschen auf, deren erklärtes Ziel es ist, digitale Größen wie Microsoft, Google, Facebook, Amazon und Co. abzulösen – von etablierten Großunternehmen ganz zu schweigen. Sie setzen das analoge und auch digitale Establishment unter massiven Anpassungsdruck, greifen deren Vormachtstellungen an. Und dennoch findet nicht automatisch ein »Elite Replacement«, ein radikaler Austausch der »Branchenplatzhirsche«, statt. Durch den Druck aus unmittelbarer Umgebung und die ausgelösten Dynamiken reagieren die etablierten Akteure auf die neuen digitalen Potenziale nicht konservativ oder mit Eindämmungsstrategien. Vielmehr werden sie selbst aktiv. Sie beginnen mit eigenen Initiativen und allen ihnen zur Verfügung stehenden Ressourcen mitzuspielen und werden zu wesentlichen Trägern der Transformation. So gewinnt der digitale Transformationsprozess an Breite und Legitimität und feuert den digitalen Wettbewerb zu Höchstleistungen an: Auf Betriebstemperatur fährt der digitale Hochgeschwindigkeitszug ins neue »Eldorado« der digitalen Innovationen mit scheinbar unbegrenzten Potenzialen hinein. Hier entstehen die neuen Milliardenmärkte von morgen.

Im Zeitalter der sich beschleunigenden Digitalisierung stehen Unternehmenslenker und Geschäftsgestalter mehr denn je vor der anspruchsvollen Herausforderung, die Weichen für das digitale Geschäftswachstum von morgen richtig zu stellen und eine hohe Innovationsfähigkeit, -geschwindigkeit und -wirtschaftlichkeit sicherzustellen und nachhaltig zu konservieren.

1.2 Management digitaler Innovationen im digitalen Zeitalter: Schneller. Wirtschaftlicher. Nachhaltiger

Klassische Innovationsmanagementmodelle stoßen an Grenzen

Die Digitalisierung krempelt nicht nur ganze Organisationen und Wirtschaftszweige um. Sie stellt auch neue, anspruchsvolle Anforderungen an das Management digitaler Innovationen von morgen. Eingeschlagene Wege und altbewährte Vorgehensweisen greifen in der sich digitalisierenden Ära nicht mehr weit genug. Klassisches Innovationsmanagement war lange Zeit nach innen und dabei auf systematische Planung, Orchestrierung und Kontrolle von Innovationen ausgerichtet, indem entwicklungswürdige Geschäftsideen Schritt für Schritt ausgearbeitet und kommerzialisiert wurden. Heute verändern sich der Innovationsanspruch und das Innovationsverhalten in Unternehmen. In einer Zeit, in der sich Unternehmen immer stärker von der Digitalisierung betroffen sehen, greifen tradierte Instrumente wie Stage-Gate-Modelle, bei denen insbesondere ungewöhnliche, radikalere Ideen in den Gates ausgefiltert werden, oder konventionelle Portfolio-Management-Ansätze ähnlich kurz wie straffe hierarchische Organisations-, Entscheidungs-, Kontroll- und Berichtsstrukturen. Je entschlossener Öffnung und Vernetzung strategisch und operativ vorangetrieben werden, je mehr kreative und auf den ersten Blick chaotisch wirkende Momente und Experimente bewusst gefördert werden, desto stärker kollidieren diese Ansätze mit altbewährten Managementmodellen und dem Mangel an Freiraum für unternehmerische Kreativität.

Bloßes Zuschauen und Inaktivität birgt die Gefahr, Marktanteile auf Dauer an die digitale Konkurrenz zu verlieren. Die radikale Digitalisierung durch das mobilisierte, ubiquitäre Internet der Dinge und Dienste wird zukünftig so gut wie jedes Geschäft verändern. Tapscott spricht von einem histori-

> *»Wer nichts ändert, der wird verändert.«*
>
> [Reinhard Doleschal; Leiter des Instituts für Kompetenzförderung KOM]

schen Wendepunkt der Geschäftswelt an der Schwelle zu dramatischen Veränderungen der Organisation, Innovation und Wertschöpfung von Unternehmen. Er sieht eine neue Art von offener, vernetzter Organisation, die besser agieren und konkurrieren kann. Neue Strukturen, Regelsysteme und kulturelle Aspekte sind dabei die Grundlage für veränderte Handlungspraktiken.

Innovationsmanagementprinzipien für digitale Weiterspringer

In der sich technologisch schnell verändernden und an Komplexität und Unberechenbarkeit zunehmenden Welt erfordert das Management von digitaler Innovationsleistung proaktives Handeln und beispielloses Umdenken. Ohne die Fähigkeit, auf die dynamisch verändernden Marktkräfte zu reagieren und aus eigener Kraft kontinuierlich besser und kompetenter zu werden, erscheint eine nachhaltige unternehmerische Entwicklung kaum noch vorstellbar. Neue Organisationsmodelle und eine neue Innovationsmanagementpraxis können den veränderten Rahmenbedingungen wirksamer begegnen, wenn das Management von der Digitalisierung betroffener Unternehmen konsequent auf digitale Erneuerungen ausgerichtet, ein erhöhtes Maß an Selbstorganisation und Vernetzung zugelassen und Innovationsorientierung als integraler Bestandteil der Unternehmensstrategie verstanden wird. Ein mutiges, kluges, schnelles, wirtschaftliches und nachhaltiges Management von digitaler Innovation beflügelt die Innovationsspannkraft in Unternehmen, um auf dem Innovationstrampolin höher zu springen. Innovative Weiterspringer im digitalen Kosmos bedienen sich neuer Schlüsselprinzipien, um die Erfolgsquote digitaler Innovationen Schritt für Schritt zu steigern. Dies gelingt umso besser, wenn das Management von digitaler Innovationsleistung weniger als Technik denn als Geisteshaltung begriffen wird.

Innovationsmanager stellen in der digitalen Landschaft immer wieder fest, dass es fast alles in irgendeiner ähnlichen Form schon auf der Welt gibt oder zumindest schon einmal darüber nachgedacht wurde. Ideen, die wirklich uniquen Charakter aufweisen, sind selten. Da Innovation als das Einführen von etwas Neuem definiert wird, ist das Risiko mit Neuem, etwas nie Dagewesenem zu scheitern, sehr hoch. Dabei ist es wichtig zu verstehen, dass eine Geschäftsidee zu haben und eine Geschäftsidee mit hohem Begehrlichkeitsfaktor zur Marktreife zu bringen, zwei durchaus verschiedene Dinge sind. Die eigentliche Innovationsleistung steckt sowohl in der Idee selbst als auch in der nachfolgenden Modellierungs- und Entwicklungsarbeit, um von einem groben, noch ungeschliffenen Rohdiamanten zu einer ganz konkreten Lösung zu kommen.

Die Unterschiede zwischen digitalem und konventionellem Innovationsmanagement scheinen auf den ersten Blick geringfügig zu sein, denn eine Vielzahl von Prinzipien findet in beiden Welten Anwendung. Bei genauerer Betrachtung werden jedoch bedeutende Unterschiede erkennbar, denn das Management von digitaler Innovationsleistung hat ein größeres Spektrum zur Verfügung, um Innovationsleistungen wirksamer hervorzubringen: Innerhalb kürzester Zeit lassen sich Ideen ohne Berücksichtigung von Unternehmens- oder Landesgrenzen online generieren, kommentieren, bewerten, zu digitalen Prototypen weiterentwickeln und im Markt testen. Digitalproduktentwickler können sich auf Wunsch mit mehreren Tausend Menschen in Echtzeit zusammenschließen, neue Marktangebote online diskutieren und, mit variantenreichen Feedback-Kanälen garniert, schneller (weiter)entwickeln. Ein weiteres Phänomen der digitalen Welt stellt die Messbarkeit dar. Erfolge und Misserfolge lassen sich schneller, genauer und bequemer messen und damit auch besser steuern.

Im Rahmen einer achtjährigen Studie konnten Christensen, Dyer und Gregersen von der Harvard Business School eine Art »Innovationscode« nachweisen, der auf Personen, Prozessen und einer Philosophie beruht. Sie fanden heraus, dass Top-Manager der innovativsten Unternehmen anders denken, anderes Arbeiten in Innovations-Projekt-Teams ermöglichen und die Philosophie verfolgen, dass jeder Einzelne für Innovationen verantwortlich ist. Bei Berücksichtigung und Internalisierung der fünf verschiedenen Handlungsmuster Verknüpfen, Hinterfragen, Beobachten, Experimentieren und Vernetzen sei es für jede Organisation möglich, bahnbrechende Ideen zu entwickeln.

Das nachfolgende, in Kapitel 3 ausführlich behandelte holistische 6-Dimensionen-Modell bringt die für die Orchestrierung von digitaler Innovationsleistung wesentlichen Gestaltungsmerkmale mit hohem Wirkungsgrad in sechs Kategorien zusammen, um digitale Innovationen schneller, wirtschaftlicher und auf nachhaltige Weise hervorzubringen. Es ermöglicht ein situatives Eingreifen an jedem Punkt im Innovationsprozess, unabhängig davon, was innovierende Unternehmen bereits in der Vergangenheit unternommen haben und zukünftig planen.

Abbildung 1: Holistisches 6-Dimensionen-Modell für wirksames Management digitaler Innovationsleistung

Innovationsorientierte Unternehmenslenker und Innovationsverantwortliche können im Zusammenspiel digitale Innovationen wirksam erschließen, wenn sie

1. bezüglich der Innovationsfähigkeit des Unternehmens überprüfen, ob sie
- das Management von digitaler Innovationsleistung organisational richtig verortet haben,
- relevante Digital-, Markt- und Technologieveränderungen frühzeitig erkennen,
- die das Digitalgeschäft berücksichtigende Innovationsstrategie auch gegen Widerstände in der Organisation, die üblicherweise bei Veränderungen gegenüber der vertrauten Komfortzone entstehen, klar, konsequent und messbar vorantreiben,
- kulturelle Leitplanken und Weichenstellungen innovationsförderlich setzen,
- bis zu achtzig unternehmensinterne Innovationshemmnisse erkennen und die Organisation systematisch entfesseln können,
- sicherstellen, dass sich genügend Macht-, Fach-, Prozess- und Beziehungspromotoren und Champions als Hemmnisüberwinder, Befürworter, Gestalter und Treiber von digitalen Erneuerungen verstehen,
- die für digitale Innovation erforderlichen, dominanten Fähigkeiten entwickeln oder integrieren,
- die Ideen-Pipeline stetig gefüllt lassen.

2. einen Perspektivenwechsel möglich machen, indem sie
- eine integrierende Orchestrierung von Variation und Verbesserung des Bestehenden und inkrementeller sowie radikaler Innovationsansätze fördern,
- häufiges, dafür frühzeitiges Scheitern zulassen und daraus Lernpotenziale erschließen,
- bereit sind, sich auf konstruktive Weise zu kannibalisieren,
- eine höhere Innovationsrate anstreben.

3. eine schrittweise Öffnung der Organisation forcieren, indem sie
- die Unternehmensgrenzen schrittweise öffnen,
- Chancen und Risiken von Open Innovation hinterfragen,
- entweder an Open-Innovation-Programmen teilnehmen oder selbst ein solches Programm initiieren und in beiden Fällen ihre Rechte am geistigen Eigentum (IPR) hinreichend absichern,
- Cross-Industry-Innovationen in die Wege leiten.

4. die Innovationsgeschwindigkeit erhöhen, indem sie
- die Vernetzungsdichte steigern,
- Frontloading betreiben,
- Entwicklungsleistung (massiv) parallelisieren, Komplexität reduzieren und auf Wiederverwendbarkeit von Entwicklungsbausteinen setzen,
- Entwicklungsleistung in eingebettete, autarke Garagen verlagern.

5. die Innovationswirtschaftlichkeit erhöhen, indem sie
- digitale Entwicklungsaktivitäten funktionsübergreifend orchestrieren und synchronisieren lassen,
- Innovationsprozesse flexibilisieren,
- multidisziplinäre Task Forces installieren,
- systematisches Innovationssplitting betreiben.

6. ein nachhaltiges Innovationssystem sicherstellen, indem sie
- kontinuierliche (Wettbewerbs-)Überlegenheit herstellen und versuchen, diese mittelfristig zu konservieren,
- auf hinreichende Adaptivität des digitalen Innovationsmanagements setzen,
- ein integriertes Wissensmanagement anstreben und
- sicherstellen, dass sich die Organisation zu einer lernenden weiterentwickelt, indem sie Voraussetzungen dafür schaffen, dass Mitarbeiter ihre Zeit, ihre Fähigkeiten und ihre Kompetenzen bündeln und auf kreative Weise im Sinne der Organisation einbringen können.

2.
Warum die Floprate von (echten) Innovationen bei über 90 Prozent liegt

Die meisten Innovationsanstrengungen scheitern. Zahlreiche und widerstandsfähige Innovationsbarrieren sorgen dafür, dass die Floprate bei Innovationsprojekten in der Regel deutlich höher ausfällt, als es so manchem Innovationsmanager im Vorfeld vorstellbar erscheint. Publizierte Beispiele von Innovationsmisserfolgen sind sehr schwer auffindbar, denn kaum eine Organisation möchte im Innovationswettbewerb nicht auf dem Medaillenpodest stehen. Trotzdem gelingen große Innovationsdurchbrüche weniger häufig als gewünscht. Weder Konzerne noch mittelständische Unternehmen noch kleine Start-ups sind vor dem Risiko des Scheiterns geschützt.

In der Literatur zeigt sich Innovation als viel erforschtes Feld. Viele Wissenschaftler haben bereits ausgiebig beleuchtet, wie sich Unternehmen organisatorisch aufstellen können, um Innovationsleistungen bestmöglich abzurufen, was Kunden gegenwärtig und zukünftig brauchen und wollen und wie Adoptionsphasen bei Innovationen durchlaufen werden. Gourville bringt das Scheitern von Innovationen mit hohem Erneuerungsgrad mit zwei Ursachen in Verbindung und spricht von einem Innovationsdilemma: Einerseits neigen Kunden und Anwender zur systematischen Unterbewertung von Innovationen, andererseits neigen Unternehmen zu systematischer Überwertung von Innovationen.

Rogers erkennt fünf Faktoren, warum Innovationen aus Produkt- oder Leistungsgründen scheitern können: 1. relative Vorteile zu bestehenden Produkten oder Leistungen, 2. Übereinstimmungsgrad mit Werten, Erfahrungen und Bedarfen, 3. Anwendungskomplexität, 4. Sichtbarkeit im Markt und 5. Erprobbarkeit. Für Rogers ist eine Innovation umso erfolgreicher, je geringer ihre Komplexität und je stärker relative Leistungsvorteile, die Übereinstimmung mit Kundenvorstellungen, die Erprobbarkeit und die Sichtbarkeit im Markt ausgeprägt sind. Ergänzend hierzu wird in der Literatur gelegentlich der Faktor »wahrgenommenes Risiko« aufgeführt, das sich auf das technische Risiko der fehlenden Handhabbarkeit, das soziale Risiko eines möglichen Reputationsverlusts und das ökonomische Risiko im Falle einer Fehlinvestition bezieht.

Neben der Produktsicht zeigt zunächst Rogers, später auch Moore, warum Innovationen aus Marktgründen scheitern können. Sie unterscheiden fünf unterschiedliche Adaptionsphasen bei potenziellen Kunden oder Nutzern: Innovators, Early Adopters, Early Majority, Late Majority and Laggards. Moore merkt an, dass die Bedarfe und Bedürfnisse der Gruppe der Early Adoptors sich stark von der Gruppe der Early Majority unterscheiden. Unternehmen hätten große Schwierigkeiten, diese Kluft zwischen beiden Teilmärkten zu überwinden. Der Übergang dazwischen sei alles andere als glatt. Daher gäbe es viele Unternehmen, die zwar in den frühen Phasen der Innovationsakzeptanz noch recht erfolgreich seien, aber spätestens dann scheiterten, wenn es darum geht, die Marktanteile auszubauen.

Ein weiteres in der Literatur viel beachtetes Gebiet geht der Frage nach, warum Innovationen aus unternehmensbedingten Gründen scheitern. Schnaars, McMath und Forbes sind der Meinung, dass Innovationen häufig an der Selbstüberschätzung und Inkompetenz der Verantwortungsträger scheitern. Auch Fischhoff, Slovic und Lichtenstein führen einen Teil des Innovationsmisserfolgs auf sich selbst überschätzende Akteure zurück. In diesem Zusammenhang verweisen Schultz und Braun auf die Illusion und das Wunschdenken, aufgrund derer die verantwortlichen Innovationsmanager systematisch die Wahrscheinlichkeit und Geschwindigkeit überschätzen, mit der Innovationen im Markt angenommen werden. Biyalagorsky, Boulding und Staelin sehen zudem eine beständige Tendenz von Unternehmen, trotz offensichtlich oder nahezu gescheiterter Produkteinführung weiterhin am Marktangebot festzuhalten, die eigenen Anstrengungen auszuweiten und damit weitere Aufwände und Kosten in Kauf zu nehmen.

2.1 Blick auf die Studien

In seinem jährlich erscheinenden Innovationsranking sah Forbes 2012 das Softwareunternehmen Salesforce, das Pharmaunternehmen Alexion, die Online-Handelsplattform Amazon, den Softwarehersteller Red Hat und den chinesischen Suchmaschinenbetreiber Baidu auf den ersten fünf Rängen. Im Fast-Company-Ranking von 2012 führten Apple, Facebook, Google, Amazon und Square die globale Favoritenliste an. Bei der Boston Consulting Group bildeten 2012 die Unternehmen Apple, Google, Samsung, Microsoft und Facebook die Spitze der Top-Innovatoren. Solche Erfolgsmeldungen vermitteln den trügerischen Eindruck, dass unsere Wirtschaft von vielen erfolgreichen Innovatoren überflutet sei. Dagegen sieht die Innovationsrealität anders aus. Mit Blick auf die Erfolgsquote von Innovationen weisen diverse Studien auch nach der Jahrtausendwende immer wieder sehr geringe Erfolgsquoten aus. Abgesehen von einigen wenigen Innovatoren, die mit überdurchschnittlich hohen Erfolgsquoten glänzen, scheitern die meisten Firmen mit ihren Innovationen in der Praxis.

Organisation/ Studienautoren	Jahr	Stichprobe	Branche	Floprate in Prozent	Ergänzungen
AcuPOLL Research	2006	–	diverse	80 bis 95	Flopraten basieren auf Ergebnissen unternehmensinterner Kundendaten verschiedener Branchen (Konsumgüter, Finanzdienstleistungen, Versicherungen, Telekommunikation, Lebensmittel, Pharma, Getränke)
Andrew/Sirkin, Boston Consulting Group	2003	> 200 Großunternehmen (v. a. Fortune-Global-1000)	Costumer Goods	50 bis 90	–
Arthur D. Little	2010	400	–	99	von 100 Geschäftsideen setzt sich nur eine nachhaltig erfolgreich im Markt durch
Berth, Kienbaum	1993	176 neu eingeführte Produkte	–	84	1.919 Ideen, 524 Grobanalysen, 369 Projekte, 176 marktreife Produkte: davon 124 Flops, 24 Verlustbringer, 17 mittelmäßig erfolgreich, 11 Erfolgsprodukte; Quotient: (17+11)/176 = 84,1%
Boutellier/Lach	2000	–	Handelsprodukte	80 bis 90	nur 1 bis 2 von 10 Neuprodukten im Handel erfolgreich
Christensen, Harvard Business School	2011	30.000 Produkteinführungen	Consumer Products	95	–
Christensen/ Raynor	2003	–	New High-Tech Products	75	over 60% of all new high-tech products development efforts are stopped before they are commercialized

Organisation/ Studienautoren	Jahr	Stichprobe	Branche	Floprate in Prozent	Ergänzungen
Clancy, Krieg	2003	–	–	80 bis 95	depending on the industry; no more of 10% of all new products or services are trading profitably three years after launch
Copernicus Marketing Consulting and Research	2005	500 marketing programs	Consumer and B2B Products and Services	90	<10% of all new products/services produce enough return on the company's investment to survive past the third year
Erichson	2007	–	–	83	nur 8% aller Neuproduktprojekte erlangen Marktreife; davon scheitern 83% im Markt
Frost & Sullivan	2009	–	–	40 bis 90	on average between 40 to 90% of all new products fail, and those statistics have held constant over the last 25 years
GfK/Serviceplan	2006	30.000 neu eingeführte Produkte	FMCG	70 bis 90	Zwei Drittel scheitern im 1. Jahr. Nur 17% sind vom Start weg erfolgreich, werden innerhalb eines Jahres von 5% der Verbraucher gekauft und von einem Drittel der Käufer mehrfach erworben
Gourville	2006	–	Konsumgüter (USA)	70 bis 90	–
Haber	2008	–	–	80 bis 90	–
IMS Consulting Group	2008	3.081 Neueinführungen	Pharma	97	3.081 beworbene Produktneueinführungen in 64 Therapiegebieten in acht Schlüsselmärkten; weniger als 1% der Einführungen schneiden mit überragendem Erfolg ab
Information Resources Nürnberg	2005	30.000	FMCG	73	Lebensmittel und Konsumgüter 73%, Getränke 80%
Kerka et al., IAI Institut für angewandte Innovationsforschung	2005	1.200	–	94	100% Ideen, 33% Prototypenentwicklung, 13% Markteinführung, 6% Produkterfolge
Konzept und Analyse, Nürnberg	2005	–	–	93	93% aller Produktneueinführungen und Relaunches sind Flops; Werte wurden bei führenden Marketingunternehmen ermittelt
Kuester	2008	–	Konsumgüter (Deutschland)	>70	70% aller neu eingeführten Produkte sind nach 12 Monaten nicht mehr auf dem Markt; im B2B-Bereich sind es 50 bis 70%
Nielsen (Nielsenwire)	2011	–	–	90	je nach Branche bei 90% oder mehr

Organisation/ Studienautoren	Jahr	Stichprobe	Branche	Floprate in Prozent	Ergänzungen
Research & Results, Bartels/ Barczewski	2008	–	Telekommunikation	70 bis 90	Ausgabe Research & Results 04/2008 (Quellen werden nicht explizit genannt)
Sharma, Iyer, Evanschitzky	2008	–	High-Technology Products	90 bis 99	failure rate of new business ventures
Sividas/Dwyer	2000	–	–	50	–
SynphonyIRI Group	2005	30.000	Konsumgüter	ca. 73	Rund 45 % waren bereits nach einem Jahr nicht mehr in den Regalen. Von den restlichen 55 % entwickelte sich die Hälfte so schlecht, dass sie bald aus den Regalen verschwand. Gut 27 % der verbleibenden Produkte haben eine Überlebenschance
Zentrum für Innovationsforschung und Business Development zibd	2010	–	Neue Produkte und Dienstleistungen	90	verschiedene Studien
Zimmermann/ BBDO	2001	100.000	–	85	Floprate bei Produktneueinführungen liegt bei circa 85 %

Abbildung 2: Empirische Studien und weitere Untersuchungen zu Flopraten bei Innovationen

Der Studienüberblick mit Fundstellen nach 2000 erhebt nicht den Anspruch auf empirische Validität. Eine Metaanalyse würde weder einem Homogenitätstest standhalten noch ließe sich eine belastbare Effektgröße herleiten. Die Fundstellen sollen vielmehr ein grundsätzliches Bild davon vermitteln, auf welchem Niveau Innovationsmisserfolge in der Praxis auftreten.

Die meisten Untersuchungen im Kontext von Innovationserfolgen beziehen sich auf ganz unterschiedliche Branchen aus dem nicht-digitalen Sektor. Studien rund um echte digitale Innovationen sind immer noch rar und Einzelfunde höchstens als Trendaussage interpretierbar.

Inkrementelle Innovationen floppen seltener als wirkliche Neuerungen. Höhere Innovationsgrade gehen fast immer mit höheren Flopraten einher – insbesondere wenn wirklich neuartige Produkte, Dienstleistungen oder ganz neue Systeme geschaffen werden, die existierende Produktkategorien ersetzen. Eine isolierte Betrachtung nach Innovationsgrad stand bei der Studienauswertung nicht im Vordergrund. Viele der aufgeführten Studien unterscheiden zudem nicht zwischen Innovationsleistung, Innovationsintensität und Innovationsgrad. So wird Innovation sehr unterschiedlich interpretiert. Es gibt Unternehmen, die bei sich eine wesentlich höhere Innovationserfolgsquote erkennen, diese aber überwiegend aus der Differenzierung oder aus Bestehendem schöpfen. So kommt es vor, dass selbst geringe Produktverbesserungen oder Produktvariationen nach außen hin als bahnbrechende Innovationsleistung dargestellt werden. Andere Unternehmen unterscheiden reine Produktweiterentwicklungen zur Verbesserung des bestehenden Geschäfts von inkrementellen und radikalen, disruptiven Innovationen.

»Neun schlechte Ideen helfen, die zehnte, gute zu entwickeln.«

[Mike Lazaridis; Gründer Research In Motion (heute: Blackberry)]

Es ist anzunehmen, dass besonders erfolglose Organisationen seltener an Befragungen zu Innovationserfolgen teilnehmen als solche Organisationen, die sich durch erwähnungswürdige Erfolge auszeichnen. Weiterhin ist anzunehmen, dass eine hohe Anzahl von Innovationsvorhaben, die bereits während der Entwicklung aufgrund von Markt-, Zeit-, Kosten-, Technik- oder Qualitätsgründen noch vor der geplanten Markteinführung gestoppt wurden, durch die Untersuchungsraster der Studienautoren gefallen sind.

Vor diesem Hintergrund liegt die Vermutung nahe, dass die tatsächliche Misserfolgsquote von Innovationsanstrengungen der Unternehmen deutlich höher als 90 Prozent liegt. Dies gilt insbesondere für digitale Innovationen mit hohem Neuigkeitsgrad.

Auch Branchengrößen scheitern häufiger als in der Öffentlichkeit dargestellt.

Microsofts »Kin«

Microsoft wollte die Hardware eines Handys selber produzieren und über die Anbindung an Smartphones vor allem jüngere Zielgruppen ansprechen. Nach nur sechs Verkaufswochen im Sommer 2010 war der mobile Fehlschlag offensichtlich. Das Produkt wurde wieder vom US-Markt genommen.

Apples »Ping«

Es sollte ein eigenes, unabhängiges und großes soziales Netzwerk werden. Trotz gigantischer Reichweite und Zielgruppenzugang ist dies nicht gelungen. Apple ließ das Netzwerk nach rund zwei Jahren im Herbst 2012 wieder vom Markt verschwinden und setzte lieber auf Facebook und Twitter.

Googles »Wave«

Wave sollte als ein Mix aus E-Mail, Chat-Programm, Blog, Wiki und Fotoportal eine neue, schnellere Art der Kommunikation und Zusammenarbeit ermöglichen. Was die Zukunft der digitalen Kommunikation werden sollte, wurde bereits nach zehn Monaten Betrieb im Sommer 2010 wiedereingestellt.

HPs »WebOS«

Das Betriebssystem WebOS von Hewlett-Packard sollte das Unternehmen auf dem Smartphone- und Tablet-PC-Markt weit nach vorne bringen. Die Software erwies sich jedoch schnell als Flop – mehr als eine Milliarde Dollar musste abgeschrieben werden. HP stoppte die Auslieferung von Touch Pads nach nur sieben Wochen im Sommer 2011.

Holtzbrincks »Zoomer«
Das ambitionierte Nachrichtenportal sollte Lesern die Möglichkeit geben, über den News-Mix mitzubestimmen. Besonders häufig angeklickte Artikel und Kommentare wurden auf prominenten Plätzen angezeigt. Nach nur zwölf Monaten Betrieb wurde das Portal 2009 wiederabgeschaltet.

2.2 Einundachtzig Innovationshemmnisse auf einen Blick

Warum scheitern so viele Innovationen? Die meisten Innovationsvorhaben starten zunächst mit großen Ambitionen. Alle Initiatoren zeigen sich bester Stimmung, wollen etwas bewegen, sind erfolgshungrig. Doch in vielen Fällen ebbt die anfangs positive Aufbruchsstimmung bereits nach einigen Monaten ab: spätestens dann, wenn erste technische Schwierigkeiten, Budgetüberschreitungen oder zeitliche Verzögerungen das Innovationsprojekt negativ überschatten. Kurioserweise treten solche Rückschläge selbst dann auf, wenn im Vorfeld gründliche Vorbereitungen getroffen wurden. Was ist geschehen, dass es plötzlich holprig wird? Warum scheitern selbst die vielversprechendsten Ideen in oder an der Umsetzung? Die nachfolgende Matrix versucht, einen kompakten Erklärungsansatz zu geben, indem sie der Frage des Scheiterns von digitalen Innovationen im Rahmen verschiedener Betrachtungsdimensionen auf den Grund geht. Sie beleuchtet über achtzig Einzelfaktoren, die Erfolge von Innovationsaktivitäten erschweren oder ganz ausbremsen können. Viele dieser Faktoren treffen sowohl auf digitale als auch auf nicht-digitale Innovationen zu.

Dimension	Innovationshemmnisse
I. **Orchestrierung dynamischer Komplexität**	(1) Unterschätzung der multifaktoriell bedingten Themenkomplexe (2) Überschätzung der Orchestrierungs- und Synchronisierungsfähigkeiten (3) Überforderung bei der Orchestrierung von bis zu zwanzig Funktionsbereichen (4) Überforderung bei der Orchestrierung von bis zu fünfzig Teilprojekten (5) Viele falsche von mehreren Hundert Entscheidungen
II. **Organisationsebene**	(6) Als Regelwerk verstandene Unternehmenskultur (7) Keine Förderung von Kreativität und freiem Denken (8) Ineffektive Kommunikation (9) Unklare Innovationsstrategie (10) Nicht operationalisierbare Innovationsstrategie (11) Starre Organisationsstrukturen (12) Dominierende Forschungs- und Entwicklungsbereiche (13) Dominantes Prozessdenken (14) Fehlende interne Schlüsselpersonen als Promotoren (15) Fehlende Top-Management-Unterstützung (16) Limitierte Finanzmittel (17) Innovationsprojekte als »Add-on« zum Tagesgeschäft (18) Leere Idee-Pipeline: Ideenmangel durch Sickerverlust oder diskontinuierliche Ideenfindung (19) Aufgabenbereiche, Verantwortung und Kompetenz stimmen nicht überein (20) Hohe Mitarbeiterfluktuation (21) Unzureichende Wissenserfassung und Dokumentation von Erfahrungswissen (22) Ineffektive Wissensnutzung und -verteilung (23) Schlechtes Image in Zielmärkten
III. **Führungs- und Mitarbeiterverhalten**	(24) Bedrohliche Ungewissheit (25) Systematische Unterschätzung von Geschäftschancen (26) Systematische Überschätzung von Geschäftsrisiken (27) Stoische Vermeidung, mit Fehlschlägen in Verbindung gebracht zu werden (28) Kaschierung von eigenen Schwächen und Inkompetenzen (29) Bedenken aufgrund fehlender Technologie- oder Marktinformationen (30) Bedenken aufgrund vergleichbarer Innovationsleistungen bei Wettbewerbern (31) Bedenken aufgrund zu hoher Investitionskosten oder zu langer Amortisationsdauer (32) Bedenken aufgrund fehlender (technischer) Entwicklungskompetenzen (33) Ausgeprägte Bereichsegoismen (34) Überzogenes Risikomanagement (35) Überzogenes Mikromanagement (36) Überzogener Stellenwert von Wirtschaftlichkeits- und Rentabilitätsanalysen (37) Geringe Fehlertoleranz
IV. **Umsetzungsschwächen und Umsetzungsfehler**	(38) Wenig fundierte Analysen und Scouting-Aktivitäten (39) Ungenaue oder falsche Ableitung neuer Geschäftsfelder (40) Falsche Ideenbewertung und -auswahl (41) Fehlendes Know-how, um Ideen zu modellieren und substanziell weiterzuentwickeln

Dimension	Innovationshemmnisse
IV. **Umsetzungsschwächen und Umsetzungsfehler**	(42) Zu langes Festhalten an schlechten Ideen (43) Zu frühe Einforderung einer monetären Bewertung (44) Unrealistische Annahmen im Business-Case (um Budgetfreigabe zu erzielen) (45) Ineffektives Anforderungsmanagement (46) Fehlende interdisziplinäre Kompetenzträger im Innovationsteam (47) Defizite beim Projektmanagement/-controlling (48) Over-Engineering (»Features-Monster«) mangels kundennaher Faktoren (49) Defizite bei Dienstleistersteuerung (50) Konstruktionsfehler im Geschäftsmodell (51) Verzicht auf Prototypen, frühe Produktvalidierung und Markttests (52) Unausgewogene Priorisierung simultaner Innovationsprojekte (53) Starre, nicht modulare Prototypen- und Produktarchitektur (54) Unterschätzung von Produktdesign (55) Unterschätzung von Leistungsverpackung (56) Unterschätzung von Leistungskern (57) Unterschätzung von Grad an Uniqueness (weiterer Me-too-Clon) (58) Unterschätzung von Produkthandhabung und Benutzerführung (59) Keine zeitversetzte oder inadäquate Ansprache von Trendsettern und Mainstreamern (60) Mäßige Werbekampagne und ausbleibender Sogeffekt des Kampagnenguts (61) Zu geringer oder diskontinuierlicher Werbedruck (»Grundrauschen-Launch«) (62) Fehlende Preiswürdigkeit der Neuerung (63) Fehlende Infrastruktur für Produkttests, Leistungsrekonfiguration oder -anpassung (64) Keine systematische Erfolgsmessung
V. **Geschwindigkeitseinbußen**	(65) Großprojekte blockieren Parallelentwicklung (66) Mehr ist weniger: zu große Innovationsteams (67) Lange interne Entscheidungswege (68) Komplexer Leistungsumfang vor Markteinführung (69) Perfektionismus (70) Isolierte Entwicklungsleistung statt Entwicklung im Innovationspartnerverbund (71) Verzicht auf Prototyping (72) Verzicht auf Vergleichzeitigung von Entwicklungsleistung (73) Verzicht auf wiederverwendbares, modulares Produktbaukastensystem
VI. **Technologie**	(74) Unbeherrschte Technologien (75) Perfektionistisch gehandhabte Systemintegration (76) Beschleunigter Technologiewandel und sich verkürzende Technologiezyklen (77) Fehlerhafte Programmierleistung (78) Technologische Unterlegenheit
VII. **Externe Rahmenbedingungen**	(79) Simultanentwicklung durch nicht identifizierte Wettbewerber (80) Veränderte rechtliche oder gesetzliche Rahmenbedingungen (81) Dynamischer Bedürfniswandel

Abbildung 3: Innovationshemmende Faktoren

I. Innovationsbremse: Orchestrierung dynamischer Komplexität

Warum scheitern so viele Produkt-, Service- oder Verfahrensinnovationen in der Praxis? Die Frage des Scheiterns ist nicht ganz einfach zu beantworten. Auf komplexe Sachverhalte gibt es im Allgemeinen keine einfachen Antworten. Organisationen mangelt es in der Regel nicht an tragenden Visionen, spannenden Ideen oder ausgeklügelten Strategien. Die Gründe für gescheiterte Innovationsprojekte sind vielfältig und sowohl innerhalb als auch außerhalb von Organisationen zu finden. Angetrieben von der Digitalisierung verändern sich unsere Märkte rasant. Nichts bleibt, wie es war. Die Anzahl und Diversität der Technologien mit gegenseitigen Wechselwirkungen sowie die dynamische Veränderlichkeit hochkompetetiver Märkte lassen die digitale Welt morgen bereits ganz anders aussehen als heute. Innerhalb von Organisationen scheitern Innovationen aufgrund von vielen Einzelfaktoren, wie beispielsweise unklaren Strategien, fehlenden Kompetenzen, einer großen Anzahl zusammenhängender Teilprojekte mit wechselnden Personalkonstellationen und Aufgabenbereichen, unklaren Verantwortungen, schlecht organisierten Routinen, kurzfristig ausgerichteten Arbeitsweisen, funktionsübergreifender Integration aller Akteure oder am anspruchsvollen Management von Ungewissheit. In Summe führen diese Faktoren oft zu unbeherrschter Komplexität.

(1 + 2) Überschätzung der Orchestrierungsfähigkeit oder Unterschätzung der Komplexität

Digitales Innovieren bedeutet für jede im Digitalgeschäft noch unerfahrene Organisation zunächst einmal durch undurchsichtiges Fahrwasser zu manövrieren. Um hier zu brillieren, ist mehr nötig, als einen Innovationsprozess auf- und Teams zusammenzustellen, Verantwortlichkeiten und Budgetrahmen zu benennen, Leitlinien und Leitplanken zu setzen und alle Beteiligten auf ein gemeinschaftliches Innovationsziel einzuschwören. Beim Management von digitalen Innovationen sind vielschichtige Zusammenhänge und Interdependenzen zu berücksichtigen.

Innovationsmisserfolge häufen sich bei Überschätzung der eigenen Orchestrierungs- und Synchronisierungsfähigkeit von Innovationsleistungen oder bei Unterschätzung der multifaktoriell bedingten Themenkomplexe mit ökonomischen, psychologischen, semiotischen, sozialen und kulturellen Wirkmechanismen verschiedenster Couleur. Die Synchronisation von Akteuren in verschiedenen Schnittstellenfunktionen ist hoch komplex und kleinteilig. Sie erfordert ein zielgerichtetes, verstehbares, einbeziehendes, persistentes und abwägendes Agieren auf mehreren Ebenen gleichzeitig. Da ein systematisches Management von dynamischer Komplexität mit potenziellen Störungen deutlich schwieriger zu meistern ist als ein Management von Detailkomplexität, ist erfolgreiches Management digitaler Innovationsaktivitäten eine höchst anspruchsvolle Aufgabe: Potenzialträchtige Geschäftsideen oder Geschäftsmodelle zu erkennen und zur Marktreife weiterzuentwickeln, entpuppt sich im digitalen Universum als komplexe, atomistische Kreativ- und Steuerungsarbeit. Keiner Organisation gelingt es, in allen Bereichen des digitalen Innovationsmanagements dauerhaft Spitzenleistungen abzurufen und durchgehend richtige Entscheidungen zu treffen. Ein unerfahrenes Projektmitglied, ein mittelmäßiges Zwischenergebnis oder eine falsche Entscheidung in einer kritischen Situation können maßgeblich zur Verzögerung, Budgetüberschreitung, zu Qualitätseinbußen oder gar zur Einstellung eines Innovationsprojekts beitragen.

(3) Überforderung bei der Orchestrierung von bis zu zwanzig Funktionsbereichen

Digitale Innovationsvorhaben entwickeln sich häufig dann erfolgreicher, wenn alle involvierten Funktionsbereiche in allen Prozessphasen sorgfältig und mit viel Fingerspitzengefühl gesteuert werden. Die hohe Kunst der wirksamen Orchestrierung der involvierten Mitarbeiter an Schnittstellen besteht darin, alle Ansprechpartner persönlich »abzuholen«, mit ihnen im regelmäßigen Dialog zu bleiben und für ausreichende Information und Motivation zu sorgen. Meist verfügen die Schnittstellenpartner über wertvolle Erfahrung und Spezialisten-Know-how, das sich bei vertrauensbildender Orchestrierung wirkungsvoll abrufen lässt.

Vorstand/Geschäftsführung						
Leiter Digitale Innovation: Architekt, Orchestrator und Hauptinnovationstreiber						
Produktmanagement	Strategie	Marketing/ Marktforschung	Konzeption/ Anforderungsmanagement	Software- und Anwendungsentwicklung	Controlling	
Produktentwicklung	Business Analysis	Vertrieb	Produkt-/ Service-Design	Operations/ Support	Release-Management	
Personal/ Personalentwicklung	Schutzrechte, Patente, IPR	Einkauf	Usability, UX und Interaction Design	Forschung und Entwicklung	Test-/ Qualitätsmanagement	

Abbildung 4: Exemplarische Übersicht über zu synchronisierenden Funktionsbereichen

(4) Überforderung bei der Orchestrierung von bis zu fünfzig Teilprojekten

Innovationen – und zwar analoge und digitale – laufen nicht eigendynamisch ab, sondern werden immer wieder aufs Neue angeschoben, vorangetrieben und erst durch viele verbindliche Willensakte vollendet. Das Management von digitaler Innovation ist eine integrative Aufgabe. Innovationsprojekte bestehen aus vielen kleinen, mittleren und größeren (Teil-)Projekten. Jedes Teilprojekt übt schwachen bis starken Einfluss auf den Erfolg eines Innovationsvorhabens aus. Innovationen sind umso erfolgreicher, je besser es gelingt, in möglichst vielen dieser bis zu fünfzig Teilprojekte überdurchschnittliche Ergebnisse zu erzielen. Oberflächliche Analysen, unbeherrschte Tools, mäßige Entwicklungsleistungen oder eine schlecht vorbereitete Markteinführung erhöhen das Risiko des Scheiterns. Digitale Innovationen entstehen durch die Zusammenführung vieler Puzzlestücke aus unterschiedlichen Unternehmensbereichen. Die große Kunst der Orchestrierung von Teilprojekten liegt in der ausgewogenen Aussteuerung aller Teilaktivitäten und einer gekonnten Qualitätsbewertung der jeweiligen Arbeitsergebnisse.

Abbildung 5: Exemplarische Abbildung von Teilprojekten im digitalen Innovationsprojekt

(5) Viele falsche von mehreren Hundert Entscheidungen
Bei jeder digitalen Produkt-, Service-, Prozess-, Produktionssystem- oder Geschäftsmodellinnovation sind in verschiedenen Fachbereichen und Prozessphasen Entscheidungen zu treffen. Bis zur Markteinführung treffen oder bewerten Innovationsverantwortliche in Summe mehrere Hundert Entscheidungen. Richtige Entscheidungen zu treffen ist für die verantwortlichen Akteure bei häufig vorherrschender Informationsunschärfe und Entscheidungsunsicherheit eine große Herausforderung. Bereits einige wenige falsche Entscheidungen und die Freigabe mittelmäßiger Arbeitsergebnisse in einer wichtigen Zwischenstufe können digitale Innovationsleistungen in ihrer Attraktivität stark abschwächen oder sich unverhältnismäßig negativ auf Umsetzungszeit oder Kosten auswirken. Im schlechtesten Fall kann eine einzige falsche Entscheidung das Aus für jedes noch so hochgelobte Innovationsvorhaben bedeuten.

Innovation Story: »Unbeherrschte Komplexität«

Die neue Geschäftsidee der smarten Windschutzscheibe, die Staus und Radarwarnungen in Kombination mit einer Folie direkt im Sichtbereich des Fahrers anzeigen soll, klingt für die Managementetage vielversprechend. Bei der Projektleiterentscheidung fällt die Wahl auf den noch jungen Kollegen Brause, der an dieser Aufgabe wachsen soll. Aufgrund seiner guten Vorschläge zu einer wichtigen Prozessverbesserung und seiner umsichtigen Arbeitsweise ist Brause der zweiten Führungsebene bereits mehrfach positiv aufgefallen. Zudem gilt er als besonders kreativ. Brause legt los und steckt bereits nach einigen Wochen im anspruchsvollen Schnittstellenmanagement fest. Von den über zehn Funktionsträgern aus unterschiedlichen Bereichen fühlt sich fast die Hälfte nicht ausreichend in das Projekt einbezogen. Der Flurfunk berichtet, dass Brauses Umgangston in letzter Zeit ungewöhnlich harsch geworden sei. Um Ruhe und Klarheit in das Vorhaben zu bringen, wird Brause eine sehr führungserfahrene Kollegin zur Seite gestellt. Die Kollegin hat bisher jedoch kaum Erfahrung in der Steuerung komplexer digitaler Geschäfte gesammelt und trifft im Rahmen der technischen Entwicklung einige Fehlentscheidungen. Das Großprojekt kommt nicht schnell genug voran und wird trotz Management-Verstärkung gestoppt. Rückblickend wird festgestellt, dass der beauftragten Agentur katastrophale Mängel unterlaufen sind.

> Die Agentur weist alle Schuld von sich und erklärt, dass das Anforderungskonzept eklatante Lücken aufgewiesen hat und sich zudem eine ganz zentrale Anforderung im Laufe des Projekts geändert hat.

II. Innovationsbremse: organisatorische Leitplanken (»Nicht dürfen oder nicht ermöglichen«)

Etablierte Unternehmen stehen angesichts von hohen organisatorischen Aufwänden die Innovationen und Neuausrichtungen mit sich bringen, vor einem Dilemma. Solange nicht ausreichend erkennbar ist, welche konkreten neuen Anwendungen und kommerziellen Möglichkeiten sich mithilfe von Digitalisierung und neuen Technologien ergeben, erscheinen größere Neuorientierungen, die zudem noch mit einer Kannibalisierung eigener bislang erfolgreicher Geschäftsmodelle und -felder einhergehen, ausgesprochen riskant. Wenn dagegen klar ist, wohin die Innovationsreise gehen soll, ist die Wahrscheinlichkeit groß, dass sich die Unternehmen mit neuen digitalen Herausforderern konfrontiert sehen. Diese müssen das Gewicht des etablierten Geschäfts nicht mit sich mitschleppen. Sie befinden sich bereits auf dem Weg und beginnen, unumstößliche Fakten zu schaffen.

(6) Als Regelwerk verstandene Unternehmenskultur
In seiner Studie *Erfolgsfaktor Innovationskultur* untersuchte Meyer, wie sich Organisationen in ihren (Sub-)Kulturen unterscheiden. Er fand heraus, dass viele Innovationsvorhaben insgesamt zu lange dauern und häufig nicht weit genug reichen, da ein Großteil der Unternehmen versucht, Innovationen über Prozesse und Regelwerke zu steuern oder das Neue in bestehende Organisationsstrukturen und Prozesse zu integrieren. Experimental- und Testmaßnahmen finden kaum Anwendung. In solchen Kulturen wird Kreativität gerne »nach Vorschrift« gelebt.

(7) Keine Förderung von Kreativität und freiem Denken
Innovationen speisen sich aus Inspirationen, kreativitätsfördernden Umfeldern und der Bereitschaft zu experimentieren. Mitarbeiter brauchen das Gefühl, dass ihre Vorgesetzten Einfallsreichtum fordern und fördern und neue Ideen unterstützen – dann rufen sie ihr volles Kreativpotenzial ab, beobachten, hinterfragen, experimentieren, verknüpfen und entwickeln neue Sichtweisen. So entstehen neue Ideen und Geschäftschancen. Eine fehlende Förderung von Kreativität, starker Leistungs- und Erfolgsdruck, starre Zielorientierung und Lösungswegfixierung stellen innovationshemmende Kreativitätsblockaden dar.

(8) Ineffektive Kommunikation
Effektive Kommunikation zählt zu den wichtigsten beziehungsgestaltenden Faktoren in einem Innovationsprojekt. Eine klare, unmissverständliche Ausdrucksweise ist zentrale Voraussetzung für gelungene Kommunikation. Sie kann ineffektiv verlaufen, wenn fachliche Inhalte kompliziert, ungenau oder lückenhaft vermittelt werden oder Sender und Empfänger über unterschiedliche Fachkenntnisse und Wissensstände verfügen. Gerade bei digitalen Innovationsprojekten stellen die unterschiedlichen Sichtweisen und Informationsbedarfe zwischen den Kompetenzträgern auf fachlicher Anforderungs- und technischer Umsetzungsseite ein häufig anzutreffendes Phänomen dar. Die einen haben eher grobe Vorstellungen von dem, was umgesetzt werden soll, die anderen brauchen technische System- und Detailinformationen. Wird kein gemeinsamer Sprachraum gefunden, oder werden umständliche, unverständliche Schlüsselbegriffe im Fachjargon benutzt, sind Missverständnisse auf beiden Seiten unvermeidlich.

(9) Unklare Innovationsstrategie
Ungeachtet dessen, dass bislang kein allgemein akzeptierter Innovationsstrategiebegriff in der Literatur existiert, benötigen Innovationsstrategien eine klare, verständliche Ausformulierung ihrer einzelnen Bestandteile. Je konkreter eine Innovationsstrategie beschrieben ist, desto besser kann ihre Umsetzung gelingen. Unternehmen, denen es an einem eindeutigen, handlungsführenden, glasklar formulierten Strategieverständnis fehlt oder deren Strategie den innovationsverantwortlichen Führungskräften und allen einzubeziehenden Fachbereichen nicht kommuniziert wird, lassen Innovationspotenziale unerschlossen.

(10) Nicht operationalisierbare Innovationsstrategie
Innovationsstrategien werden wirksam implementiert, wenn sie konsequent an Schlüsselgrößen ausgerichtet werden können und wenn dafür erforderliche Schlüsselkompetenzen in Teams abgerufen oder entwickelt werden können. Bei Strategien, denen es an quantifizierbaren Messgrößen und einer Zerlegung in Einzelmaßnahmen, die beschreiben, in welchem Zeitraum was konkret getan werden soll, fehlt, lassen sich die Umsetzungserfolge einzelner strategischer Innovationsziele schlechter messen und steuern. Unausgewogene Strategien mit einseitigem Fokus oder falsch gesetzten Prioritäten ohne Verbindung zur operativen Planung und Budgetierung und Kontrollmöglichkeiten, stellen ein gewichtiges Innovationshemmnis dar. In solchen Fällen kann eine »Übersetzung« ins operative Innovationsgeschäft nur suboptimal gelingen.

(11) Starre Organisationsstrukturen
Unbewegliche Strukturen mit behäbigem Mittelbau, geübten »Nebelwerfern« und bürokratisch gehandhabten Genehmigungsverfahren lassen wenig Raum für Erneuerungen zu. Alteingesessene, reputierte und gut vernetzte Kollegen befinden sich in einem Zustand gegenseitiger Blockierung, durch die eine Aufnahme und Entwicklung von Innovationen von allen Seiten abgeriegelt wird. Wenn in solchen festgefahrenen Strukturen Innovationsgeist gefordert wird, haben Innovationen kaum eine Chance.

(12) Dominierende Forschungs- und Entwicklungsbereiche
Innovationen entstehen idealerweise im ausbalancierten Zusammenspiel unterschiedlicher Funktionen und Fachbereiche. Mitarbeiter aus der Forschung und Entwicklung oder der Produktenwicklung können historisch bedingt organisational so verortet sein, dass sie eine dominierende Stellung und Machtposition ausspielen und ihre Partikularinteressen über die des Unternehmens stellen. Solche Konstellationen wirken sich nachteilig auf die Innovationskraft von Unternehmen aus.

(13) Dominantes Prozessdenken
Prozesse können helfen, Konstruktionsfehler, Entwicklungszeiten und damit Investitionskosten zu verringern, und führen insbesondere in den letzten Innovationsphasen vor der Markteinführung zu einer effizienteren Ressourcenallokation. Ein allzu starkes, durchgehendes Prozessdenken kann hingegen kreativ-schöpferische Abläufe stören und notwendige Anpassungen oder bewusste prozessuale Abweichungen in frühen Innovationsphasen behindern.

(14) Fehlende interne Schlüsselpersonen als Promotoren
Innnovation gelingt besser, wenn sie durch Schlüsselpersonen als Kompetenzträger und Promotoren getragen wird. Das können Geschäftsführer, Bereichsleiter, Abteilungsleiter, Teamleiter oder Fachkräfte sein, die ein gutes Standing haben und gut vernetzt sind. Diese Personen leisten einen entscheidenden Beitrag zur Fortsetzung von Innovationsprojekten, indem sie diese vor allem in kritischen Phasen vorantreiben und fördern. Mit ausgeprägter Ausdauer, Willensstärke, einer Prise Optimismus und politischem Geschick gelingt es den innovationstreibenden Promotoren, die richtigen Kolleginnen und Kollegen ab- und an Bord zu holen. Sie fördern und beschleunigen Innovationsprojekte entweder durch ihre exponierte Stellung innerhalb der Unternehmenshierarchie über Ressourceneinsatz (Budget, Personal, Kapazität), auf Grundlage ihres spezifischen Fachwissens oder als vielfältiger Verknüpfer und aktiver Mittler zwischen der digitalen und ökonomischen Welt. Insbesondere bei Innovationsprojekten mit hoher Pro-

blem- oder Systemkomplexität fördern sie durch die proaktive Übernahme von Koordinationsaufgaben die Abstimmung zwischen den beteiligten Funktionsbereichen.

(15) Fehlende Top-Management-Unterstützung
Ein innovationsförderndes Top-Management stellt bei Innovationen eine tragende Säule dar, indem es die Innovationsstrategie vor- und Ressourcen zur Strategieimplementierung freigibt, als Vermittler fungiert und Innovationsmanagern Türen inner- oder außerhalb des Unternehmens öffnet. Ohne Unterstützung und Rückendeckung aus der Chef-Etage lassen sich besonders komplexere Innovationsvorhaben ungleich schwerer oder gar nicht umsetzen.

(16) Limitierte Finanzmittel
Eine fehlende oder stark limitierte, langfristig ausgelegte Innovationsfinanzierung kann sich zu einem zentralen Innovationshemmnis entwickeln. Gerade bei Innovationsprojekten kleinerer und mittlerer Unternehmen sind gesicherte Finanzierungen wichtig, damit vielversprechende Projekte nicht an fehlender Kapitalausstattung scheitern und Wachstum blockieren.

(17) Innovationsprojekte als »Add-on« zum Tagesgeschäft
Das Management von Innovation bedeutet Zeitaufwand. Ideen und innovative Impulse brauchen Zeit, um zu reifen und Wirkung entfalten zu können. Durch (zu) viele, parallel betriebene Projekte und Aufgaben werden kritische Ressourcen stark fragmentiert. Dies kann zu Projektverzögerungen und Qualitätseinbußen bei der Leistungserbringung führen. Wenn Innovationsprojekte zusätzlich zu zahlreichen Haupt- und Querschnittsaufgaben umzusetzen sind, können die für Innovation Verantwortlichen ihr volles Innovationspotenzial nicht abrufen.

(18) Leere Ideen-Pipeline: Ideenmangel durch Sickerverlust oder diskontinuierliche Ideenfindung

Ohne Ideen keine Innovation. Die Kienbaum-Gruppe stellte 2008 fest, dass deutsche Unternehmen an Ideenmangel leiden. An der Befragung teilgenommen haben mehr als hundert Personalverantwortliche, von denen ein Drittel in Großkonzernen und knapp die Hälfte in Unternehmen zwischen 500 und 5.000 Mitarbeitern arbeitet. Die Studie kommt zum Ergebnis, dass die Ideen der Mitarbeiter zu wenig genutzt werden. In kleinen und mittleren Unternehmen gelangen Ideen einfacher zu den Verantwortlichen, weil direkt kommuniziert wird und Entscheidungswege transparent und kürzer sind. Konzerne verfügen dagegen über eine umfangreiche Ressourcenausstattung für Ideengenerierung, doch ist dort das Risiko des Sickerverlustes um ein Vielfaches größer. Erfolgreiches digitales Neugeschäft steht und fällt mit guten Ideen. Wenn Anreize schwach und aktive Kreativinitiativen zur Ideengenerierung ausbleiben, fehlen unentbehrliche Innovationsimpulse für das Digitalgeschäft von morgen: »Ideen-Pipelines« bleiben überwiegend leer.

> »I've certainly felt at times that more companies are equipped with ›cutting tools‹ than ›growing tools‹. I think that companies often put all of their hopes in one or two new products, and then leave the rest of their pipeline pretty dry.«
>
> [Tom Fishburne; Marketoonist and Keynote Speaker on Innovation and Creativity]

(19) Aufgabenbereiche, Verantwortung und Kompetenz stimmen nicht überein

Die Zuordnung von Verantwortung und Kompetenz im Sinne von Befugnis entscheidet darüber, ob Innovationsaufgaben erfolgreich umgesetzt werden können oder nicht. Ohne Kompetenz keine Verantwortung. Kompetenz als gebende und Verantwortung als nehmende Seite sollten immer ein Paar sein. Aufgabenträger, die nicht alle zur Aufgabenerfüllung notwendigen Kompetenzen innehaben, wie beispielsweise Entscheidungskompetenzen, Weisungskompetenzen oder Ausführungskompetenzen, um Sachmittel einzusetzen, tragen nicht persönlich die Verantwortung für die Aufgabenerfüllung. Eine fehlende Kompetenz, über Ressourcen zu verfügen, kann dazu führen, dass bestimmte Innovationsaufgaben gar nicht oder nicht fristgemäß erledigt werden können.

(20) Hohe Mitarbeiterfluktuation
Eine hohe Fluktuation kann neben dem Verlust von Qualifikationen und Know-how einen Abfluss von informellen Informationswegen, Informationsnetzen und Prozesswissen bedeuten. Dieser Effekt wird verstärkt, wenn ausscheidende Mitarbeiter ihr akkumuliertes Wissens- und Erfahrungsspektrum nicht adäquat dokumentieren und an ihre Nachfolger weitergeben. Wenn der Kompetenzabfluss in Bereichen erfolgt, die direkt oder indirekt in Innovationsprojekte eingebunden sind, kann er innovationshemmende Wirkung entfalten.

(21) Unzureichende Wissenserfassung und Dokumentation von Erfahrungswissen
Keine Dokumentation, schlecht strukturierte oder schlecht annotierte Dokumentationen verhindern oder erschweren eine leichte, schnelle Auffindbarkeit von Innovationswissen. Fehlt eine systematische Erfassung und Nutzung von Erfahrungswissen (Lessons Learned) im Entwicklungsprozess, werden wichtige Erkenntnisgewinne anderen vorenthalten. Wird Wissen in einem mangelhaften Werkzeug zur Wissenserfassung festgehalten (zu komplexer Aufbau, schlechte Suchergebnisse, schlechte Benutzerfreundlichkeit), nützt im Kontext des Innovationsmanagements zwar dokumentiertes, aber für Innovationsakteure zu wenig zugängliches Wissen wenig.

(22) Ineffektive Wissensnutzung und -verteilung
Das Management von Wissen ist hoch anspruchsvoll und komplex. Dabei sind verschiedene Probleme zu lösen. Wenn das Wissensmanagement im Kontext von Innovationsmanagement nicht durch organisationale Maßnahmen begleitet wird, die eine Anwendung des Wissens systematisch fördern, hat das Wissensmanagement nur Stückwerkcharakter. Götz weist darauf hin, dass in Unternehmen oft nur ein Bruchteil des Mitarbeiter-

wissens bekannt ist und dementsprechend häufig nur ein kleiner Teil des verfügbaren Wissens genutzt wird. Stehen Innovationsmanagern zu wenig Zeit, Budgetmittel oder Tools zur Wissenserfassung zur Verfügung, wirkt sich dies negativ auf die Wissensverteilung aus. Wissen wird zudem nicht ausschöpfend genutzt, wenn die Innovationsakteure gar nicht wissen, dass ihrerseits benötigtes Wissen im Unternehmen bereits vorhanden ist, und es nochmals generieren. Ein weiterer Punkt ist das Machtbewusstsein. Wird Innovationsmanagementwissen bewusst zurückgehalten und nicht mit anderen geteilt, da die Meinung vorherrscht, dass Wissen mit Macht und Einfluss gleichbedeutend ist, hat dies negative Auswirkung auf die Wissensverteilung und -nutzung.

(23) Schlechtes Image in Zielmärkten
Image-Management ist ein erfolgskritisches Instrument der Unternehmensführung. Ein Unternehmensimage übernimmt im Markt eine wichtige Orientierungs- und Wertausdrucksfunktion. Ist das Unternehmensimage in den relevanten Zielgruppen schlecht, wirkt sich dies ungünstig auf die Innovationsverbreitung aus.

III. Innovationsbremse: Führungs- und Mitarbeiterverhalten
(»Nicht-Wollen«)

Im Kontext von Innovationen hat Rüggeberg Widerstandsformen untersucht und von üblicherweise entgegengebrachten Argumenten unterschieden. Die Kernargumente, die Innovationen infrage stellen, sind marktspezifischer, technischer, finanzwirtschaftlicher und rechtlicher Natur, gefolgt von diffusen Argumentationen, denen eine spezifische Stoßrichtung fehlt. In den meisten Fällen gaben Innovationsgegner an, dass sie keine ausreichende Nachfrage im Markt, keine Kooperationspartner, die Technik als nicht ausgereift oder technische Kompetenzen als nicht ausgeprägt genug sähen. Weitere Gegenargumente waren, dass die Innovation sich wirtschaftlich nicht rechne, zu teuer, nicht finanzierbar oder nicht schützbar sei. Darüber hinaus käme die Innovation zum falschen Zeitpunkt, also zu früh oder zu spät. Kerka und Kriegesmann fanden heraus, dass in 57 Prozent der Fälle gegenüber Innovationsaktivitäten Einwände oder Bedenken bestanden. Die häufigsten Gegenargumente kamen von Kollegen aus den Fachbereichen (86 Prozent), von direkten Vorgesetzten (82 Prozent), Kollegen aus anderen Abteilungen oder Projekten (78 Prozent) und Mitgliedern aus dem Top-Management (63 Prozent). Ganz oben auf der »Einwandstreppe« standen die Sorge bezüglich technischer Funktionsfähigkeit, mangelnde Erfahrungen, fehlende Finanzierungsmöglichkeiten, fehlendes Know-how, um Ideen zu realisieren, und fehlende Personalressourcen. Um innovationshemmende Widerstände zu erkennen, kann eine Auseinandersetzung mit den Ursachen für ablehnendes Verhalten zu Erkenntnisgewinnen führen.

a. Mögliche Ursachen für Innovationswiderstände

(24) Bedrohliche Ungewissheit

Innovationen sind für viele Mitarbeiter mit Umbruch und Anstrengungen verbunden. In manchen Fällen werden sie gar als existenzielle Bedrohung wahrgenommen. Durch sie können sich Arbeitsbedingungen, Aufgabenfelder oder Beziehungen zu Vorgesetzten, Kollegen und Mitarbeitern ändern oder Verantwortlichkeiten verschieben. Sichtbare oder verdeckte Widerstände entstehen häufig, wenn mit schwer voraussehbaren und potenziell nachteiligen Konsequenzen durch Innovationsaktivitäten gerechnet werden kann. Um dieser bedrohenden Ungewissheit vorzubeugen, entstehen Verhaltensmuster, die einer höheren

Innovationsfähigkeit von Unternehmen im Wege stehen. Eine dauerhaft bleibende Ungewissheit stellt eine der schwerwiegendsten Innovationshemmnisse dar.

(25) Systematische Unterschätzung der Geschäftschancen
»Der große Wurf ist leider nicht dabei. Ertragreiche Potenziale sehen wir nicht.« Es gibt eine Reihe von Gründen dafür, warum selbst hochinnovative, entwicklungswürdige Geschäftsideen am Schreibtisch, in Meetings oder Entscheidungsrunden als nicht weiter beachtenswert verworfen werden. Eine systematische Potenzialbewertung und Entscheidungsfindung findet auf Basis von bewertbaren, greifbaren Informationen nicht statt. Eine fehlende Eindringtiefe ins Thema, eine schwach ausgeprägte Visionsfähigkeit, eine Idee mit einem zu hohem Innovationsgrad oder eine zu mittelmäßig ausgearbeitete Idee mit unklar dargestellten Vorteilen kann dazu führen, dass Geschäftschancen innovationshemmend unterschätzt werden.

(26) Systematische Überschätzung von Geschäftsrisiken
Nicht jede vielversprechend erscheinende Idee führt automatisch zum Innovationserfolg. Der Studienüberblick im vorangegangenen Kapitel hat gezeigt, dass die realistisch zu erwartende Innovationserfolgsquote sogar relativ gering ist. Ein ausgewogenes Risikocontrolling, schnelle Entwicklungszeiten, viele Tests und Experimente sowie ein wirtschaftliches Innovationsmanagement können Innovationsverantwortliche darin unterstützen, langwierige, kapitalintensive Fehlentwicklungen im Innovationsgeschäft weitgehend einzudämmen. Fehlt ein ganzheitlich ausgeführtes Innovations- und Risikomanagement und werden Innovationsrisiken siloartig verwaltet, steigt die Gefahr, dass Geschäftsrisiken systematisch überschätzt werden und potenzialträchtige Initiativen keinen notwendigen Entfaltungsraum erhalten.

(27) Stoische Vermeidung, mit Fehlschlägen in Verbindung gebracht zu werden
Ein stoisches Prinzip des Stillstands (Lieber erfolgreich stehen bleiben als beweglich scheitern), zeigt sich gelegentlich in Unternehmen, wenn Führungskräfte und Mitarbeiter es vorziehen, nicht innovativ zu sein, um sich der Gefahr des Scheiterns gar nicht erst auszusetzen. Aus diesem Grund schauen sie zu, wie andere innovationsfreudige Bereiche und Ideentreiber mit ihren Ideen scheitern, um anschließend als Erste und nicht selten mit verborgener Schadenfreude darauf hinzuweisen, dass dieses und jenes Vorhaben ja von Beginn an allen sehr fragwürdig erschien.

(28) Kaschierung von eigenen Schwächen und Inkompetenzen
Innovationen können Veränderungen herbeiführen oder einleiten, die Schwächen oder nicht vorhandene Fähigkeiten bestimmter Personen aufdecken. Erfahrenen, geübten »Nebelwerfern« wird damit ihr bislang Sicherheit gebender Schutz genommen. Jahrelang versteckte und in Zusammenhang mit Innovationsaktivitäten aufgedeckte Schwächen können zu Reputationsverlusten führen, die betreffende Personen mit allen Mittel zu verhindern versuchen werden.

(29) Bedenken aufgrund fehlender Technologie- oder Marktinformationen
Eine hinreichende Eindringtiefe in relevante Marktinformationen zu Absatzmärkten oder ein Verständnis von Leistungsfähigkeit und Wechselwirkungen der einzusetzenden Technologien ist die Voraussetzung dafür, Absatzchancen und Innovationspotenziale besser erkennen zu können. Personen, die nicht ausreichend informiert werden und Technologien nicht richtig verstehen oder Märkte nicht adäquat einschätzen können, stehen Innovationen eher kritisch gegenüber.

(30) Bedenken aufgrund vergleichbarer Innovationsleistungen bei Wettbewerbern
Je mehr Wettbewerber ähnliche oder vergleichbare digitale Produkte, Services oder Technologien zeitgleich entwickeln oder bereits als Beta-Version auf den Markt gebracht haben, desto größer erscheint einigen Innovationsverantwortlichen das unternehmerische Risiko, bei der adressierten Zielgruppe in einem bestimmten Marktsegment nicht als »First-to-Mind« wahrgenommen zu werden und angestrebte Marktvorsprünge zu verfehlen.

(31) Bedenken aufgrund zu hoher Investitionskosten oder zu langer Amortisationsdauer
Innovationen mit langer Entwicklungsdauer und hoher Kapitalbindung wirken für Unternehmen häufig riskanter als solche, die sich schnell und einfach entwickeln lassen. Mit steigender Initialinvestition erhöht sich meist auch die Amortisationsdauer von Innovationen und damit das wahrgenommene unternehmerische Risiko.

(32) Bedenken aufgrund fehlender (technischer) Entwicklungskompetenzen
Bedenkenträgern, die in ihrem Unternehmen entweder fehlende oder nur schwach ausgeprägte technische Entwicklungskompetenzen erkennen, kann es an der Überzeugung mangeln, anspruchsvollen Innovationsvorhaben angemessen souverän zu begegnen.

b. Sichtbares und verdecktes Widerstandsverhalten

(33) Ausgeprägte Bereichsegoismen
Wenn Anstrengungen nicht gemeinsam auf den Markterfolg von innovativen Ideen gerichtet werden, da sich Bereiche oder Abteilungen mit großem Eifer bekämpfen und Innovationsprojekte schlechtreden oder ausbremsen, können selbst die besten Ideen auf der Strecke bleiben.

(34) Überzogenes Risikomanagement

Keine Innovation ohne Risiken. Diese gehen einher mit Handlungs- und Entscheidungsspielräumen. Witzer begreift den intelligenten Umgang mit Risiken als treibende Kraft und verweist darauf, dass die Risikowahrnehmung immer subjektiv, individuell und auch emotional abläuft. Dabei spielen innere Ressourcen wie Emotionen, Verstand, Erfahrungswissen, Intuition, Bewusstheit, Realitätssinn, Handlungskompetenz und Kommunikationsfähigkeit eine wichtige Rolle. Innovationsmanager sind mit einer enormen Komplexität, Dynamik und Unsicherheit konfrontiert. Um dynamische Komplexität zu beherrschen, müssen sie in Innovationsprojekten viele Entscheidungen richtig treffen – viele davon auch unter Risiko. Dabei wirkt sich ein allzu rigides Risikomanagement lähmend auf Innovationen aus. Es macht sie träge, langsam und teuer.

> »*Nowadays, being safe is risky, and being risky is safe.*«
>
> [Seth Godin; Buchautor]

(35) Überzogenes Mikromanagement

Bei kontrollwütigen Mikromanagern, die sich ständig ins Tagesgeschäft einmischen, Zwischenberichte einfordern, immer wieder um neue Zahlen und Analysen bitten und auf umfangreiche Handbücher voller Verfahrens- und Arbeitsanweisungen verweisen, ist nicht selten Unsicherheit im Spiel. Unsichere Manager legen großen Wert darauf, sich immer wieder aufs Neue abzusichern und die Risiken von Fehlentscheidungen weitgehend zu minimieren. Damit Ziele möglichst von allen Mitarbeitern erreicht werden, geben sie nicht nur diese vor, sondern auch den Weg dahin. Angst vor Unordnung, unangepasstem Verhalten, schlechten Ergebnissen oder negativen Konsequenzen hemmt Innovation.

(36) Überzogener Stellenwert von Wirtschaftlichkeits- und Rentabilitätsanalysen

Die Suche nach Innovationen ist ein ergebnisoffener, schöpferischer Prozess unter Unsicherheit. Viele Informationen sind in frühen Phasen unklar, insbesondere dann, wenn keine Erfahrungswerte aus ähnlich gelagerten

Projekten aus der Vergangenheit vorliegen. In diesen Fällen werden im Rahmen von Wirtschaftlichkeitsrechnungen und Rentabilitätsanalysen eher grobe Schätzwerte für Kundenentwicklung, Absatzzahlen, Kaufwahrscheinlichkeit, Kostenstruktur und Investitionssummen angenommen. Analytische Manager, die ihr Tagesgeschäft mit einem hohen Maß an Solidität und Pragmatismus betreiben, können sich mit wenig aussagekräftigen Zahlen und Annahmesets schwertun. Meist weisen diese Manager ein überzogenes Bedürfnis auf, neue Geschäftsideen erst dann freizugeben oder zu befürworten, wenn diese bezüglich Ertrags- und Kostenstruktur fundiert hergeleitet werden und sich in der Mehrjahresbetrachtung auch hinreichend rechnen. Dieser Wunsch nach Sicherheit und Klarheit kann so stark ausgeprägt sein, dass selbst vielversprechende Geschäftsideen aufgrund unklarer Ertragslogik verworfen werden.

(37) Geringe Fehlertoleranz
»Selbstverständlich sind Fehler erlaubt – aber nur ein- oder höchstens zweimal!« Auf Kontrolle, Hierarchie und Disziplin ausgelegte Organisationen bieten wenig bis gar keinen Platz für Fehler. Diese sind meist verpönt und werden sanktioniert, weil sie Geld kosten. In solchen Fällen mangelt es an einer für Innovation notwendigen Toleranz, auch Irrwege gehen zu dürfen, um herauszufinden, was nicht funktioniert, und um daraus zu lernen. Nach Schwaninger ist Fehlerintoleranz immer dort anzutreffen, wo gravierende persönliche oder wirtschaftliche Auswirkungen zu befürchten sind. Dahingegen hat Intoleranz häufig dann negative Folgen, wenn sie lediglich im Dienste der Perfektion steht. Motivationsbremsende Fehlerintoleranz oder Fehlerfeindlichkeit kann auch einem (zu) hohen Qualitätsanspruch geschuldet sein, gefolgt von einer zermürbenden Sorge, dass verabschiedete Richtlinien untergraben werden könnten.

IV. Innovationsbremse: Umsetzungsschwächen und Umsetzungsfehler (»Nicht-besser-Wissen oder Nicht-besser-Können«)

(38) Wenig fundierte Analysen und Scouting-Aktivitäten

Nach der Ideenfindung folgen Analysen zu relevanten Wettbewerbern, Zielgruppen, Lösungskompetenzen, Trends, Risiken, technologischer Machbarkeit sowie rechtlichen, ökologischen oder gesetzlichen Rahmenbedingungen und Patentsituationen. Die Analyseergebnisse geben Innovationsverantwortlichen ein umfassendes Bild, damit sie Entscheidungen mit größerer Sicherheit treffen können. Mitarbeiter mit wenig Erfahrung laufen Gefahr, Analysen nicht tief oder breit genug auszuführen und falsche Fragen zu stellen. Bei oberflächlicher Ausführung von Analysen und Scouting-Aktivitäten oder einem Weglassen wichtiger Untersuchungsfelder steigt das Risiko, falsche Innovationsentscheidungen zu treffen.

(39) Ungenaue oder falsche Ableitung neuer Geschäftsfelder

Die Identifikation, Analyse, Bewertung und Auswahl von vielversprechenden Geschäftsfeldern ist eine anspruchsvolle Aufgabe. Folgenträchtige Analyse- und Bewertungsfehler können dabei zu einer falschen Eingrenzung von Suchraum und Suchfeldern führen. In solchen Fällen ist das Risiko groß, dass die abgeleiteten Geschäftsfelder die strategische Lücke nur unzureichend ausfüllen und Potenziale unerschlossen bleiben.

(40) Falsche Ideenbewertung und -auswahl
Ungeeignete Bewertungskriterien können dazu führen, dass substanzschwache Ideen potenzialträchtigen Alternativen vorgezogen werden. Dies geschieht beispielsweise, wenn Ideen zu oberflächlich ausgearbeitet sind, sodass der originelle Kern verborgen bleibt oder strategische Kriterien im Bewertungsschema fehlen. Eine Ideenbewertung, die zu schnell, zu isoliert stattfindet oder situativ durch einzelne Führungskräfte zu stark beeinflusst wird, kann zu einer falschen Priorisierung und Auswahl von Ideen führen. Werden Ideen nach oben durch die Führungsebenen durchgereicht, besteht das Risiko, dass sich die Ideen immer stärker von der zur qualifizierten Bewertung notwendigen Sachkenntnis entfernen.

(41) Geringe Exploration von Ideen oder fehlendes Know-how, um Ideen zu modellieren und substanziell weiterzuentwickeln
Ideen können zwar in Hülle und Fülle vorhanden sein, doch wenn es an Know-how mangelt, die in früher Phase sich meist noch in einem Rohzustand befindlichen Ideen qualitativ weiterzuentwickeln und einem höheren Reifegrad zuzuführen, wird wertvolles Innovationspotenzial verschenkt, da »Rohdiamanten« auf der Strecke bleiben. Ideen können reifen, indem sie konstruktiv-kritisch hinterfragt und um zusätzliche Kontextinformationen, Einschätzungen und Bewertungen verschiedener Personen ergänzt, in verschiedene Richtungen weitergedacht und -entwickelt werden.

Innovation Story: »Politik bei Ideenauswahl«

Bei der Ideenbewertung werden drei Ideen zu neuen digitalen Anwendungen für die Projektarbeit in Teams als besonders potenzialträchtig angesehen. Die Idee mit den meisten Befürwortern wird jedoch nicht weiterverfolgt, da Hoffmann, ein mächtiges Mitglied im Entscheidungsgremium, sein Bestandsgeschäft gefährdet sieht und sich mit schwer zu entkräftenden Argumenten gegen die Fortsetzung dieser Idee durchsetzt. Nachdem die Idee mit den zweitmeisten Befürwortern zum Produkt ausgerollt wird und floppt, wird auch die ursprünglich favorisierte Idee nicht weiterverfolgt – mit der Begründung, dass die Innovationsaktivitäten zwischenzeitlich für ein Jahr geruht haben und die Idee nun als »zu veraltet« angesehen wird.

(42) Zu langes Festhalten an schlechten Ideen

Die meisten neuen Produkte und Innovationen scheitern im Markt, auch wenn sie exzellent konzipiert, entwickelt und vermarktet werden. Sie scheitern, weil sie auf schlechten Ideen basieren, die im Markt nicht oder noch nicht funktionieren. Innovationstreiber, die viel Zeit, Kapazität und Herzblut in kapitalintensive Entwicklungsleistung gesteckt haben, tun sich nicht selten schwer damit, ein Scheitern einzugestehen. Das gilt vor allem dann, wenn ein Innovationsprojekt bereits eine hohe Managementbeachtung genossen hat.

(43) Zu frühe Einforderung einer monetären Bewertung

»Wie lautet der Business Case, der eine Investition in diese Innovation rechtfertigt?« Wird diese Frage zu früh gestellt, bleiben Annahmen auf einem noch wenig belastbaren Niveau. Gibt es für das geplante Geschäft noch keine Erfahrungswerte aus der Vergangenheit, steht die prognostizierte Absatz- und Kostenentwicklung auf sehr wackligen Füßen. In solchen Fällen ist die Gefahr groß, dass Entscheider selbst gute Ideen aufgrund eines nicht überzeugenden Zahlenwerkes ablehnen.

(44) Unrealistische Annahmen im Business Case (um Budgetfreigabe zu erzielen)

Ein Business Case ohne belastbare Annahmen wirft ein irreführendes Licht auf das Innovationsvorhaben. In vielen Fällen werden die Zahlenwerke zu optimistisch dargestellt, um Projektfreigaben zu erzielen: So werden Erträge systematisch überschätzt und Aufwände beziehungsweise Kosten unterschätzt. Bei fehlenden Erfahrungswerten ist ein fundiertes Abschätzen der realistischen Zahlenwerke nahezu ausgeschlossen. Ein einziger Parameter kann bewirken, dass sich ein Projekt entweder als kommerziell Erfolg versprechend oder als völlig inakzeptabel darstellt. Zu den kritischen Parametern, die den Gesamteindruck verzerren können, gehören Initialinvestition, Kapazitäten, Verkaufspreis(e), Umwandlungsquote (Besucher/Interessenten zu Kunden), Kundenentwicklung, Kundenbindungsdauer.

Innovation Story: »Business Case Tuning«

Der Wirtschaftsplan rechnet sich nicht wie gewünscht. Damit die geplante Reiseflughöhe bereits nach zwei Jahren erzielt werden kann, werden die prognostizierten Absatzzahlen verdoppelt, die Marketingaufwendungen leicht gekürzt, der Verkaufspreis leicht angehoben und die Kapazitäten für den Geschäftsbetrieb und die Weiterentwicklung des Services um 25 Prozent reduziert. Alle Manager, die den Business Case auf Substanz und Tragfähigkeit bewerten sollen, sind mit den veränderten Annahmen einverstanden und nicken den Case aufgrund des nun positiven kumulierten Cashflows im dritten Jahr ab. Keiner der Entscheidungsträger möchte das Projekt aufgrund fehlender Wirtschaftlichkeit und Renditeerwartung zum jetzigen Zeitpunkt (noch) stoppen. Nach Markteinführung explodieren die Betriebskosten wider Erwarten. Die Absatzzahlen werden weit verfehlt. Auch der hohe Verkaufspreis lässt sich nicht erzielen.

(45) Ineffektives Anforderungsmanagement
Selten sind Anforderungen bereits in früher Konzeptionsphase vollständig, klar und stringent ausformuliert. Änderungen sind an sich unproblematisch, in einem überschaubaren Umfang, wenn zwingende Gründe dafür sprechen, sogar wünschenswert, solange sich alle involvierten Parteien darin wiederfinden. Problematisch werden Anforderungen erst dann, wenn sich alte Anforderungen ständig ändern oder viele neue Anforderungen hinzukommen. Um Änderungen des Inhalts- und Funktionsumfangs zu überwachen, zu bewerten und zu priorisieren und darüber hinaus einen Spagat zu schaffen, mit dem alle Inputgeber gut leben können, ist Erfahrung im Anforderungsmanagement unerlässlich. Erfahrungsdefizite beim Anforderungsmanagement führen in der Regel zu zeitlichen Projektverzögerungen oder Budgetüberziehungen. Hier sind ausgeprägtes analytisches Denkvermögen, technisches Know-how, Projektmanagementerfahrung, Kommunikationsstärke, Kundenverständnis sowie idealerweise auch ausgeprägte Moderations- und Mediationsfähigkeiten gefragt. Wenn wichtige Anforderungen falsch, unvollständig, widersprüchlich oder ungenau beschrieben sind, führen diese auf der technischen Umsetzungsseite zu Missverständnissen. Lückenhafte, dürftig ausgeführte Anforderungskonzepte

führen fast immer zu unrealistischen Aufwands- und Kostenschätzungen und schwammigen Zeitplänen und erschweren ein wirksames Projektcontrolling.

Innovation Story: »Nichts falsch gemacht«

Erfolg hat viele Väter – Misserfolg meist nur einen: »der oder die andere(n)«. Ökologisch abbaubare Verpackungsprodukte mit intelligenten Funktionen sollen sich über ein sehr leicht zu bedienendes Bestellsystem ordern lassen. Die Entwicklungsabteilung entwickelt auf Pfaden und Konzeptionsgrundlagen, die vom Anforderungsmanagement nicht genau genug vorgegeben wurden und viel Raum für Interpretationen lassen. Es kommt zu einer Budgetüberschreitung von 40 Prozent. Erst spät kommt heraus, dass der Bestellprozess viel zu kompliziert konzipiert wurde. Bestellvorgänge werden als unverständlich und sehr umständlich bezeichnet. Eine Verschlankung des Bestellprozesses lässt sich nur auf Basis von konkretisierten Anforderungen ermöglichen. Die Entwickler verweisen darauf, alle Vorgaben richtig umgesetzt zu haben. Die Anforderungsmanager sind hingegen der Meinung, dass die Entwickler sich in technischer Detailtiefe verloren und das Bestellsystem unnötig kompliziert umgesetzt haben. Um Licht in die Angelegenheit zu bringen, organisiert das Innovationsmanagement Abstimmungsrunden, bei denen sowohl die Anforderungsmanager als auch die zuständigen Entwickler zugegen sind. Weder die konzeptionell Verantwortlichen noch die verantwortlichen Techniker sehen ein schuldhaftes Verhalten in ihrem Bereich. Eine hitzige Schuldzuweisungsdebatte entsteht. Keine der beiden Seiten sieht sich in der Verantwortung, daraus zu lernen und Projekte zukünftig anders umzusetzen.

(46) Fehlende interdisziplinäre Kompetenzträger im Innovationsteam
Den hohen Anforderungen, die ein Innovationsprojekt aufgrund seiner Neuigkeit und Komplexität an das Projektteam stellt, kann eine Bündelung von Expertenwissen aus verschiedenen Spezialgebieten im Innovationsteam gerecht werden. Fehlende interdisziplinäre Kompetenzen in homogenen Teams zeichnen sich dagegen durch ein geringeres Spektrum an Erfahrungen, Denkweisen, Problemlösungsansätzen und Blicken über den Bereichstellerrand aus. Zwischenergebnisse werden weniger kritisch hinterfragt. Organisationale Schnittstellen sind aufgrund ausbleibender multidisziplinärer Betrachtung und inadäquater Kommunikation schwerer zu überbrücken.

(47) Defizite beim Projektmanagement/-controlling
Innovationsprojekte scheitern häufiger, wenn Verantwortlichen Projektmanagementerfahrung fehlt, Projekte unzureichend geplant, Planabweichungen nicht frühzeitig gemeldet, unrealistische Fertigstellungstermine genannt, Qualitäts- und Terminziele nicht eingehalten, Kapazitätsaufwände falsch geschätzt, Methoden falsch eingesetzt, Abhängigkeiten unterschätzt, Arbeitspakete falsch aufgeteilt oder wichtige Entscheidungen nicht getroffen werden. Dies gilt sowohl für Projekte in der analogen als auch für Projekte in der digitalen Welt. Projektmanagement stellt eine zentrale Steuerungs- und Führungsaufgabe dar. Projektmanager sind Schnittstellenmanager und dabei gleichzeitig Beziehungsmanager und Netzwerker. Sie bringen technisches, marktseitiges und kaufmännisches Know-how zusammen. Dazu gehört eine hohe Sensibilität für die Dynamik im Unternehmen und eine ausgeprägte Kenntnis der politischen Machtverhältnisse. Bei gering ausgeprägter Projektmanagement- und Projektcontrollingerfahrung können Innovationsprojekte schnell außer Kontrolle geraten. Die Folge: Geplante Fertigstellungstermine werden um Wochen, Monate, manchmal sogar Jahre verschoben, Projekte im schlechtesten Fall sogar eingestellt. Planbudgets werden überschritten oder die Umsetzungsqualität bleibt unter den Erwartungen. Es kommt zu einem Vertrauens- und Reputationsverlust.

> »Die Dinge sind nie so, wie sie sind. Sie sind immer das, was man aus ihnen macht.«
>
> [Jean Anouilh 1910–1987; Autor]

(48) Over-Engineering (»Feature-Monster«) mangels kundennaher Faktoren
Mehr Aufwand als von Kunden gewünscht: Bei einem Hang zu ausgiebigem Perfektionismus oder verfehlter Kundenorientierung können Produktleistungen entstehen, die von Kunden nicht honoriert werden. Ein paar Hundert Einzelfunktionen oder viele Anwendungen sind kein Garant für höheren Anwendungs- und Kundennutzen. Im Gegenteil führen »Feature-Monster« zu langen Entwicklungszeiten, höheren Kosten und oft auch zu höheren Preisen. Für Zusatzleistungen, die Kunden nicht

brauchen oder nicht erkennen können, zeigen sie sich nicht bereit, mehr zu zahlen.

> **Innovation Story: »Das perfekte Produkt, das keiner braucht«**
>
> Fast ein ganzes Jahr brüten die Konzeptionsverantwortlichen und Anforderungsmanager die Melange für die neue, intelligente Tausch-Plattform aus. Mit der zusätzlichen Smartphone-App soll die Plattform noch attraktiver werden. Insgesamt stehen 185 Funktionen zur Verfügung, die potenziellen Nutzern alles abnehmen sollen – auch ihre Entscheidung. Das Produkt lernt so schnell und so intelligent dazu, dass nach wenigen Anwendungen vieles vollautomatisch ablaufen kann. Kunden können sogar Kommunikationsbausteine auswählen, um wertvolle Kommunikationszeit bei der Kontaktaufnahme einzusparen. Neun Monate später wird das aus Sicht der Verantwortlichen hoch innovative, nahezu perfekt entwickelte Produkt gelauncht. Bereits kurz darauf macht sich eine große Ernüchterung breit. Die Innovationsmanager stellen irritiert fest, dass ihre Kunden viele hoch gelobte Features scheinbar gar nicht brauchen und aus diesem Grund gar nicht nachvollziehen wollen, wie das Produkt sie eigentlich unterstützen kann.

(49) Defizite bei Dienstleistersteuerung

Bei externer Auftragsentwicklung durch (technische) Dienstleister, Agenturen oder Freelancer steht und fällt der Erfolg von digitalen Innovationsprojekten mit der Motivation und Erfahrung der Projektleiter auf beiden Seiten. Nicht jede Agenturempfehlung führt zu steigender Leistungsattraktivität, nicht jeder Change Request ist sinnvoll. Erfahrene Agenturen merken, ob sie selber steuern können oder gesteuert werden. Von Dienstleistern gesteuert zu werden, ist nicht grundsätzlich abzulehnen und führt keineswegs automatisch zu schlechten Ergebnissen. Ganz im Gegenteil – viele Dienstleister leisten hervorragende Arbeit. Es ist nur wichtig zu wissen, welche Konsequenzen mangelnde Agentursteuerungserfahrung bedingen kann. Unpräzise Kommunikation, seltene Abstimmungen, das Unterlassen kritischer Fragestellungen oder fehlende Orientierungswerte zur Einschätzung von externen Entwicklungsaufwänden kann dazu führen, dass Agenturaufwände üppiger ausfallen, Entwicklungsleistungen sich aufblähen und Innovationsprojekte teurer und langsamer werden. Und dies, ohne zwangsläufig ein aus Kundensicht attraktiveres Produkt oder eine attraktivere Dienstleistung geschaffen zu haben.

(50) Konstruktionsfehler im Geschäftsmodell
Die Wahl des richtigen Geschäftsmodells ist ein kritischer Erfolgsfaktor für nachhaltigen Innovationserfolg. Ein Geschäftsmodell kann Konstruktionsfehler aufweisen, wenn wichtige Konstruktionselemente wie Wertschöpfungsarchitektur, -prozess, -partner, Leistungskonfiguration, Vermarktungskonfiguration, Wertversprechen und Monetarisierungsoptionen fehlen oder falsch ausgelegt werden.

(51) Verzicht auf Prototypen, frühe Produktvalidierung und Markttests
Markttests sind die realitätsnaheste Form zur Überprüfung von Marktchancen. Iterative Prototypen und frühe Validierungen unterstützen Unternehmen dabei, Fehler möglichst im Kleinen zu machen sowie schnell und wirtschaftlich herauszufinden, welche Entwicklungspfade die aus Zielgruppensicht höchste Attraktivität aufweisen und welche nicht weiterverfolgt werden sollten. Ein Verzicht auf Prototypen und Testverfahren erhöht das Risiko von Fehlentwicklungen enorm. Zu spät durchgeführte Markttests können zu kostenintensiven Anpassungen und langen Entwicklungszeiten führen.

(52) Unausgewogene Priorisierung simultaner Innovationsprojekte
Da finanzielle und personelle Ressourcen begrenzt sind, werden um Ressourcen konkurrierende Innovationsprojekte meist auf Grundlage von Kriterien wie strategischer Bedeutung, Investitionsvolumen, Umsetzungszeit, Umsetzungskompetenz, prognostiziertem Umsatzpotenzial, Profitabilität, Amortisationsdauer, Kundennutzen oder Wettbewerbsvorteil priorisiert. Eine rein ökonomische Betrachtung oder eine Verdichtung auf zu wenige Bewertungskriterien kann zu falschen Schlussfolgerungen führen und vielversprechende Innovationskandidaten zu niedrig priorisieren.

(53) Starre, nicht modulare Prototypen- und Produktarchitektur
Jede digitale Erneuerung folgt einer Logik, die festlegt, wie die Leistungsbausteine aufgebaut sind und über welche Eigenschaften sie verfügen, um maximalen Kundennutzen zu erzeugen. Digitalprodukte setzen sich aus mehreren, austauschbaren Bausteinen zusammen. Die Anordnung dieser Bausteine bildet die Produktstruktur ab, die zusammen mit der Funktions- und Inhaltsstruktur die Produktarchitektur darstellt. Starre, nicht modular aufgebaute Produktarchitekturen weisen eine Reihe innovationshemmender Nachteile auf. Leistungsbausteine können nicht einfach und schnell ausgetauscht, rekonfiguriert, entkoppelt, kombiniert, erweitert oder wiederverwendet werden. Eine starre Architektur erschwert zudem eine aufgrund von Markttests erforderliche Produktanpassung in der Phase der Markteinführung.

(54) Unterschätzung von Produktdesign
Als Teil der Produktentstehung übernimmt das Produktdesign aus Sicht der adressierten Zielgruppen wichtige, erfolgskritische Funktionen. Ein schwaches Design spricht Nutzer nicht an. Es ist wenig zugänglich, manchmal aufdringlich oder nicht konsequent gestaltet. Es zieht potenzielle Nutzer einfach nicht in ihren Bann oder überfordert sie – ganz nach dem Motto »Warum einfach, wenn es auch kompliziert und überladen geht?«. Wenn das Produktdesign Zielgruppen nicht anspricht, besteht das Risiko, dass sie sich weniger wohlwollend mit den eigentlichen Produktleistungen auseinandersetzen oder diese von vornherein ablehnen.

(55) Unterschätzung von Leistungsverpackung
Neben dem Design übernimmt die werblich gehaltene Leistungsverpackung die Aufgabe, den Leistungskern maximal attraktiv darzustellen, Kernnutzen zu transportieren und bei potenziellen Anwendern Begehrlichkeiten zu entfachen. Die Verpackung soll Kunden dazu bewegen, sich intensiver mit dem Produkt auseinanderzusetzen, es auszuprobieren. Eine ausbleibende Konzentration auf wenige Highlights, ein irreführendes Key Visual, ein unklarer oder überladener Aufbau der Verpackung kann den eigent-

lichen Leistungskern, Leistungsnutzen und die Anwendungsvorteile verdecken. Wenn die Verpackung falsche Signale sendet oder unverstanden bleibt, haben selbst überragende Lösungen kaum eine Chance, sich schnell und dauerhaft im Markt zu etablieren.

(56) Unterschätzung des Leistungskerns
Im Mittelpunkt eines innovativen Produkts steht sein Leistungskern. Dieser hat die primäre Aufgabe, dass zu leisten, was seine Verpackung verspricht. Er übersetzt objektive Vorteile in problemlösungsadäquaten Kundennutzen. Ein Leistungskern kann unterschiedlich komplexe Bündel von Nutzen stiftenden Eigenschaften umfassen. Wenn die Eigenschaften des Leistungskerns den Kundennutzen nicht vollständig oder nicht zuverlässig erfüllen, verliert das Produkt an Attraktivität. Die von der Produktnutzung erhofften Vorteile fallen weg.

Innovation Story: »Bauchladen XXL«

Der große Wurf soll gelingen. Die Messlatte der Markteintrittsbarrieren wird sehr hoch gelegt. So schnell soll kein relevanter Wettbewerber das Angebot imitieren können. Alle Verantwortlichen konzipieren viele hilfreiche Tools. Maximaler Kundennutzen steht im Vordergrund – alle Kundenbedarfe sollen abgedeckt werden. Keine Wünsche sollen unbefriedigt bleiben. Es werden mehrere Marktforschungsinstitute bemüht und zahlreiche Vorschläge eingesammelt.
Nach einer achtzehnmonatigen Konzeptions- und Entwicklungsphase steht der Go-Live-Termin von »Energy Expert Plus« bevor. Alle acht Produktrubriken erscheinen den Verantwortlichen vielversprechend. Jede der drei Kundengruppen soll sich angesprochen fühlen. Drei Monate später grübeln fünfzehn Beteiligte am Tisch, warum ein solch umfangreiches und wohldurchdachtes Produkt nur so wenige Abnehmer zum Kauf bewegt hat. Eine Kollegin merkt an, dass dem Produkt vielleicht eine klare Ausrichtung gefehlt haben könnte. Schließlich würden Nutzer nur dann etwas kaufen, wenn sie es auch verstünden. Die Mehrheit am Tisch ist jedoch der Meinung, dass die einzelnen Komponenten nicht ausgereift genug waren. Wenige Wochen später erscheint eine neue, vollschlanke Lösung eines Start-ups als App, die sich ausschließlich auf ein Leistungsmerkmal – Senkung der Energiekosten – beschränkt. Die neue App wird innerhalb von vierzehn Tagen 800.000 Mal heruntergeladen und entwickelt sich zum neuen Marktstandard.

(57) Unterschätzung von Grad an Uniqueness (weiterer Me-too-Clon)
Die meisten neu eingeführten Produkte und Dienstleistungen sind keine echten Innovationen, sondern eine Kopie oder leichte Abwandlung von Bestehendem – Variationen, Modifikationen oder Copycats von am Markt bestehenden Angeboten. Gemäß der Gesellschaft für Konsumforschung wird bei 53 Prozent der untersuchten Produktneuheiten der Innovationsgrad als niedrig eingestuft. GfK kommt zu dem Ergebnis, dass Neuprodukte mit hohem und mittlerem Innovationsgrad eine nahezu doppelt so hohe Erfolgschance haben, und weist darauf hin, dass Neueinführungen stets den Neuigkeitswert hervorheben sollten. Me-Toos fehlt es häufig an Einzigartigkeit, Produktüberlegenheit, Wettbewerbsvorsprung und einzigartigem Kundennutzen. Sie verfügen über keine deutlich erkennbaren Eigenschaftsveränderungen gegenüber bisherigen Lösungen und sind aufgrund niedriger Markteintrittsbarrieren leicht zu kopieren.

(58) Unterschätzung von Produkthandhabung und Benutzerführung
Die Entwicklung einfacher Interfaces ist hochkomplex. Die rein grafische Gestaltung der Benutzeroberfläche ist nur die Spitze des Eisbergs eines wirkungsvollen Designs. Genauso wichtig ist die Gestaltung der Bedienabläufe, der Interaktions- und Kommunikationsmechanismen sowie die Strukturierung von Funktionen und darzustellenden Informationen. Gemeinsam haben diese Themen einen wesentlichen Einfluss auf die Benutzerführung und die Vermeidung von Bedienfehlern. Positive Nutzungserlebnisse können dazu beitragen, die Motivation und Nutzungsbereitschaft der Anwender zu steigern. Innovationen, die den Anwendern unnötig kompliziert oder schlichtweg unverständlich erscheinen, haben es schwer. Eine zu komplizierte Handhabung oder Benutzerführung kann daher innovationsbremsend sein.

(59) Keine zeitversetzte oder inadäquate Ansprache von Trendsettern und Mainstreamern
Eine erfolgreiche Marktdurchdringung gelingt besser mit einer zeitversetzten Ansprache von Trendsettern und den sogenannten Mainstreamern. Im ersten Schritt werden die Trendsetter angesprochen, im zweiten Schritt

die Mainstreamer. Eine verfehlte Zielgruppenansprache kann innovationshemmend wirken, wenn falsche Zielgruppen angesprochen werden, die Ansprache nicht zielgruppengerecht aufbereitet oder nicht individuell genug ist oder inadäquate Werbemittel ausgewählt werden.

(60) Mäßige Werbekampagne und ausbleibender Sogeffekt des Kampagnenguts

Ein kreativer Kampagnenzuschnitt fällt auf, überrascht, ist neu, einzigartig, unverwechselbar, nützlich, informativ und unterhaltsam. Erfolgreiche Werbekampagnen mit Sogeffekt bauen auf diesen Merkmalen auf. Sie wecken Begehrlichkeiten, ziehen ihre Zielgruppe in ihren Bann, transportieren Nutzen und sind auf das Wesentliche reduziert. Es gibt ausschließlich eine einzige Botschaft, die originär entwickelt wird. Verstoßen die entwickelten Kampagnen gegen diese Gestaltungsprinzipien, geht dies meist zulasten der Werbewirksamkeit. Auch die besten digitalen Innovationen können sich bei schwach umgesetzten Kampagnen nur beschränkt verbreiten.

(61) Zu geringer oder diskontinuierlicher Werbedruck (»Grundrauschen-Launch«)

Innovationen sind umso erfolgreicher, je kontinuierlicher Neueinführungen beworben werden. Ein kurzes, vorsichtiges Aufflackern reicht zum Launch von Digitalangeboten nicht aus – sonst droht die Gefahr, im Grundrauschen der Werbelandschaft unterzugehen. Eine von mediaresearch42 und Nurago durchgeführte Meta-Analyse von 151 Online-Wirkungsstudien zur Ermittlung der optimalen Kontaktdosis von Online-Werbemitteln zeigte eine deutlich erhöhte Werbewirkung bei vier bis sechs Werbemittelkontakten. Nach einer GfK-Studie kann sich ein zu geringer Werbedruck von unter achtzig bis hundert GRP (relative Nettoreichweite multipliziert mit Anzahl der Durchschnittskontakte) je Woche auf Neueinführungen innovationshemmend auswirken.

(62) Fehlende Preiswürdigkeit der Neuerung
Laut einer GfK-Studie scheitern 58 Prozent der Neueinführungen am Phänomen *overpromising and underdelivering*. In diesen Fällen werden mit der Einführung neuer Produkte zu hohe Erwartungen geweckt, die die tatsächliche Produktleistung dann nicht rechtfertigen kann: Das Preis-Leistungs-Verhältnis erscheint nicht stimmig genug.

(63) Fehlende Infrastruktur für Produkttests, Leistungsrekonfiguration und -anpassung
Es ist unmöglich vorherzusagen, wie Leistungskern, Gebrauchstauglichkeit und werbliche Verpackung ausgestaltet sein sollen, um neue Produkte oder Dienstleistungen mit Sicherheit zum Erfolg zu führen. Nahezu unbegrenzte Freiheitsgrade machen es so schwer, die richtige Leistungskonfiguration, Qualität, Nutzungspfadkombination und Designausrichtung zu treffen. Eine Test- und Anpassungsinfrastruktur ermöglicht es, bereits im Vorfeld verschiedene Varianten von Leistungskernen und werblicher Verpackung zu produzieren und auf eine Testbühne zu stellen. Denn erst nach Markteinführung lässt sich hinreichend belastbar feststellen, ob das neu entwickelte Angebot auch tatsächlich im Markt angenommen wird. Manchmal sind lediglich kleinere Anpassungen bei Leistungsbausteinen oder werblicher Verpackung notwendig, um das neu eingeführte Angebot mit zusätzlicher Attraktivität auszustatten und ihm zum Durchbruch zu verhelfen. Wenn eine Test- und Anpassungsinfrastruktur fehlt, um Stellschrauben zu justieren und Markteinführungen auf schnelle, systematisierte Weise nachzubessern, weiterzuentwickeln und schrittweise zu optimieren, verschenken Unternehmen wertvolle Potenziale. So werden auch Innovationskandidaten ausgesiebt, bei denen eine Rekonfiguration von Leistungsbausteinen oder eine andere werbliche Ausrichtung mit hoher Wahrscheinlichkeit zu einem Markterfolg führen kann.

(64) Keine systematische Erfolgsmessung
Bei einer Studie fand PricewaterhouseCoopers heraus, dass 66 Prozent der befragten Unternehmen keine systematische Erfolgsmessung ihrer Innovationsaktivitäten veranlassten. Ohne kennzahlenorientierte Messung und Steuerung der Innovationsaktivitäten im Rahmen eines systematischen Innovationscontrollings sind Innovationsprozesse weniger transparent und führen zu Ressourcenverschwendung. Bei bedeutenden Abweichungen von Sollgrößen können notwendige Anpassungsmaßnahmen nicht zeitnah initiiert werden.

V. Innovationsbremse: Geschwindigkeitseinbußen

(65) Großprojekte blockieren Parallelentwicklung
Großkalibrige Innovationsprojekte binden Kapazitäten, Budgets und Zeit. Sie erfordern zahlreiche (strategische) Entscheidungen, effiziente Abläufe und sind sowohl in der Planungs- als auch in der Konzeptions- und Umsetzungsphase von hoher Detailtiefe geprägt. Eine übermäßig hohe Kapazitätsbindung in einem Großprojekt verhindert eine Vergleichzeitigung von Entwicklungsleistung innerhalb der gleichen Durchlaufzeit. Sie verhindert, dass in gleicher Zeit zehn, zwanzig oder fünfzig Schnellboote parallel gebaut und im Markt getestet werden. Ein solches Ungleichgewicht im Entwicklungsportfolio kann die unternehmerische Innovationsgeschwindigkeit absenken.

(66) Mehr ist weniger: zu große Innovationsteams

Die meisten bahnbrechenden Innovationen sind überwiegend in kleinen Teams entstanden. Sobald zu viele Kollegen dazukommen, werden gerade radikalere Ideen fast immer verwässert. Es tauchen Bedenken von verschiedenen Seiten auf – die ursprünglich klare Vision verliert an Schärfe und Befürwortern. In größeren Teams dauern Abstimmungen fast immer länger – ohne Garant, dass die im Konsens erzielten Ergebnisse sich positiv auf den Innovationserfolg auswirken. Kleine Teams bewegen sich schneller, arbeiten meist wendiger und adaptiver. Kommunikationswege sind verkürzt, der Projektstatus ist transparenter, Meetings und Berichte werden auf ein Minimum reduziert, Entscheidungen schneller getroffen und Fehler schneller erkannt. In kleinen Teams bauen die Mitglieder im Allgemeinen effektivere Bindungen zueinander auf. Es ist hier für alle Mitglieder einfacher, neue Perspektiven einzunehmen, ohne das Ziel aus den Augen zu verlieren. Wenn Teammitglieder auf Ergebnisse von wenigen Teamkollegen warten, sehen sich diese eher dazu veranlasst, schnell(er) zu Ergebnissen zu kommen. Dies erhöht die persönliche Wirksamkeit jedes einzelnen Teammitglieds.

(67) Lange interne Entscheidungswege

Je risikoreicher, unwägbarer und komplexer Situationen sind, desto länger dauern Entscheidungswege. Laut *Managementkompass Komplexitätsmanagement* der Steria Mummert Consulting und des F.A.Z.-Instituts behindern bei fast 40 Prozent der deutschen Unternehmen langwierige Entscheidungen die tägliche Arbeit. Diese treten auf, wenn zu viele Mitarbeiter in die Innovationsaktivitäten eingebunden werden, die Abstimmung untereinander erschweren und Abläufe in die Länge ziehen. Darüber hinaus verlängern komplexe Hierarchien oder Verantwortungsunklarheiten jeden einzelnen Entscheidungsweg. Es kann vorkommen, dass sich eine einzige Entscheidung ihren Weg durch vier oder fünf verschiedene Instanzen erkämpfen muss. Von der Ideenfindung bis zur Markteinführung neuer Angebote sind mehrere Hundert Entscheidungen zu treffen – jede verzögerte Einzelentscheidung wirkt sich nachteilig auf die Durchlaufzeit von Innovationsprojekten aus.

Innovation Story: »Vom Schnelleren überholt«

Nach Markteinführung des neuen Online-Lieferdienstes für Industriekunden liegen die Bestellzahlen weit hinter Plan. Nach Rücksprache mit einigen potenziellen Abnehmern fällt auf, dass der Dienst noch unausgereift wirkt. Eine Anpassungs- und Testinfrastruktur zur schnellen Weiterentwicklung des Lieferdienstes, mittels derer sich Leistungsbausteine im Kern oder in Teilen verändern oder nachbessern ließen, ist nicht vorhanden. Die Anpassungen laufen träge, dauern in Summe über ein Jahr und greifen nicht weit genug. Zwischenzeitlich hat ein Start-up die Marktchancen des Lieferdienstes erkannt und mit hoher Dynamik ein vergleichbares, allerdings schlankeres Angebot auf den Markt gebracht. Über eine zweite Finanzierungsrunde erhält das Nachwuchsunternehmen Kapital in siebenstelliger Höhe und baut Stück für Stück seinen Marktanteil aus.

(68) Komplexer Leistungsumfang vor Markteinführung

Es muss nicht immer Over-Engineering sein. Ein ähnliches Innovationshemmnis stellt eine fehlende Leistungsfokussierung dar. Kunden erwarten selten zum Marktstart perfekt ausgereifte Marktangebote. Sie kaufen neue Produkte und Services nicht deshalb, weil diese besonders komplex aufgebaut sind und viele Funktionalitäten besitzen, sondern weil wenige, ganz bestimmte Leistungselemente als besonders attraktiv und nützlich angesehen werden. Wenn diese Kernelemente fehlen, werden Produkte selbst durch viele Zusatzelemente nicht attraktiver. Eine hohe Leistungskomplexität vor der geplanten Markteinführung kann sich nachteilig auf die Innovationsgeschwindigkeit auswirken.

(69) Perfektionismus

Bei erfolgreichen Unternehmen zeigt sich Qualität meist in vielen Facetten. Als Leitprinzip verankert, kann Qualität ein entscheidendes Differenzierungsmerkmal im globalen Wettbewerb sein. Dabei kann der Qualitätsbegriff von den technischen Leistungseigenschaften über die Leistungsanmutung bis zur Gestaltung des Kundenwertes reichen. Unabhängig davon, welche Qualitätsschwerpunkte gesetzt werden, lässt sich beim digitalen Innovationsmanagement festhalten: Bei einem angepeilten 99-Prozent-Qualitätsniveau liegt der Entwicklungsaufwand und damit die

Umsetzungszeit deutlich höher als bei einem 80-Prozent-Niveau. Wenn Perfektion gefragt ist, verlängern sich Entwicklungsaufwände bei Innovationen überproportional. Auch wenn die Grenzen zwischen Sorgfalt und Perfektionismus fließend sind, bindet Perfektionsstreben immer zusätzliche Ressourcen und verlängert damit Entwicklungszeiten.

(70) Isolierte Innovationsentwicklung statt Entwicklung im Innovationspartnerverbund
Unternehmen, die sich nach außen hin öffnen, können Innovationen effizienter und schneller entwickeln. Mit einer Integration externer Quellen in den Produktentstehungsprozess lässt sich einerseits die Ideenbasis verbreitern und vertiefen, andererseits kann technologisches Wissen in der eigenen Forschungs- und Entwicklungsabteilung weniger aufwendig und vor allem schneller generiert werden als bei externer Beschaffung desselben Wissens. Auch lässt sich eine bereits funktionierende Technologie schneller in die eigene Systemlandschaft integrieren, als wenn eine Entwicklung mit eigenen Spezifikationen angeschoben wird.

(71) Verzicht auf Prototyping
Prototyping ermöglicht in der Summe eine schnellere Konzeption, Entwicklung und Validierung von Geschäftsideen und Geschäftsmodellen. Impulse aus dem Markt können direkt in die Weiterentwicklung der Prototypen einfließen. So entstehen neue Prototypengenerationen in kurzer Zeit. Der Produktentstehungsprozess wird deutlich verkürzt. Unternehmen, die nicht auf Prototyping setzen, binden zusätzliche Ressourcen und erhöhen die Time-to-Market.

(72) Verzicht auf Vergleichzeitigung von Entwicklungsleistung
Eine Parallelentwicklung trägt zu einer bedeutsamen Verkürzung der Time-to-Market bei. In der Phase des Prototyping lassen sich unter Berücksichtigung von Pareto-Prototyping-Prinzipien beispielsweise fünf, zehn, fünfundzwanzig oder fünfzig Prototypen gleichzeitig entwickeln und im Markt erproben. Unternehmen, die auf Parallelisierung von Entwicklungs-

leistung verzichten, reduzieren ihre Innovationsgeschwindigkeit erheblich.

(73) Verzicht auf wiederverwendbares, modulares Produktbaukastensystem
Intelligent aufgebaute Produktleistungs- und Verpackungsleistungsbaukästen ermöglichen es Unternehmen auf schnelle Weise, differenzierte Kundenbedürfnisse zu erfüllen. Ein modular aufgebautes Baukastensystem kann die Entwicklungszeiten stark verkürzen, wenn sich bereits entwickelte Vorlagen und Module in einem anderen Kontext wiederverwenden lassen. Dabei werden nicht alle vorhandenen »Bauteile« 1:1 übernommen. Auch die Modifizierung von Einzelkomponenten kann eine Alternative zur Neuentwicklung sein, mit der sich Aufwände, Kosten und Entwicklungszeiten reduzieren lassen.

VI. Innovationsbremse: Technologie

Digitale Innovationen sind an Technologien gekoppelt. Diese stellen die Grundlage für die Entwicklung neuer digitaler Produkte, Services und Geschäftsmodelle dar.

(74) Unbeherrschte Technologien
Historisch gewachsene Enterprise-IT-Architekturen, die steigende Komplexität der IT-Systeme und Datenvolumen sowie die steigenden Anforderungen an die IT-Organisation stellen für IT-Verantwortliche eine Herausforderung dar: Auf der einen Seite sollen die Kosten, die durch den Einsatz von Informationstechnologie entstehen, gesenkt werden, auf der anderen Seite erwarten

Kunden, dass die Qualität von erbrachten IT-Services stetig ansteigt. Zudem fordert die steigende Komplexität in Geschäftsprozessen und Geschäftsumfeldern eine stärkere Ausrichtung der IT auf die Kundenbedürfnisse. Ein richtungsweisendes IT-Management bietet ein tragfähiges Gesamtbild der IT-Entwicklung als Orientierungsrahmen für Zielarchitekturen von Infrastruktur und Anwendungslandschaft. Wenn im Rahmen des IT-Managements Bausteine bei der Technologie-, Anwendungs-, Geschäfts- und Datenarchitektur unbeherrscht bleiben, laufen IT-Verantwortliche Gefahr, falsche Systementscheidungen zu treffen. Dabei kann bereits eine falsche Systementscheidung digitale Innovationsprojekte langsamer, teurer oder gar nicht umsetzbar machen.

(75) Perfektionistisch gehandhabte Systemintegration

Entwicklungsleistungen von Anfang an in die bereits vorhandene hoch leistungsfähige technologische Systemwelt einzubinden, bevor klar ist, ob das neue Angebot überhaupt im Markt funktioniert, kann sich als schwerwiegendes Innovationshemmnis herausstellen. Insbesondere dann, wenn Unternehmen bei neuen digitalen Produkten, Services oder Verfahren großen Wert auf eine fehlerfreie Programmierung, perfektionistische Einbettung in die technologische Systemlandschaft und hohe Skalierbarkeit legen. Solche »Konstruktionsfehler« gehen zulasten von Innovationszeit, Kapazitätseinsatz und Investitionskosten.

> **Innovation Story: »IT-Strategiekonflikt versus Geschwindigkeit«**
>
> Der seit Jahren entstandene Wildwuchs durch unkontrolliertes Wachstum von unterschiedlichen (Software-)Systemen steht auf dem Prüfstand. Eine IT-Architekturanalyse zeigt, dass 48 verschiedene Systeme nebeneinander betrieben werden. Um nicht für jedes System mindestens einen Kompetenzträger vorzuhalten, entscheidet sich das Management für einen strikten Systemabbau und eine effiziente Systemintegration. Überwiegend große Systeme überleben, viele kleinere fallen der Kostenmachete zum Opfer. Ein Jahr später beklagt der Leiter des Digitalgeschäfts, dass sich neue Produkte im Rahmen der zu berücksichtigen Systemarchitektur nicht schnell genug entwickeln und testen ließen.

Er verweist darauf, dass niemand vor Markteinführung wisse, ob die Angebote im Markt angenommen werden, und stellt an das Management den Antrag, eine zwar nicht ganz kostengünstige, dafür aber für Innovationszwecke ideale Software zu lizenzieren. Mit dieser ließen sich neue Digitalangebote sehr viel schneller, modularer, flexibler und kundengerechter entwickeln als momentan. Der Antrag wird geprüft, aus IT-Strategiegründen aber abgelehnt.

(76) Beschleunigter Technologiewandel und sich verkürzende Technologiezyklen

Durch die Informations- und Wissensgesellschaft werden leistungsfähige Informationstechnologien zu einer Grundvoraussetzung für die Geschäfts- und Wettbewerbsfähigkeit. Die IT leistet einen wichtigen Beitrag zur Bewältigung der Herausforderungen unseres Informationszeitalters. Hardware, Software und Services unterstützen Geschäftsprozesse und informationelle Prozesse wie Datenverarbeitung und -speicherung sowie Übertragung und Bereitstellung von Informationen zu Auftragsabwicklung, Controlling, Dokumentenmanagement, Aufgabenmanagement und Wissensmanagement. Da sich Technologien in immer kürzeren Abständen weiterentwickeln, stehen Innovationsmanager vor der Herausforderung, das vorhandene Technologiepotenzial richtig einzuschätzen.

(77) Fehlerhafte Programmierleistung

Das Fraunhofer Institut für Systemtechnik ISI fand heraus, dass etwa ein Fünftel aller Fehlschläge innovativer Produktideen durch technische Probleme verursacht werden. Entwicklungsleistung ist im großen Maße abhängig von der konzeptionellen Vorarbeit. Betreten Entwickler unbekanntes Terrain, werden systematische Code Reviews unterlassen oder sind die Entwicklungsanforderungen mangelhaft oder ungenau beschrieben, ist die Gefahr groß, dass Entwickler die Anforderungen missverstehen, folglich falsche Pfade betreten und diese detailoptimieren.

(78) Technologische Unterlegenheit
Christensen zeigte empirisch, dass sich Technologien in erhaltende Technologien und ablösende Technologien unterscheiden lassen. Digitale Innovationen, die von Beginn an auf altbewährte Technologien setzen, laufen Gefahr, substituiert oder durch eine leistungsfähigere Nachfolgegeneration abgelöst zu werden. Durch neu eintretende Unternehmen, die mit disruptiven Technologien in den Markt drängen, können etablierte Unternehmen in massive Schwierigkeiten geraten und aufgrund technologischer Unterlegenheit ihren Kundenstamm und damit die Grundlage ihres Geschäfts verlieren.

VII. Innovationsbremse: veränderte externe Rahmenbedingungen

(79) Simultanentwicklung von nicht identifizierten Wettbewerbern
Echte Innovationsalleingänge ohne Wettbewerb sind sehr selten. Jeder zusätzliche Innovator mit vergleichbarem Angebot beansprucht einen Teil des Marktanteil- und Umsatzkuchens für sich und wirkt sich auf innovierende Unternehmen innovationshemmend aus. Besonders unangenehm treten bisher unbekannte Unternehmen oder relevante Wettbewerber für Unternehmen in Erscheinung, wenn sie mit einer sehr ähnlichen oder identischen Entwicklungsleistung und gutem Marktzugang oder üppigem Werbeetat in einer späten Entwicklungsphase überraschen.

(80) Veränderte rechtliche und gesetzliche oder Rahmenbedingungen
Ändern sich während der häufig mehrjährigen Innovationsentwicklung Gesetzesbeschlüsse oder rechtliche

Rahmenbedingungen (wie beispielsweise Datenschutzbedingungen) zum Nachteil der innovierenden Unternehmen, können Innovationsprojekte obsolet oder in ihrer notwendig gewordenen Anpassung zu ressourcenintensiv werden. Unternehmen, die sich in der Analysephase nicht gewissenhaft mit diesen externen Umfeldfaktoren auseinandersetzen, laufen Gefahr, Änderungsvorhaben zu übersehen und davon betroffene Innovationsentwicklungen aufwendig nachbessern oder gar ganz einstellen zu müssen.

(81) Dynamischer Bedürfniswandel
Die durch Digitalisierung betroffenen Branchen befinden sich im ständigen Wandel. Ändern sich Marktbedürfnisse während der häufig mehrjährigen Innovationsentwicklung, ohne dass Unternehmen davon früh genug erfahren und rechtzeitig darauf reagieren, oder unterschätzen sie die Änderungserfordernis und entscheiden sich gegen eine Anpassung der Innovationsleistung, kann sich ein Bedürfniswandel negativ auf die Innovationsverbreitung auswirken oder die Innovationsleistung als zwischenzeitlich überholt infrage stellen.

3.
Management digitaler Innovation: holistische Ausrichtung, organisationale Leitplanken und Weichenstellungen

Die Digitalisierung erfasst alle wertschöpfenden Aktivitäten der Wirtschaft, bricht bestehende Strukturen auf und ordnet sie neu. Unternehmen hinterfragen ihre Investitionen kritischer, planen und führen sie professioneller durch, da Planbarkeit und Zielsicherheit aufgrund der Notwendigkeit schneller Marktreaktion abnimmt. Funktionsbudgets sinken, Projektbudgets steigen. Die Individualisierung der Nachfrage nimmt zu. Märkte zeigen sich zunehmend gesättigt.

»Wir leben in einer Zeit, in der fast alle von fast allem fast alles haben. Es geht fast nur noch um die Befriedigung von Wünschen.«

[Fredmund Malik; Wirtschaftswissenschaftler, Unternehmer und Syntegrator]

Produktlebenszyklen werden durch die technologisch-ökonomische Entwicklung immer kürzer und bedingen eine Innovationsgeschwindigkeit und Produktweiterentwicklung in immer kürzeren Abständen. Lagen die Entwicklungszyklen in den 1970er-Jahren noch bei zwei bis fünf Jahren und in den 1990er-Jahren bei ein bis drei Jahren, liegen sie heute in vielen Fällen bereits unter einem Jahr. Unternehmen treffen heute auf Konsumenten mit gestiegenen Ansprüchen, die sich im mobilen Internet und Netzwerken bewegen, die Informationen und interaktive Services überall und über jedes Endgerät konsumieren möchten, die Unternehmen gegenüber aufgrund der gestiegenen Transparenz, Vergleichsmöglichkeiten und schwieriger werdenden persönlichen Bindungen immer weniger loyal eingestellt sind – dessen ungeachtet jedoch ihre Nutzenerwartungen immer stärker in den Fokus rücken. Daneben verändern fast unauffällig und still unzählbare Softwares, Algorithmen und digitale Informationen das Wissen, die Arbeit, Öffentlichkeit und Politik und transformieren über neue, mobile Kommunikations- und Vernetzungsmöglichkeiten den Lebens-, Lern- und Arbeitsalltag vieler Menschen grundlegend.

Vor diesem Hintergrund können digitale Innovationen, als technologische Neuerungen mit Wettbewerbswirkung verstanden, weitreichende Räume für eine gesteuerte Vervielfachung von Chancen schaffen. Innovationsorientierte Unternehmenslenker und Innovationsverantwortliche können im Zusammenspiel einen Teil des im Digitalgeschäft entstehenden Milliardenmarktpotenzials wirksam für sich erschließen, wenn sie

- die Innovationsfähigkeit und Innovationskraft ihres Unternehmens regelmäßig prüfen,
- einen Perspektivenwechsel möglich machen,
- eine schrittweise Öffnung des Innovationsprozesses fördern,
- ihre Innovationsgeschwindigkeit steigern,
- die Wirtschaftlichkeit von Innovationsprojekten erhöhen
- und Nachhaltigkeit sicherstellen.

3.1 Prüfung der Innovationsfähigkeit und Innovationskraft

Organisationale Verortung von digitaler Innovation

Unternehmenslenkern ist bewusst, dass sie neue Branchen und Märkte erschließen müssen, um nachhaltig wettbewerbsfähig zu bleiben. Trotzdem beugen sich einige Top-Manager (oft zuerst) den dringenderen Erfordernissen des Kerngeschäfts – dies gilt insbesondere in wirtschaftlich schlechten Zeiten. Digitale Innovationen sind nicht selten in der oberen Führungsriege unterrepräsentiert, wenn die Leiter der etablierten Geschäftsbereiche innovative Vorhaben ignorieren, für überflüssig oder gar für eine Bedrohung ihres Kerngeschäfts halten. Aus diesen Gründen haben Innovationsteams oft nur allein das Top-Management auf ihrer Seite. Ist dieses der trügerischen Ansicht, dass Kompromisslösungen erforderlich sind, um die Anforderungen der Innovationsprojekte und des Stammgeschäfts miteinander in Einklang zu bringen, versucht es, die Manager der etablierten Unternehmensbereiche zu überzeugen, die bei ihnen angesiedelten Innovationen zu finanzieren und voranzutreiben. Auf diese Weise delegieren CEOs die Entscheidung über die richtige Relation zwischen Investitionen in Innovation und in das Kerngeschäft an die einzelnen Geschäftseinheiten.

Ist jeder Bereichsleiter für Innovationen selbst verantwortlich, hält sich in der Praxis letztlich niemand mehr für zuständig. Dann setzen sich fast immer etablierte Sparten gegen neue Geschäftsbereiche mit digitalen Innovationsprojekten durch.

Tushman, Smith und Binns zeigen anhand ihrer Studie, dass sich Unternehmen besonders gut entwickeln, wenn einerseits die oberste Führungsmannschaft für das Spannungsfeld zwischen Alt- und Neugeschäft direkt verantwortlich ist und andererseits die Bereiche ständig in einem konstruktiven Wettbewerb miteinander stehen. Vor diesem Hintergrund haben die Studienautoren drei Management-Prinzipien erarbeitet, die das Kerngeschäft wachsen lassen und ebenso Raum für Durchbruchsinnovationen lassen: 1. Das Management-Board für zukunftsweisende strategische Ziele gewinnen. 2. Das Spannungsfeld zwischen Innovationen und Kerngeschäft an der Unternehmensspitze ansiedeln. 3. Uneinheitlichkeiten durch unterschiedliche oder konkurrierende Ziele harmonisieren. Über eine offene und kontinuierliche Debatte zu konkurrierenden Interessen, die die Zukunft des Unternehmens bestimmen, können Unternehmenslenker erreichen, dass die Mitglieder des Top-Management-Teams nicht übermäßig um konservierte Machtbereiche ringen. Nach Tushman und Smith gibt es mindestens zwei wirksame Optionen der organisationalen Verortung und Umsetzung.

Beim *Naben-und-Speichen-Modell* lenkt ein innerer Kreis aus zwei oder drei Personen eine Nabe-Speiche-Organisation. Die Leiter der Geschäftseinheiten optimieren ihre Bereiche im Dienst eines gemeinsamen strategischen Ziels. Mit seinem inneren Kreis kümmert sich der CEO darum, ungleiche oder konkurrierende Interessen einzelner Sparten auszugleichen, und schützt digitale Innovationen davor, zugunsten eines dringlichen Tagesgeschäfts geopfert zu werden. Beim *Ring-Team-Modell* übernimmt das Führungs-Team die strategische Verantwortung für digitale Innovation gemeinsam und entscheidet über die Ressourcenverteilung. Der Führungsring fokussiert strittige und geschäftskritische Themen und berücksichtigt

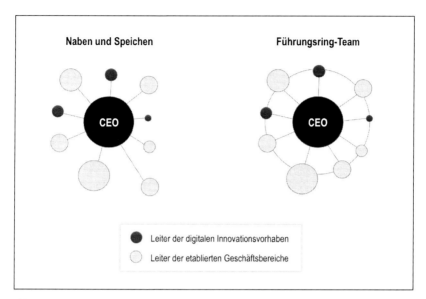

Abbildung 6: Organisationale Verortung

sowohl die kurz- als auch die langfristigen Unternehmensanforderungen. Ziel beim Ausdiskutieren ist nicht ein Kompromiss. Vielmehr geht es darum, gemeinsam den besten Weg zu finden, um das Unternehmen kurz- und langfristig voranzubringen – unabhängig davon, ob ein Thema lediglich wenige Prozent des Unternehmensumsatzes ausmacht oder nicht.

In einigen Unternehmen gelten für Innovationsbereiche dieselben Performance-Kennzahlen wie für Stammbereiche. In solchen Fällen werden (digitale) Innovationen benachteiligt, da sie nicht mit etablierten Geschäftsfeldern mithalten können. Erfolgreiche Führungsmannschaften legen an digitale Innovationen und Kerngeschäft zweierlei Maß an: von etablierten Units fordern sie Gewinne und Disziplin, bei den Pionieren fördern sie vergleichzeitigte Experimente. Auf diese Weise kann das Top-Management-Team diejenigen Dinge in den Vordergrund stellen, die im jeweiligen Entwicklungsstadium eines Geschäftsbereichs relevant sind.

Da Innovationen und Kerngeschäft nicht immer alle knappen Ressourcen erhalten können, die sie brauchen, verlagern innovationsorientierte Führungsteams die verfügbaren Mittel immer den aktuellen Bedürfnissen entsprechend von einem Bereich zum anderen. Auch die besten Manager können flexibel zwischen den Geschäftsbereichen hin und her wechseln: Das gewährleistet, dass die Top-Kompetenzträger und Innovationstreiber dort arbeiten, wo sie das Unternehmen am dringendsten braucht.

Früherkennung von Digitaltrends, Markt- und Technologieveränderungen

Der technologische Wandel drängt nach einer kontinuierlichen Markt- und Technologiebeobachtung und Technologiebeherrschung. Die Marktveränderungen haben unterschiedliche Ursachen: technologische Durchbrüche, rechtliche oder gesetzliche Anpassungen, neue Wettbewerbskonstellationen oder neue Kundenerwartungen. Greiner und Wolf empfehlen Unternehmen, dass diese rechtzeitig auf Marktveränderungen reagieren, indem sie Früherkennung systematisieren, Erkenntnisgewinne entindividualisieren und Aufarbeitungskapazitäten bereitstellen.

Eine Systematisierung der Marktbeobachtung und Früherkennung kann das rechtzeitige Erkennen von gravierenden Marktveränderungen durch die Digitalisierung erleichtern. Dazu etablieren Unternehmenslenker eindeutige Zielvorgaben, gut aufgesetzte Berichtssysteme, klare Zuständigkeiten und Abläufe, hinreichende qualitative Ressourcen (Kompetenzen, adäquate Systeme) und quantitative Ressourcen (finanziell, personell, technologisch) und stellen eine sichtbare, glaubwürdige Unterstützung des Management-Teams sicher. In strukturierter Weise lassen sie Trends und Marktveränderungen festhalten, bewerten und priorisieren. Früherkennung zur Identifizierung von schwachen Signalen aus den Unternehmensumfeldern lässt sich in unterschiedlichen Ausprägungen betreiben: beispielsweise als regelmäßiges (ungerichtetes, unfokussiertes, geschäftsfeldübergreifendes) Scanning, als fortlaufendes (gerichtetes, schwach fokussiertes) Monitoring oder als (tiefer gehendes, selektiertes) Scouting von Trends, Zielmärkten und Technologien.

Um das Risiko einer falschen Bewertung zu minimieren, stellen die Verantwortlichen für Früherkennung die Bewertung von wahrgenommenen Signalen auf breitere Basis und halten Erkenntnisgewinne bei Marktveränderungen nicht nur bei wenigen Top-Managern oder in Stabsabteilungen vor, sondern binden weitere Mitarbeiter in den Erkenntnisprozess ein, um von zusätzlichen Meinungen und Einblicken zu profitieren. Um nicht der Gefahr zu unterliegen, dass bei Identifizierung von relevanten Marktveränderungen wertvolle Hinweise in der Hektik des Arbeitsalltags und bei Arbeitsbelastung nicht weitergedacht oder weiterverfolgt werden, stellen sie angemessene Aufbereitungskapazitäten für die Analyse, Bewertung und gezielte Anpassungsaktivitäten bezüglich einzelner Veränderungen sicher.

Entwicklung operationalisierbarer Innovationsstrategien

Die digitalisierte Ökonomie umspannt ein komplexes Gelände mit erschwerter Sicht. Darin bringt die das Digitalgeschäft einbeziehende, operationalisierbare Innovationsstrategie alle Aktivitäten – unabhängig von ihrer Komplexität, Tragweite und Bedeutung – in einen grundlegenden Zusammenhang. Sie gibt die Richtung für zielorientierte Entscheidungen vor und unterstützt Geschäftsverantwortliche bei der Prüfung und Bewertung von Chancen auf Zielkonformität und Machbarkeit im Rahmen von Ressourcen, Technologien und Marktanforderungen. In diesem Kontext stellt sich das Management des Digitalgeschäfts als komplexe und kontinuierliche Managementaufgabe rund um den zentralen Baustein der Innovationsstrategie dar.

Strategische Orientierung

Eine ganzheitlich aufgebaute, das Digitalgeschäft berücksichtigende Innovationsstrategie setzt einerseits auf konsequente Portfolio-Überprüfung und -Erweiterung durch digitale Produktinnovationen, produktbegleitende Dienstleistungsinnovationen, Technologie- oder Geschäftsmodellinnovationen und andererseits auf einen aus der Strategie abgeleiteten Maßnahmenplan.

> »Wenn wir wissen, wo wir heute stehen und wohin wir wollen, können wir besser entscheiden, was wir tun und wie wir es tun sollen.«
>
> [Abraham Lincoln, 1809–1865; politische Ikone]

Strategieverantwortliche beginnen mit einer Vision, aus der sich Stoßrichtungen für strategisches Wachstum ableiten lassen. Nach der Feststellung von Handlungsbedarfen veranlassen sie umfassende Analysen von Lösungskompetenzen, Zielgruppen, Wettbewerbern, Technologien, (Digital-)Trends, Zukunftsmärkten sowie wirtschaftlichen und juristischen Rahmenbedingungen. Dabei setzen sich Lösungskompetenzen eines Unternehmens aus Kernkompetenzen und Stärken wie beispielsweise Marktposition, Marktzugang, Kapitalausstattung, Bekanntheitsgrad, Image, Know-how und Erfahrung zusammen. Auf dieser Grundlage leiten sie geeignete Suchfelder ab und erarbeiten Strategieoptionen. Dabei definieren sie Innovationsprioritäten und Innovationsfelder, die im Einklang mit der Unternehmensstrategie stehen. Im nächsten Schritt legen sie das digitale (Ziel-)Portfolio fest und formulieren eine durchdachte Innovationsstrategie, die sich eng an den langfristigen Organisationszielen ausrichtet. Anschließend folgt die Maßnahmenumsetzung und Potenzialerschließung im (digitalen) Ökosystem: Wertschöpfungsbausteine werden kombiniert, neue Eigenentwicklungen, Unternehmensakquisitionen und strategische Partner integriert, Nutzer- und Kundenzugänge ausgebaut und eine fortschreitende Kompetenzentwicklung in der gesamten Organisation sichergestellt.

Abbildung 7: Modell zur Entwicklung einer Innovationsstrategie (in Anlehnung an Gassmann)

Eine nachhaltige Potenzialausschöpfung gelingt Erneuerern in Unternehmen verlässlicher, wenn sie notwendige digitale Schlüsselkompetenzen vorhalten, integrieren oder aufbauen können und ihre Innovationsfortschritte mittels Kennzahlen erfassen. Sind sie auf der Suche nach neuen Innovationsfeldern, können sie ihr Geschäftsrisiko aus Sicht von Gassmann absenken, indem sie von einem bekannten Markt oder einer bekannten Technologie ausgehen. Dessen ungeachtet lockt die Königsklasse »neue Digitalprodukte beziehungsweise Schrittmachertechnologien in neuen Märkten«. Denn wenn in diesem Segment eine echte Durchbruchsinnovation gelingt, sind die Geschäftsaussichten höchst Erfolg versprechend.

Markt Produkt/ Technologie	Heutiger Markt	Verwandter Markt	Neuer Markt
Heutiges Digitalprodukt/ Basistechnologie	Verbesserung oder Variation des Bestehenden	Markterweiterung/ Inkrementelle Innovation	Inkrementelle/ radikale Innovation
Verwandtes Digitalprodukt/Schlüsseltechnologie	Produkterweiterung/inkrementelle Innovation	Inkrementelle Innovation	Inkrementelle/ radikale Innovation
Neues Digitalprodukt/Schrittmachertechnologie	Inkrementelle/ radikale Innovation	Inkrementelle/ radikale Innovation	Radikale Innovation

Abbildung 8: Produkt/Technologie-Markt-Matrix

Zur Strategieüberprüfung oder -entwicklung im Digitalkontext bieten sich folgende Fragestellungen an, auf die jede Organisation ihre eigenen spezifischen Antworten finden muss.

Fragen zur Innovationsstrategie

1. Wie ändert sich unsere Branche durch die Digitalisierung mittel- und langfristig?
2. Welchen Markt- und technologischen Trends müssen wir besonderen Raum widmen und was bedeutet dies für unsere Produkte und Dienstleistungen (von morgen)?
3. Auf welche technologische Infrastruktur und welchen Technologie-Mix setzen wir künftig?
4. Welche künftigen Bedarfe und expliziten/impliziten Wünsche haben unsere Kunden?
5. Welche Kernkompetenzen für das Digitalgeschäft stellen wir derzeit bei uns dar und welche werden wir zukünftig brauchen?
6. Richtet sich unsere Innovationsstrategie an dem Unternehmenszielsystem aus? Auf welche messbaren Maßnahmen setzen wir, um unsere Ziele zu erreichen? Wie steigern wir die Wirksamkeit unserer Innovationsaktivitäten Schritt für Schritt?

7. Wie stark wollen wir uns nach außen öffnen und von welchen zukün Vernetzungspartnern versprechen wir uns in welchen Anwendungsfeld den größten Benefit?
8. Wie stellen wir sicher, dass wir schneller und wirtschaftlicher innovieren:
9. Wie stellen wir sicher, dass wir uns zu einer lernenden Organisation weiterentwickeln?
10. Wie hoch soll unsere Innovationsleistung sein (Anzahl der digitalen Neueinführungen im Verhältnis zum Umsatz)? Wie hoch soll unsere Innovationsintensität sein (Anzahl der digitalen Neueinführungen im Verhältnis zum Bestandsportfolio)? Wie hoch soll unser durchschnittlicher Innovationsgrad sein (Klassifizierung der Neueinführungen anhand von mehreren Stufen, angefangen bei einfacher Variation bis hin zu echter Neuerung)?

Um Entwicklungsprojekte besser miteinander vergleichen und bewerten zu können, bietet sich die Portofolio-Analyse an. In den einfachen, gängigen Konzeptionen lassen sich die Portfolios mit vier- oder neunfeldrigen Matrizen darstellen. Innerhalb der Felder können strategische Geschäftseinheiten (SGE) und digitale strategische Geschäftseinheiten (DSGE) nebeneinander abgebildet und entsprechend ihren Schätzwertkombinationen zugeordnet werden. Ein additiver Informationswert entsteht im Modell über die kreisförmige Darstellung der SGE oder DSGE in unterschiedlichen Größen. Dabei spiegelt eine Größenzunahme eine größere Relevanz für die Gesamtorganisation wider. Das weitverbreitete Modell beschränkt sich darauf, die Strategiewahl unter Berücksichtigung von zwei Bezugsgrößen auszulegen: durchschnittliches Marktwachstum und relativer Marktanteil im Vergleich zum Wettbewerb.

Selbst wenn der Aussagewert des Modells durch seine reduktionistische Konzeption begrenzt ist, rückläufige Märkte ignoriert werden, ein hoher relativer Marktanteil für sich allein gesehen nicht zu einer positiven Innovationsfeldentwicklung führen muss und die Hervorhebung des Marktwachstums in der Literatur nicht unkritisiert geblieben ist, leistet es einen einfachen und durchaus plausiblen Überblick.

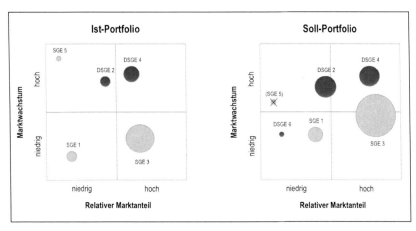

Abbildung 9: Beispielhaftes analoges und digitales BCG-Portfolio-Modell

In einer ihrer »Innovation Excellence«-Studien skizziert die Unternehmensberatung Arthur D. Little ein holistisches Modell des Innovationsmanagements, das neben der Innovationsstrategie und Innovationserfolgsmessung sieben zentrale Handlungsfelder vorstellt: Business Intelligence, strukturiertes Ideenmanagement, Produkt- und Dienstleistungs-Portfoliomanagement, Technologie-Portfoliomanagement, Entwicklung und Markteinführung, Weiterentwicklung sowie Ressourcen- und Kompetenzmanagement.

Das Modell sieht vor, dass sowohl das Ideenmanagement als auch das Ressourcen- und Kompetenzmanagement bis zur Post-Launch-Phase Querschnittscharakter aufweist. Dazwischen stellt das Portfoliomanagement von Bestandsangeboten und Technologien lediglich eine Phase innerhalb des Innovationsprozesses dar. Die Studienautoren zeigen, dass Innovatoren dann am erfolgreichsten sind, wenn sie Innovationsprojekte außerhalb von etablierten Organisationsstrukturen und Prozessen stattfinden lassen oder für diesen Zweck eine neue Gesellschaft gründen. Darüber hinaus innovieren Großunternehmen und kleinere Unternehmen auf unterschiedliche Weise: Großunternehmen neigen dazu, Innovationen auf

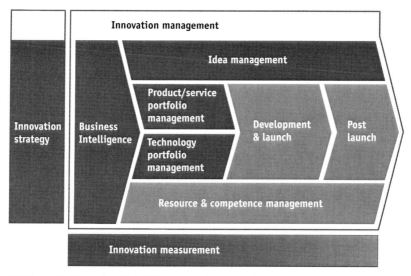

Abbildung 10: Holistisches Modell für erfolgreiches Innovationsmanagement. Quelle: Arthur D. Little

viele Organisationsbereiche wie Top-Management, Business Development, Marktforschung, Corporate Strategy, Produktmanagement und weitere Bereiche auszubreiten. In kleineren Unternehmen dagegen stellt meist die Geschäftsführung die treibende Kraft von Innovation dar. Dabei könnten sowohl kleinere als auch größere Unternehmen von dem jeweils anderen lernen: Großunternehmen müssen ein wenig agiler, flexibler und mit größerem Unternehmergeist agieren und kleinere Unternehmen können stärker von klaren Verantwortlichkeiten, Strukturen, Prozessen sowie Methoden und Werkzeugen profitieren.

Innovationsförderliche Innovationskultur

In der Literatur wird ein bedeutender Einfluss der Unternehmenskultur auf die Innovationsfähigkeit und Innovationsleistung von Unternehmen deutlich. Eine Innovationskultur ist eine Form der Unternehmenskultur, die in besonderem Maße die Innovationsleistung von Mitarbeitern beeinflusst. Darunter sind alle Wertvorstellungen und Denkhaltungen zu verstehen, die das Verhalten der am Neuerungsprozess beteiligten Akteure prägen. In diesem Zusammenhang werden häufig Merkmale wie offenes Kommunikationsverhalten, Wissensteilung, besondere Anreizsysteme, heterogene Teamzusammensetzung, Fehlertoleranz, Verantwortungsdelegation, Ermutigung zur Eigeninitiative und positive Einstellung zu Wissen und Lernen genannt.

Das digitale Zeitalter beansprucht eine regelmäßige Überprüfung und Weiterentwicklung der Kultur sowie ihre Abstimmung auf die Unternehmensorganisation, Technik und Kompetenzentwicklung. Es stellt digital innovierende Unternehmen vor die Herausforderung, ihre Geschäftsmodelle, Organisation und Unternehmenskultur kontinuierlich zu hinterfragen und anzupassen, um in der digitalisierten Ökonomie nachhaltig wettbewerbsfähig zu bleiben. Dabei können Unternehmen mit unterschiedlichen Kulturen erfolgreich innovativ sein.

Kulturansatz Corporate Creativity
Das Corporate-Creativity-Modell von Meyer leuchtet drei Cluster mit zehn Kulturfaktoren aus, die maßgeblichen Einfluss auf die Innovationsfähigkeit von Unternehmen haben.

Im Cluster *Ausrichtung der Organisation* steht die Innovationsstrategie als Basis für jegliche Innovation im Fokus. Sie legt fest, ob Unternehmen beispielsweise neue Märkte erobern oder bestehende Märkte verteidigen wollen. Richtig formuliert, hat sie eine klare, richtungsweisende Signalwirkung für Führungsteams und Mitarbeiter. Bei der Ausrichtung der

Organisation lässt sich Innovation nicht nur als Wert im Werteportfolio verankern, sondern auch sichtbar vorleben. Arbeitsstrukturen brauchen nicht ausschließlich mit operativer Effizienz in Verbindung gebracht zu werden, sondern bieten genügend Raum, um Innovationen im Arbeitsalltag entstehen zu lassen. Offene, systematisch vitalisierte Innovationskulturen überwinden formale Hierarchien. Sie basieren auf Vertrauen und setzen mithilfe richtiger Signale Kreativität frei.

Im zweiten Cluster, *Katalysatorische Führung*, spielt der Faktor Mensch in Verbindung mit der Förderung von Kreativität eine dominierende Rolle. Innovative Führungsstile begünstigen, dass sich Geführte nicht zu Flaschenhälsen, sondern zu Innovationstreibern entwickeln. Bei der Zusammensetzung der Innovationsteams erweisen sich unterschiedliche Denkstile und Diversität von persönlichen und fachlichen Kompetenzen dann als zielführend, wenn sich Denkweisen, Erfahrungen und Methodenkompetenzen synergetisch ergänzen. Dazu zählt auch ein Anreizsystem, das kreatives, innovatives Denken und Handeln fördert.

> *»Wirkliche Durchbrüche in der Produktivität, in Größenordnungen von 30, 100 bis zu 1.000 Prozent, erreicht man dadurch, dass man die Art und Weise, wie Menschen zusammenarbeiten, anders gestaltet.«*
>
> [Leo A. Nefiodow; Wirtschaftstheoretiker und Zukunftsforscher]

Im letzten Cluster *Kreatives Umfeld* wird eine innovationsfreundliche Innovationskultur idealerweise abgerundet durch eine Risikokultur, die Experimente und Fehler innerhalb eines abgesteckten Rahmens zulässt. Bereichsübergreifende, laterale Kommunikationsstrukturen können dazu beitragen, die Entwicklung einer innovationsfreundlichen Atmosphäre im Unternehmen zu unterstützen. Diese ist zielorientiert, informell und von hoher Motivation und Aufbruchsstimmung geprägt.

Kulturansatz Pyramiden-Modell

Einen anderen Innovationskulturansatz, der Erneuerungsvorhaben vor dem Hintergrund von Produktqualität, technischem Erfolg, Einhaltung von Zeitplänen sowie Kosten untersucht, stellt Liebeherr vor. In ihrer empirischen Untersuchung wies sie nach, dass sowohl materielle als auch immaterielle Anreizgestaltung eine wichtige Rolle bei der Generierung und Implementierung von Innovationen spielen. Um ein organisationales Umfeld zu schaffen, das sich positiv auf Innovationsleistung auswirkt, sind nach Liebeherr vier Kulturdimensionen im Rahmen eines auf einfachen Wirkmechanismen basierenden Pyramiden-Modells vonnöten.

Die Kulturdimension *Unternehmerischer Freiraum* verbindet zwei innovationsförderliche Aspekte – einerseits den zeitlichen und handlungsbezogenen Freiraum, demnach Zeit für Ideen oder Freiraum in der Aufgabendurchführung vor dem Hintergrund von kreativer Leistungsfähigkeit, andererseits die unternehmerische Komponente, die zur Entwicklung und Kommerzialisierung von Innovationen erforderlich ist. Abgebaute Hierarchien schaffen Räume für eine erfolgreiche Selbstorganisation innerhalb eines zugelassenen Rahmens. Mit der Kunst loszulassen kann eine Selbstorganisation dauerhafte Kreativität und Innovationsdynamik entfachen. Ein gewisses Maß an Freiraum gibt Mitarbeitern die Möglichkeit, Veränderungen selbstständig hervorzurufen und im Sinne der Organisation initiativ, persistent und proaktiv zu werden. Proaktiv bedeutet mit einem langfristig orientierten Fokus zu handeln, sich aus eigenem Antrieb heraus mit zukünftigen Problemstellungen und Chancen auseinanderzusetzen und gegebene Handlungsspielräume auszunutzen. Persistent steht dafür, Innovationsziele und -projekte trotz auftretender Widerstände konsequent und beharrlich zu verfolgen. Ein selbstwirksames, persistentes und proaktives Verhalten zeigt sich als eine wichtige Bedingung zur Generierung und Implementierung von Innovationen. Dazu gehört auch die Bereitschaft, Eigenverantwortung zu tragen und zu übernehmen. Eigenständige Akteure stoßen und treiben Innovationen auch gegen Widerstände aktiv und in eigener Verantwortung sowie mit einem nicht zu unterschätzenden persönlichen Risiko voran. Je mehr dabei strategische Zieldefinitionen fehlen, keine eindeutigen Lösungswege für bestehende Probleme existieren oder starre Strukturen die wirksame Aufgabendurchführung behindern, desto stärker ist eigenverantwortliches Handeln gefragt.

Die zweite Kulturdimension *Kommunikation, Kooperation, Konflikt* besteht aus drei miteinander interagierenden Kräften. Um eine Unternehmenskultur innovationsförderlich zu gestalten, bietet sich eine auf Vertrauen basierte, offene Kommunikationspolitik an, die Kooperationsbereitschaft unterstützt und einen konstruktiven Umgang mit Konflikten gewährt. Da mit wachsender Digitalisierung der Kommunikation informelle Mitarbeiternetzwerke an Bedeutung gewinnen und innovative Vorschläge aus vorgelagerten Austauschprozessen mit anderen Fachbereichen entspringen können, lassen sich Ideen und Impulse aus unterschiedlichen Quellen in neuartiger, kooperativer Weise effektiver miteinander kombinieren. Treffen unterschiedliche Herangehensweisen und Vorstellungen zwischen Konzeption und Technik oder Marketing und Vertrieb aufeinander, sind Konflikte in digitalen Innovationsprojekten meist unvermeidbar. Diese Interessensinkompatibilität beruht im Allgemeinen auf unterschiedlichen Zielsetzungen, Annahmen, Präferenzen, Wünschen oder Verständnisproblemen der Akteure. Dabei sind Konflikte aus gesamtorganisatorischer Sicht nicht durchweg als negativ einzustufen. Gerade Kreativleistung kann häufig erst durch Widersprüche entstehen – solange sich diese auf einem vertretbar ausgewogenen Niveau abspielen. Aus diesem Grund kann ein konstruktiver Umgang mit Konflikten im Unternehmen sehr innovationsfördernd sein, wenn sich sicherstellen lässt, das kritische Fragestellungen während des Innovationsvorhabens genügend Raum zur Entfaltung erhalten. Ein konstruktiver Umgang mit Konflikten setzt einen offenen Informationsfluss und Kooperationsbereitschaft voraus. Wenn sowohl Innovationsmanager als auch alle Schnittstellenpartner aus den Fachbereichen verinnerlichen, dass unterschiedliche Sichtweisen wertvoll sein können, steigt die Wahrscheinlichkeit, dass Meinungsverschiedenheiten weniger persönlich genommen werden und auf diese Weise konstruktiv an einer Zusammenführung der Sichtweisen oder einem Kompromiss gearbeitet wird.

Da innerhalb jeder Innovationsphase auch Fehler auftreten können, ist der bewusste *Umgang mit Fehlern* ein weiterer Faktor innovationsförderlicher Unternehmenskultur. Diese Kulturdimension setzt voraus, dass Fehler im Innovationsprozess, weil sie unvermeidbar sind, zu Lernchancen umdefiniert werden. Erneuerer im Unternehmen, die sich durch höhere Fehlertoleranz und einen konstruktiven Umgang mit auftretenden Denkfehlern und Fehlurteilen auszeichnen, können aus Fehlern lernen. Eine innovationsfördernde Unternehmenskultur schafft adäquate Bedingungen, um solche Lernaktivitäten zuzulassen und zu fördern. Denn erst wenn ein konstruktiver Umgang mit Fehlern auf der Führungsetage legitimiert und vorgelebt wird, können Mitarbeiter aus Fehlern lernen und an ihnen reifen. Als Mittel, um symbolisch zu unterstreichen, dass Fehler Bestandteil des Innovationsprozesses und organisatorischen Lebens sind und offen darüber gesprochen werden darf, verweist Liebeherr auf den Einsatz unternehmensinterner Mitteilungen über fehlgeschlagene Aktivitäten oder sogar Auszeichnungen für die kreativsten Fehler (bester Flop des Monats) als einen Bestandteil der internen Kommunikation.

Die vierte und letzte Kulturdimension *Barrieren* steht in einem negativen Zusammenhang zum Innovationserfolg. Es wurde bereits ausführlich dargestellt, dass digitale und analoge Innovationsvorhaben häufig durch eine Vielzahl von Barrieren geprägt sind. Diese Barrieren des »Nicht-Könnens«, »Nicht-Wissens«, »Nicht-Dürfens« oder »Nicht-Wollens« können als überdauernde Grundeinstellung der Projektbeteiligten verstanden werden, die sich bremsend auf den Innovationsprozess auswirkt oder diesen ganz unterbindet.

Entfesselung durch Identifizierung und systematischen Abbau von Innovationshemmnissen

Im zweiten Kapitel wurden über achtzig zentrale Innovationsbarrieren vorgestellt, die digitale Innovationserfolge entweder erschweren oder sie regelrecht verhindern. Unternehmen, die sich systematisch von Innovationshemmnissen entkoppeln, indem sie diese identifizieren, analysieren und, wenn es die unternehmensinternen Umstände zulassen, abbauen, können ihre Innovationsfähigkeit und damit ihre Zukunftsfähigkeit deutlich steigern.

Nicht jedes Hemmnis lässt sich in der Unternehmenspraxis beseitigen. Beispielsweise lässt sich eine Unternehmenskultur, in der Innovation bisher keine große Rolle gespielt hat, nicht von heute auf morgen in eine innovationsfreundliche Kultur transformieren. Auch muss nicht jedes Hemmnis zwangsläufig abgebaut werden. Beispielsweise können limitierte Innovationsbudgets aus strategischer Erwägung ihre Berechtigung haben – wenn kürzlich ein ressourcenintensives Innovationsprojekt gescheitert ist, ein Geschäftsbereichsverkauf geplant wird oder ein Konsolidierungskurs fortgesetzt werden soll. Eine innovationsorientierte Chefetage kennt alle Innovationshemmnisse, prüft sie, wägt ab und entscheidet, inwieweit sie sich eindämmen oder nachhaltig beseitigen lassen.

Die Entfesselung von Innovationshemmnissen versteht sich weniger als einfach delegierbare Aufgabe an das Innovationsmanagement, sondern vielmehr als gemeinsam zu stemmende Herausforderung: im Zusammenspiel von Unternehmensleitung, Führungsteams und Innovationsmanagern. Ein konsequenter Hemmnisabbau kann über eine systematisch durchgeführte Analyse und Bewertung aller Hemmnisse eingeleitet werden, indem die Barrieren auf Hemmnisschwere, Hemmnisursache, Hemmnishistorie, beteiligte Akteure und Bereiche, Beeinflussbarkeit, Beseitigungsaufwand/-kosten und Konsequenz des Hemmnisabbaus untersucht werden. Befinden sich Aufwand und Kosten zur Hemmnisbeseitigung in einem für das Unternehmen vertretbaren Rahmen und erscheint die antizipierbare Entfesselungswirkung auf die Innovationsfähigkeit hoch, spricht alles für einen schrittweisen Abbau des jeweiligen Einzelhemmnisses. Denn mit jedem (weiteren) erfolgreich umgesetzten Entfesselungsschritt erhöht sich die Innovationskraft des Unternehmens.

Macht-, Fach-, Beziehungs- und Prozesspromotoren und Champions als Hemmnisüberwinder, Befürworter, Gestalter und Treiber von Innovationen

Digitale Innovationen treffen im Unternehmenskosmos auf historisch gewachsene Organisationsstrukturen, Prozesse und Beharrungskräfte, die die Innovationsfähigkeit der Unternehmen je nach Ausprägung unterschiedlich stark einschränken. Fast losgelöst davon, welcher Ansatz in den letzten Dekaden für Promotoren in der Literatur gewählt wurde: Initiator, Stimulator, Legitimizer, Decision Maker, Executor (Rogers/Shoemaker) – Fachpromotor, Machtpromotor (Witte) – Catalyst, Solution Giver, Process Helper, Resource Linker (Havelock) – Technical Innovator, Product Champion, Business Innovator, Chief Executive (Rothwell) – Initiator, Fachpromotor, Machtpromotor, Realisator (Uhlmann) – Fachpromotor, Machtpromotor, Prozesspromotor (Hauschildt/Chakrabarti) – Fachpromotor, Machtpromotor, Prozesspromotor, Beziehungspromotor (Gemünden/Walter) – können bestimmte Promotorentypen vor dem Hintergrund der anspruchsvollen digitalen Transformation positiven Einfluss auf die Innovationsfähigkeit von Unternehmen ausüben. Und zwar in puncto Qualität, Geschwindigkeit und Ressourcenaufwand. Promotoren überwinden Widerstände: kognitive Barrieren des Nicht-Wissens, psychologische Barrieren des Nicht-(miteinander-)Wollens, organisatorische Barrieren des Nicht-(zusammen-)Dürfens oder finanzielle Barrieren des Nicht-Gestattens. Witte bezeichnete Promotoren als Akteure, die sich aktiv und intensiv für eine Innovation einsetzen, und zwar über das hinaus, was sie qua Position tun müssten. Dabei kann ein Akteur auch gleichzeitig mehrere Promotorenrollen in Personalunion innehaben. Unabhängig von seiner Rolle kann jeder Promotor dazu beitragen, dass Unternehmen an Fähigkeit und Kraft gewinnen, digitale Innovationen erfolgreich hervorzurufen.

In der Literatur sind Macht- und Fachpromotoren unbestritten relevante Akteure, in der Praxis meist herausragende Persönlichkeiten. *Machtpromotoren* können durch ihre hierarchische Stellung Innovationsgegner schwächen und Innovationstreiber schützen und fördern. Sie verfügen über ausreichende Ressourcen, um die Etablierung von Innovationen durchzusetzen. Darüber hinaus ebnen, überzeugen und entscheiden sie, sind operativ aber kaum aktiv. Rund zwei bis drei Hierarchiestufen darunter unterstützen *Fachpromotoren* Innovationsprojekte durch ihr fundiertes Fach- und Methodenwissen. Als Erfinder, Kenner der Materie und der Gesetzesmäßigkeiten im Detail entwickeln sie Lösungen zur Überwindung von Stolpersteinen im Projekt und treiben Innovationen durch Weitergabe ihres Spezialwissens voran. *Beziehungspromotoren* fördern Innovationsprojekte indirekt mithilfe ihrer persönlichen Beziehungen innerhalb ihrer weitverzweigten und gut gepflegten internen und externen Netzwerke. Sie besetzen in Unternehmen für den organisationalen Austausch wichtige Schnittstellen. Das für Beziehungspromotoren charakteristische Charisma und ihre Kooperationserfahrung lassen sie zielstrebig gute Innovationspartnerschaften finden. Eng verwandt mit den Beziehungspromotoren, kennen die *Prozesspromotoren* die formellen und informellen Prozesse im Unternehmen gut. Sie sind gut vernetzt und machen Innovationen im Unternehmen bekannter, indem sie sie einer breiteren Diskussion zuführen. Sie verknüpfen Informationen und Innovationsakteure und wissen, wann wer anzusprechen ist, wer von einer Innovation profitieren könnte, und übersetzen zwischen den Sprachen der Fachkollegen einerseits und des Managements andererseits.

Das Promotorenmodell ist nicht ganz unkritisiert geblieben. Es geht von einem notwendigen Zusammenwirken verschiedener Rollen aus und trennt dabei Akteure und Rollen voneinander. Einerseits werden die hierarchischen Ränge der Promotoren nicht klar genug beschrieben. Andererseits werden Promotoren nur durch Rollen, Leistungsbeiträge und Machtquellen beschrieben, nicht jedoch durch Stellen, Kompetenzen und Aufgaben. Auch der Personalbedarf bleibt unbestimmt, da nicht deutlich wird, wie viele Promotoren sich auf welchem Qualifikationsniveau einbringen sollten. Weiterhin bleibt anzunehmen, dass Promotoren nicht ausschließlich intrinsisch motiviert sein dürften. Trotz der Kritik wurden die positiven Effekte von Promotoren bei Innovationsleistung mehrfach empirisch bestätigt.

Im Gegensatz zum multi-personalen Promotorenmodell fokussiert das erstmals bei Schon Anwendung findende mono-personale Champion-Modell eine einzelne, herausragende Person, die als Generalist mehrere Rollen in sich vereint. *Champions* sind überwiegend im mittleren Management zu finden, verfügen über begrenzte hierarchische Machtressourcen und technisches Know-how sowie über eine detaillierte Kenntnis des Unternehmens und von dessen Zielmärkten. Sie überwinden Innovationshindernisse hartnäckig und begleiten Innovationsaktivitäten durch kritische organisatorische Phasen, indem sie diese unentwegt vorantreiben. Champions übernehmen die Innovatorenrolle informell und sorgen im Innovationsprozess für die notwendige Unterstützung. Sie werben mit großem Enthusiasmus für Innovation und sichern sich dadurch die Unterstützung des Top-Managements in Form von personellen und finanziellen Ressourcen ebenso wie den Beistand weiterer relevanter Schlüsselpersonen in Form von Know-how und Prozessfreigaben. Champions überwinden Genehmigungs- und Implementierungshürden und Koalitionen von Innovationsgegnern. Sie zeichnen sich durch ihren langen Atem und ihre Persistenz aus und lassen sich auch bei Schwierigkeiten nicht von ihrem Kurs abbringen. Dadurch bieten sie allen beteiligten Mitarbeitern in allen von Digitalisierung veränderten Bereichen Schutz und schaffen Freiraum für Kreativität.

Auch das Champion-Modell zeigt sich in der Literatur nicht frei von Kritik. Einerseits fand im Modell bisher noch keine eindeutige Charakterisierung der Championrolle statt. Andererseits wurde der positive Einfluss des

Champions auf den Innovationserfolg noch nicht uneingeschränkt bestätigt. Darüber hinaus ist die Schaffung von etwas Neuem im Allgemeinen unsicher und hoch komplex und erfordert daher einen konstruktiven Austausch von vielen Akteuren im Entscheidungs- und Implementierungsprozess. Diesem Gedanken zufolge, ist nicht klar, ob Innovationen allein durch die Tatkraft einer Einzelperson hervorgebracht werden. Trotz der Kritik weist eine Mehrheit an Forschungsergebnissen einen positiven Bezug auf einen alleinigen Champion auf. Der scheinbare Widerspruch zwischen dem Promotorenmodell (mehrere Treiber) und Champion-Modell (ein Treiber) kann darin liegen, dass Champions und Promotoren in typischen Innovationsprojekten nur schwer eindeutig zu identifizieren sind, da sie die Rollen meist informell ausüben und diese zudem nicht Bestandteil ihrer Aufgabenbeschreibung und Zielvereinbarungen sind. Dessen ungeachtet weisen Studien den positiven Einfluss von Champions und Promotoren auf Innovationsvorhaben in Unternehmen empirisch nach. Somit liegt die Vermutung nahe, dass beide Rollenkonzepte einen integrativen und integralen Bestandteil von Innovationsleistung ausmachen.

Aufbau und Integration von Schlüsselkompetenzen für digitale Innovationsentwicklung

Ohne digitale Produktentstehungs- und Kommerzialisierungskompetenzen sind digitale Erneuerungen innerhalb des Unternehmens kaum erreichbar. Als zentrales Element des strategischen Managements zur Generierung von mittel- bis langfristigen Wettbewerbsvorteilen in sich digitalisierenden Märkten stellen sie eines der wichtigsten Strukturmerkmale für digitale Innovationserfolge dar.

Dem Kompetenzbegriff liegt kein einheitliches Verständnis zugrunde. In der Literatur wird Kompetenz unterschiedlich definiert und in der Folge auch ungleich verwendet. Digitalgeschäftskompetenz soll in diesem Kontext nicht als Einzelfähigkeit oder Einzeltechnologie verstanden werden,

Abbildung 11: Digitalgeschäftskompetenzen als Katalysator für strategische Wettbewerbsvorteile in digitalen Märkten

sondern stellt ein organisationsübergreifendes Bündel aus Wissen, Fähigkeiten und Technologien dar, das dazu dient, digitale Marktlösungen planen, (prototypisch) entwickeln, validieren und kommerzialisieren zu können. Dabei stellt die Software beziehungsweise Anwendungsentwicklung sowohl im Alleingang als auch im Zusammenspiel mit Mechanik und Elektrotechnik eine zentrale Säule dar.

Digitalgeschäftskompetenzen kombinieren Ressourcen und Fähigkeiten zur Entwicklung marktfähiger Prozesse, um digitale Innovationen mit strategischen Wettbewerbsvorteilen hervorzubringen. Als integraler Bestandteil der Kernkompetenzen begründen sie eine nachhaltige Individualität des Unternehmens mit einzigartig kombinierten Fähigkeiten. Im Allgemeinen setzen Unternehmen bereits auf ein Portfolio von »Innovationen der Vergangenheit«. Je häufiger sie dabei auf Erfahrungen mit digitalen Innovationsprojekten zurückgreifen können, desto besser sind sie in der Lage, die für digitale Innovationen notwendigen Kompetenzbedarfe zu benennen, aufzubauen oder zu integrieren. Angesichts der fortschreitenden Digitalisierung der Wirtschaft erweist sich für Mitarbeiter der Erwerb und die Weiterentwicklung von Visionskompetenz, Kreativkompetenz, Ideenentwicklungskompetenz, Modellierungskompetenz, Visualkompetenz, Prototypenentwicklungskompetenz, Informationsmanagementkompetenz, Anwendungsentwicklungskompetenz, Testkompetenz, Vermarktungskompetenz, Medienkompetenz, Netzwerkkompetenz, Produkt- beziehungsweise Technologie-Managementkompetenz, Skalierungskompetenz und Kommerzialisierungskompetenz als ein lebenslanger Prozess, der nicht zu einem bestimmten Zeitpunkt als abgeschlossen betrachtet werden kann.

Gefüllte und stetig nachsprudelnde Ideen-Pipeline

Der wichtigste Nährboden für Innovationen sind gute, entwicklungswürdige Ideen. Sprudeln sie nur ab und zu, ist die Quelle für digitale Erneuerungen schnell versiegt. Unternehmen mit chronischem Ideenmangel laufen Gefahr, dass wichtige Innovationsimpulse und Kreativinitiativen zur systematischen Ideengenerierung ausbleiben. Innovationsverantwortliche wissen, wie sie einen Mangel an neuen Ideen umgehen können. Sie setzen gezielte Steuerungsprozesse ein und achten auf die richtigen Anreize für eine fortlaufende interne und externe Ideengenerierung. Dafür stehen Innovationsverantwortlichen einen Vielzahl von Methoden zur Verfügung: ein Auszug findet sich im vierten Kapitel unter »Systematische Ideenfindung«.

3.2 Perspektivenwechsel möglich machen

Integrierende Orchestrierung von Variation und Verbesserung des Bestehenden und inkrementeller und radikaler Innovationsansätze

Radikale digitale Innovationen, die ganze Branchen umkrempeln, verbreiten sich am Anfang fast unbemerkt und haben nicht die Eigenart, dass sie von heute auf morgen alle Bestandsgeschäfte infrage stellen. Meist tauchen sie irgendwo in Nischen als schlichte Erfindungen auf, mit denen sie die bisherige Technologie kolossal in den Schatten stellen. Die radikal verändernden Unternehmen sind meist klein(er), unbekannt(er) und halten sich nicht an Branchenregeln. Christensen beschreibt dieses Phänomen als »Innovators Dilemma«. Technologisch getriebene Neuerungen werden zwar erkannt, doch erscheinen sie führenden Unternehmen im Vergleich zu ihren etablierten Produkten, Dienstleistungen oder Geschäftsmodellen als zu teuer, technisch nicht ausgereift oder nicht hinreichend den Bedarfen der aktuellen Kunden zu entsprechen. Je überzeugter in solchen Fällen marktführende Unternehmen von der Überlegenheit ihres eigenen Technologie- und Produktportfolios sind und je mehr sie zu verstehen meinen, nach welchen Regeln ihre Branche funktioniert und was sich künftig am Markt durchsetzen lässt, desto ungestörter können die digitalen Angreifer ihre Überlegenheit in die Breite tragen. Gassmann spricht in diesem Zusammenhang von sechs Stufen der Umwälzung durch Innovationen. Unternehmen, die erst spät beschließen, sich intensiv mit neuen digitalen Innovationen auseinanderzusetzen, riskieren einen äußerst schweren Übergang. Denn Stück für Stück demontieren die technologisch überlegenen Herausforderer die Branchenriesen – so lange, bis die digitalen Herausforderer die Platzhirschen eines Tages überrennen können.

Die Schwierigkeit bei ablösenden technologischen Durchbruchsinnovationen ist, dass niemand, selbst Branchenexperten nicht, genau vorhersagen können, ob oder wie schnell der Umbruch erfolgen wird und was sich zukünftig kommerzialisieren lässt. Kodak, Agfa und Polaroid haben die massive Umwälzung der Fotoindustrie durch digitale Fotografie gesehen, aber nicht rechtzeitig darauf reagiert. Kurioserweise entwickelte 1975 ausgerechnet ein Kodak-Ingenieur die erste, damals noch rund vier Kilo schwere Digitalkamera der Welt. Dennoch sah die Foto-Industrie zunächst keinen Handlungsbedarf, denn Speicherkarten waren viel zu schnell voll und die Fotoqualität der Kleinbildfilme der digitalen Technik hoch überlegen. Universal, Sony, EMI haben die Umwälzung der Musikindustrie durch die zunächst unscheinbare, disruptive MP3-Technologie sehr wohl zur Kenntnis genommen, aber erst spät und mit zu wenig Nachdruck auf die Angriffe reagiert. Die Erfindung des MP3-Formats selbst löste damals keine Disruption aus. Erst mit dem flächendeckenden Einsatz im Kontext von Funktionalität und Benutzerfreundlichkeit des iPod entwickelte sich das Format zum Praxisstandard. Mit dem Wii-Controller und einem neuartigen Steuerungskonzept, basierend auf Bewegungssensoren, erschloss Nintendo weiblichen und älteren Zielgruppen die Begeisterung für Videospiele: Ein Segment, das die Wettbewerber Microsoft und Sony für Videospiele nicht im Visier hatten. Nokia, Sony Ericsson oder LG verpassten Ende der 2000er-Jahre die fortschreitende Entwicklung der Mobilfunkgeräte zu Smartphones. Auch war es Nokia, das mit seinem mobilen Betriebssystem Symbian über viele Jahre die Marktführerschaft innehatte, bevor es von den intuitiven, mobilen Betriebssystemen von iOS, Android und Windows überrollt wurde und Symbian 2013 in den Ruhestand schicken musste. Cloud-Plattformen für die Dokumentenablage im Internet wurden lange Zeit belächelt: die Datenaufbewahrung sei unsicher, das Hochladen umständlich und aufwendig, die Preise einfach zu hoch. Sicherheitsbedenken, Geschwindigkeit und Kosten – alles Argumente von gestern. Heute sorgen die Software-as-a-Service-Anbieter sogar noch zusätzlich für eine einfache Synchronisation zwischen allen Endgeräten und kategorisieren neue Inhalte auf intelligente Weise automatisch.

In der Literatur werden zunehmend radikalere Innovationsansätze gefordert, damit transformierenden Unternehmen ein nachhaltiger Innovationserfolg gelingen kann. Radikale, digitale Innovationen zeichnen sich durch höhere Innovationsgrade aus, bei denen vollkommen neue Märkte, Pro-

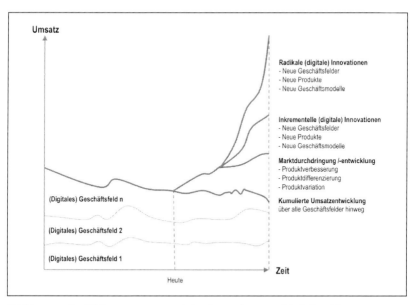

Abbildung 12: Erschließung neuer strategischer Innovationpotenziale bei etablierten Unternehmen in Anlehnung an Clausen, Geschka, Krug

duktklassen, Technologien oder neue Geschäftsmodelle geschaffen werden. Meist sind sie komplex und generieren sowohl einen überlegenen Kundennutzen als auch nachhaltige Wettbewerbsvorteile. Radikale Innovationsansätze verlaufen weniger nach standardisierten Innovationsphasen, sondern entwickeln sich inkonstant. Da sie vergleichsweise lange brauchen, um im Markt durchzudringen, und deshalb einen höheren Kapitalanteil beanspruchen, bergen sie für innovierende Unternehmen auch höhere finanzielle Risiken.

Dagegen zielt das Management inkrementeller digitaler Innovationen auf die Organisation von Verbesserungsinnovationen ab – Neuentwicklungen, die nahe dran sind an der vorhandenen Produktpalette in bisherigen Märkten. Es handelt sich dabei um Variationen oder Modifikationen gegenwärtiger Lösungen, die einen vergleichsweise geringeren Nutzenzuwachs in Aussicht stellen: meist eine Reduktion der Kosten oder funktionelle Verbesserungen. Inkrementelle Innovationen bauen auf vorhandenem Wissen auf und können die Wettbewerbsfähigkeit in bereits erschlossenen Märkten sichern oder verbessern. Dazu etablieren eine Reihe von Unternehmen Ideenmanagement-Systeme, State-Gate-Prozesse und Innovationsnetzwerke, die Produktinnovationen inmitten einer straffen Projektorganisation steuern sollen.

Eine zu starke Fokussierung auf inkrementelle Innovationen und unflexible Innovationsprozesse kann radikale digitale, technologieintensive Innovationen eindämmen oder verhindern, wenn Innovationsentscheidungen sich überwiegend an aktuellen Markterfordernissen orientieren. Dessen ungeachtet sind Produktverbesserungen, inkrementelle und radikale Innovationen per se keine Gegensätze. Vielmehr stellt eine im dynamischen Gleichgewicht stattfindende Verteilung von personellen und finanziellen Ressourcen auf parallel ausgerichtete Ansätze höhere (Innovations-)Renditen in Aussicht. Manchmal werden inkrementelle Innovationen benötigt, um gestiegene Qualitätsansprüche zu befriedigen, manchmal ist – bedingt durch Technologiesprünge – radikales Umdenken gefragt. Warschat und

Auernhammer vom Fraunhofer Institut IAO sprechen in diesem Zusammenhang von einem integrierenden Innovationsmanagement, das die traditionellen Innovationsprozesse zwar beibehält, allerdings einen anderen Schwerpunkt in der Perspektive und der inhaltlichen, zeitlichen und methodischen Ausrichtung wählt. Die Autoren benennen dafür erfolgskritische Faktoren: gezielte, langfristige Konzentration der Kräfte, frühzeitige Kundenintegration, Transparenz und Geschwindigkeit, adaptive Innovationsorganisation und Leidenschaft sowie Mut zur Innovation.

Häufiges, dafür frühes Scheitern und Lernen

Fehler bewusst in Kauf zu nehmen, stellt für Innovationstreiber in bestimmten Unternehmenskulturen nicht immer eine Option dar. Unternehmen, die sich vornehmlich mithilfe von belastbaren Studienergebnissen oder Analysen renommierter Großinstitute absichern, sind darauf aus, Fehler möglichst zu vermeiden, statt diese in Kauf zu nehmen. Dabei können Fehler für Innovationsmanager eine inspirierende Quelle sein, um aus ihnen zu lernen und an ihnen zu wachsen.

Einkalkuliertes Scheitern

Scheitern geht mit unterschiedlichen Konsequenzen einher: Es steht der Verlust von Reputation, Materiellem und Selbstwert auf dem Spiel. Im Erfolgsfall drehen sich die Karten allerdings um: Reputationsgewinn, materieller Gewinn und Zunahme von Selbstwert ist die Folge. Das Risiko des Scheiterns von echten digitalen Erneuerungen liegt bei über 90 Prozent. Demnach sind die statistisch antizipierbaren Verluste im Innovationsgeschäft hoch. Gelingen Innovationen jedoch, scheint ein aufmerksamkeitsstarker, positiver Nachhall so gut wie sicher.

> »Erfolg ist die Fähigkeit, von einem Misserfolg zum anderen zu gehen, ohne seine Begeisterung zu verlieren.«
>
> [Winston Churchill, 1874–1965; bedeutendster englischer Staatsmann des 20. Jahrhunderts]

Wenn Scheitern offensichtlich wahrscheinlicher ist als Erfolg, warum sollten Innovationstreiber nicht versuchen, die nachteiligen Konsequenzen des Scheiterns weitgehend einzudämmen? Diesem Gedanken folgend, kann Scheitern als Einstellungssache, als eine bewusst gewählte Geisteshaltung begriffen werden. Plan B steht im Misserfolgsfall von vorneherein fest: Weitermachen. Digitale Innovatoren, die Innovationsmisserfolge bewusst einkalkulieren und daraus Erkenntnisgewinne ableiten, können ein frühes Scheitern im Innovationsprozess einem späten Ausstieg vorziehen. Je früher sie den richtigen Ausstiegszeitpunkt erkennen, desto ressourcenschonender erweist sich für sie der Ausstieg. Etwa dann, wenn die im Markt validierten Ansätze deutlich unter den Erwartungen bleiben oder von Experten schwer widerlegbare, plausible Gründe gegen die Fortsetzung eines Innovationsvorhabens sprechen.

> »Ich bin nicht gescheitert. Ich habe nur 10.000 Wege gefunden, die nicht funktionieren. Zudem bin ich ein Glückpilz, denn ich kenne über 5.000 Möglichkeiten, wie man KEINE Glühbirne herstellt.«
>
> [Thomas Alva Edison, 1847–1931; Erfinder und radikaler Innovator]

Erfolge zu verdoppeln, bedeutet Misserfolge zu vervielfachen

Misserfolg ist eine Frage der Definition und des Betrachtungszeitraums. Eine Verdoppelung der Erfolgsquote geht statistisch betrachtet immer mit einer Vervielfältigung der Misserfolge einher. Unausgereifte oder schlichtweg erfolglose Ideen, Konzepte, Geschäftsmodelle und Entwicklungsleistungen sind als integrative Bestandteile des digitalen Neugeschäfts genauso wichtig wie erfolgreiche. Sie helfen innovierenden Unternehmen herauszufinden, was im Markt nicht funktioniert.

Bereitschaft zur konstruktiven Kannibalisierung

Kannibalisierung entsteht durch Substitution von Marken, Produkten, Absatzkanälen und Technologien. Im Zuge der digitalen Transformation verdrängen im Digitalgeschäft starke Wettbewerber Platzhirsche, welche die

Marktdigitalisierung und digitale Erneuerungen zwar intensiv beobachten, jedoch keine digitalen Offensiven initiieren, da sie die klassischen Stammmärkte besser ausschöpfen möchten. Auf diese Weise versuchen sie zu vermeiden, dass sich analoge und digitale Produkte gegenseitig beschneiden. Dieses Denken kann kurzfristig richtig sein. Bezogen auf einen längeren Betrachtungszeitraum birgt es erhebliche Risiken bei fortschreitender Digitalisierung des Stammgeschäfts. Innovationsverantwortliche, die Kannibalisierung weitgehend vermeiden, ignorieren die Bedrohung ihrer Geschäftseinheiten, Produkte, Dienstleistungen und Geschäftsmodelle durch angreifende Wettbewerber mit Digitalangeboten. Die fortschreitende digitale Transformation der Ökonomie fordert von digitalen Innovatoren, ihr Wissen, ihre Erfahrungen und bisher erfolgreiche Bestandsgeschäfte zu kannibalisieren (proaktive Kannibalisierung). Im Falle der bewussten Vermeidung von Kannibalisierungseffekten im Innovationsmanagement steigt die Gefahr, dass Wettbewerber oder Start-ups diese Rolle übernehmen (passive Kannibalisierung). Mes bezeichnet die Bereitschaft zur Kannibalisierung bestehender Kompetenzen und die Fähigkeit, neue Kompetenzen zu entwickeln, als Ausdruck von »dynamic capabilities«.

> »If you don't cannibalize yourself, someone else will.«
>
> [Steven Paul Jobs, 1955–2011; digitaler Innovator, Mitgründer und CEO von Apple]

Die große Chance der eigenen, konstruktiv ausgeführten Kannibalisierung liegt darin, Vorreiter bei technologisch oder marktseitig überlegenen Produkten, Services und Geschäftsmodellen zu sein, frühzeitig Marktanteile im Digitalsegment zu erwerben und zu lernen, welchen Regeln und Marktmechanismen das Digitalgeschäft folgt.

Höhere Innovationsrate ermöglichen

Immer kürzere Innovationszyklen bedingen steigende Innovationsraten. Mit Pareto-Prototyping erhöhen Innovationsverantwortliche ihre Beweglichkeit mit Blick auf die sich verändernden geschäftlichen Anforderungen und beschleunigen ihr Tempo von Innovation und Strategieumsetzung. Die im weiteren Verlauf der Publikation ausführlich dargestellte ressourcenschonende Methode zielt auf simultane Parallelaktivitäten ab und eröffnet Innovationstreibern die Möglichkeit, auf wirtschaftliche und beschleunigte Weise systematisch höhere Innovationsoutputs zu generieren.

3.3 Schrittweise Öffnung und Vernetzung mit externen Organisationen

In der Vergangenheit behielten Innovatoren ihr Wissen für sich – aus Angst, dass wertvolle Informationen abfließen und konkurrierende Unternehmen mit ähnlichen Geschäftsideen früher auf den Markt kommen könnten. Das Abschirmen des eigenen Wissens sollte Informationsvorsprünge konservieren und höhere Innovationsrenditen sicherstellen. Diese nach innen gerichtete Denkweise verliert weltweit an Befürwortern. Konzerne und KMUs setzen, angetrieben durch weltweite Vernetzung und Digitalisierung der Wirtschaft, zunehmend auf eine gemeinsame Gestaltung von Innovationsprozessen mit Kunden, Lieferanten, Forschungseinrichtungen, Fördereinrichtungen, Bildungseinrichtungen, Technologiezentren, Beratungsunternehmen, Start-ups oder strategischen Geschäftspartnern. Selbst die Einbindung von relevanten Wettbewerbern stellt dabei kein wesentliches Hindernis mehr dar.

Während geschlossene Innovationssysteme auf den kreativen Input und das Wissen einer relativ kleinen Gruppe beschränkt waren und auf betriebsinternen Ressourcenpotenzialen und Verschwiegenheit beruhten, ermöglicht Open Innovation die Abkehr von abgeschotteten F&E-Bereichssilos hin zu offenen, kollaborativen Multi-Stakeholder-Prozessen. Durch die Einbindung externer Akteure erhalten Unternehmen Bedürfnis- und Lösungsinformationen und können die Spannbreite ihrer Ideen- und Lösungsfindung erweitern. Als neue Form der Wissensgenerierung kann Open

Innovation besonders im Rahmen des Managements digitaler Innovationen wertvolles Wissen außerhalb der unternehmerischen Grenzen identifizieren und integrieren.

Gemäß Hilgers und Piller stellt sich für Unternehmen die Chance auf Umsatz- und Gewinnsteigerung bei deutlich geringeren Entwicklungskosten, Risiken und verkürzten Innovationszyklen als besonders verlockend dar. Hinzu kommen höhere Erkenntnisgewinne, als sie innerhalb der eigenen Organisationsgrenzen erzielbar wären. So entstehen Jahr für Jahr neue verteilte, offene Innovationssysteme mit Unternehmen, die ausgewählte Innovationspartner strategisch in ihren Entwicklungsprozess einbeziehen und aus Geschäftspartnern Wertschöpfungspartner machen.

Konzerne wie IBM, Festo, BMW, Audi, VW, Nestlé, Siemens, Philips, Lego, Beiersdorf, Procter & Gamble, Bosch, Dell, Xerox, Henkel, Bayer, 3M, Shell, Google, Microsoft, aber auch unzählige mittelständische Unternehmen setzen seit Jahren auf Open-Innovation-Initiativen. Dabei treibt die fortschreitende Digitalisierung offene Innovationssysteme in innovativen Technologie- und Wissenschaftsparks beschleunigt voran: 2012 eröffnete Vodafone den weltweit ersten digitalen Open-Innovation-Park.

Die strategische Verbindung von Außen- und Innenwelt kann zu Multiple-win-Konstellationen führen, wenn alle Wertschöpfungspartner selbst über effiziente Strukturen, geeignete Werkzeuge und Vorgehensmodelle verfügen. Offenheit bedeutet in diesem Kontext nicht, dass jeder alles mitbestimmen und steuern kann. Erst mithilfe von klar umrissenen Themenfeldern, schlanken Regelwerken und multilateralen Vereinbarungen, die geistige Eigentumsrechte eindeutig aufschlüsseln, lassen sich höhere Innovationsoutputs erschließen. Folglich lassen umsichtige Unternehmenslenker Open Innovation innerhalb eines exakt vordefinierten und eingegrenzten Rahmens stattfinden, um die Kontrolle über neu erworbenes Wissen und geistiges Eigentum sicherzustellen. Mit steigender Anzahl von Innovationspartnern steigt die für Unternehmen zu beherrschende Komplexität dann, wenn die Partner versuchen, exklusive Rechte auf geistiges Eigentum auszuhandeln. Nijkamp-Diesfeldt zufolge liegt die eigentliche »Magie« des gemeinsamen Gestaltens und Entwickelns in der Risikostreuung, da sowohl die Risiken als auch die gemeinsam erzielten Ergebnisse untereinander aufgeteilt werden. Über einen »Shared-risks-and-shared-results«-Ansatz können Unternehmen ihre Kernkompetenzen für sich wahren und trotzdem Profiteur innovativer Gemeinschaftsentwicklungen sein.

Öffnung der Unternehmensgrenzen

In der Literatur werden unterschiedliche Öffnungsansätze diskutiert. Als einer der klassischen Vordenker von Open Innovation schlägt Chesbrough vor, den Innovationstrichter beizubehalten, und verweist dabei auf drei Ansätze der Öffnung:

1. Outside-in-Prozess: Entwicklungswürdige Ideen werden von außerhalb in die Organisation hineingetragen und intern weiterentwickelt. Zu Outside-in-Aktivitäten gehören Lead-User-Integration, Kunden- und Lieferantenintegration, Integration von externen Lizenzen, Technologien und Lösungen anderer Industrien (Cross-Industry-Innovation), Ideen- und Lösungsplattformen, externe moderierte Kreativworkshops und Crowdsourcing.

2. Inside-out-Prozess: Ideen werden in Unternehmen zwar generiert, jedoch dort nicht originär verwertet, da Umsetzungskompetenzen fehlen oder die Ideen nicht ins strategische Profil passen. Für diese Ideen suchen Unternehmen Partner, um bei erfolgreicher externer Entwicklung anteilig profitieren zu können. Es findet eine externe Kommerzialisierung internen geistigen Eigentums statt. Zu Inside-out-Aktivitäten zählen Joint Ventures, strategische Allianzen, Spin-offs und Ventures.

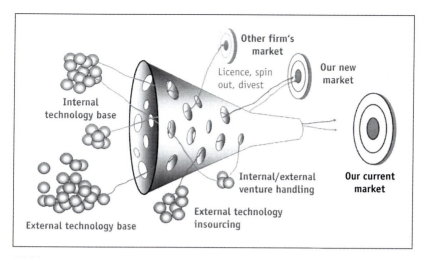

Abbildung 13: Open Innovation mit verschiedenen Zielmärkten. Quelle: Chesbrough/Eirma, 2005

3. Coupled-Prozess: Externe Ideen und Geschäftsmodelle werden internalisiert, interne Ideen und Geschäftsmodelle werden externalisiert. Unternehmen identifizieren innovationsbereite Partner und generieren Innovationen in Gemeinschaftsarbeit. Coupled-Aktivitäten umfassen gemeinsame Entwicklungen mit Kunden, Dienstleistern und anderen Unternehmen (eigener oder fremder Industriezweige), Universitäten, Forschungsinstituten, Start-ups und Nutzern.

Nicht alle (Unternehmens-)Partner eignen sich zur Integration in einen Open-Innovation-Prozess. Reichwald und Piller verweisen hier auf zwei Schlüsselfragen. Einerseits stellt sich die Frage, über welche Fähigkeiten und welches Können die fortschrittlichsten Partner verfügen. Andererseits sind die ausschlaggebenden Faktoren abzuklären, damit sich fortschrittliche Partner aktiv an Open-Innovation-Aktivitäten beteiligen. Die grundsätzliche Art, Dauer und Intensität einer Beteiligung an einer solchen Initiative ist vom Gesamtnutzen aller beteiligten Partner abhängig. Dieser ergibt sich aus den jeweiligen Kosten- und Nutzenerwartungen der Partner.

Übersteigt der erwartete Nutzen einer Partizipation die erwarteten Kosten, kann eine Beteiligung lohnenswert erscheinen.

Chancen und Risiken von Open Innovation

Open Innovation bietet Unternehmen eine Reihe von Chancen, um schneller, besser und effizienter zu innovieren. Sie zielt darauf ab, marktbezogene, kompetenzbezogene und technologische Unsicherheiten besonders in den frühen Phasen des Innovationsprozesses zu reduzieren. Open Innovation kann die Ideenbasis verbreitern und vertiefen. Der Innovationsansatz kann Produktentwicklungszeiten verkürzen (Time-to-Market), den Kapitalbedarf für die Entwicklung neuer Marktangebote senken (Cost-to-Market) sowie Informationen über Kundenbedürfnisse mit neuen Lösungsansätzen verknüpfen, um die Attraktivität und Akzeptanz neuer Marktangebote zu steigern (Fit-to-Market). Open Innovation ermöglicht es, auch außerhalb des eigenen Geschäftsportfolios Zusatzerlöse zu generieren, beispielsweise durch Lizenzeinnahmen, Beratungsleistung, Spin-offs oder die Erschließung von neuen Märkten (New-to-Market). Je mehr Ideen von außen kommen, desto größer sind für Unternehmen die Kombinationsmöglichkeiten mit den eigenen Ideen. Chesbrough sieht zudem Potenziale bezüglich der Exklusivität neuer Erkenntnisse durch den frühen Kontakt zu Entrepreneuren.

Daneben birgt die Implementierung von Open-Innovation-Strategien auch strategische Risiken. Es besteht die Gefahr, dass externe Partner zu viele Informationen erhalten und aktuelle oder potenzielle Wettbewerbsvorteile verloren gehen. Wissensabfluss, Verlust von geistigem Eigentum, Verlust von Kernkompetenzen, erhöhte Komplexität und partielle Systembeherrschung stellen weitere Risiken von Open Innovation dar. Zudem birgt die gemeinsame Entwicklung von Innovationen das Risiko einer fehlenden Differenzierung von Wettbewerbern. Hinzu kommt das Patentrisiko: Nicht alle Innovationen lassen sich durch Schutzrechte schützen, da die Voraussetzungen für die Schutzrechtserteilung von einigen Funktionen wie erfinderische Tätigkeit, Neuigkeitsgrad, unternehmerische Anwendbarkeit, Gestaltungsumfang und Unterscheidungskraft abhängt. Eine weitere Herausforderung bei Open-Innovation-Aktivitäten besteht darin, bestehende Innovationsprozesse, die vorhandene Ressourcen und Kompetenzen bereits effizient verwerten, mit Impulsen von außen zu vereinbaren und zu synchronisieren.

Teilnahme an Open-Innovation-Programmen

Open-Innovation-Programme verfolgen häufig das Ziel, komplexe Innovationsoutputs zu generieren, die, im Zusammenspiel von interorganisationalen Ressourcen wirtschaftlich gesehen, attraktiv(er) erscheinen. In Abgrenzung zu Open-Innovation-Wettbewerben, Innovation Toolkits und der Lead-User-Methode stehen Open-Innovation-Programme für einen Innovationsansatz, bei dem Innovationspartner mit ähnlich gelagerten Präferenzschwerpunkten über multilaterale Ideen-, Geschäftsmodell-, Entwicklungs- und Kommerzialisierungscluster versuchen, marktfähige Innovationen hervorzubringen.

Ein Konsortium aus externen Partnern stellt den beteiligten Unternehmen digitale Durchbruchsinnovationen in Aussicht – insbesondere dann, wenn echte (branchenübergreifende) Innovationen zur Befriedigung neuer oder bislang unbefriedigter Kundenbedürfnisse an den Grenzen vorhandener Technologieschnittstellen oder an den Übergängen von bisher abgegrenzten digitalen Märkten entstehen sollen. Zu den wesentlichen Aufgaben im Vorfeld eines Programms gehört die wohldurchdachte Abwägung, welche Unternehmensbereiche für die Fremdentwicklung geöffnet werden und welche nicht. Da Open Innovation nicht zwangsläufig bedeutet, dass jeder Partner mit jedem anderen Partner etwas Neues zusammen entwickelt, legen die Unternehmen im Vorfeld fest, mit welchen Partnern, von denen sie sich die größte Synergie- und Nutzenerschließung versprechen, sie wie zusammenarbeiten möchten.

Regelung von Rechten an geistigem Eigentum

Erfolgreiche Open-Innovation-Programme zeichnen sich neben einem für alle Innovationspartner ausgewogenem Verhältnis aus Geben und Nehmen dadurch aus, dass die Partner ihre Risiken von Beginn an kennen und weitgehend eindämmen. IPR (Intellectual Property Rights) und Lizenzvereinbarungen können dem Verlust von intellektuellem Kapital entgegenwirken. Im ersten Schritt schließen die Innovationspartner eine vorvertragliche Absichtserklärung untereinander ab (Letter of Intent beziehungsweise Memorandum of Understanding). Im zweiten Schritt werden klar ausgearbeitete, nicht selten recht umfangreiche Projektvereinbarungen geschlossen, um Unsicherheiten und Risiken weitgehend zu minimieren. In den Vereinbarungen lassen sich die verschiedenen Erwartungen der Partner aufeinander abstimmen, personelle Verantwortlichkeiten und Ressourcenaufteilung regeln, gemeinsame Ziele und angestrebte Ergebnisse ausformulieren und Erfolgsgrößen anhand von Kennzahlen präzisieren. Dem etwaigen Verlust von Kernkompetenzen kann eine ausgewogene Balance aus Eigenentwicklung (Closed Innovation) und Gemeinschaftsentwicklung (Open Innovation) Rechnung tragen.

An welcher Stelle genau die Trennung zwischen Eigen- und Gemeinschaftsentwicklung liegen soll, kann multilateral ausgehandelt werden. Mit einem professionell ausgeführten IPR-Management steigen die Chancen auf einen gemeinsamen Innovationserfolg, wenn geistiges Eigentum innerhalb der Unternehmen systematisch erfasst, angereichert und weiterentwickelt wird. Bringen Innovationspartner ihr Wissen, ihr Kapital und ihre Fähigkeiten paritätisch ein, liegt das geistige Eigentum zu gleichen Anteilen bei allen Partnern. In den überwiegenden Fällen sind die Inputfaktoren jedoch voneinander abweichend, sodass auch Verfügungsrechte am Gemeinschaftseigentum (Co-Ownership) ungleich verteilt sind. Beabsichtigen Innovationspartner zu einem späteren Zeitpunkt in ein laufendes Open-Innovation-Programm einzusteigen, bei dem bereits von den bestehenden Partnern neues geistiges Eigentum kreiert wurde, haben die Neueinsteiger häufig die Möglichkeit, dieses über eine gemeinsam genutzte Lizenz (Shared Licence) zu erwerben: Wissen und geistiges Eigentum wird so zu Handelsware.

> **Fallbeispiel: Open Innovation am High-Tech-Campus Eindhoven**
>
> Ein erfolgreiches Programm zeigt das Open Innovation Institute Holst Centre am High-Tech-Campus Eindhoven. Im Holst Centre, das 2003 von Philips gegründet wurde, arbeiten direkt miteinander konkurrierende Unternehmen in Research-Programmen (wie beispielsweise Philips, Panasonic und Samsung) auf engstem Raum zusammen. Die Region Eindhoven wurde 2011 vom »Intelligent Community Forum« in New York zum schlausten Quadratkilometer der Welt gekürt. Laut Weltverband der Technologie- und Wissenschaftsparks gehört der Campus zu den 17 Prozent der größten Wissenschaftsparks der Welt. Rund 8.000 Forscher, Entwickler und Unternehmer aus hundert Organisationen in sechzig Ländern treffen in einem offenen Innovationsumfeld aufeinander. Forschungsinstitute, Auftragsforschungsorganisationen, Universitäten sowie kleine, mittlere Unternehmen und global tätige Konzerne arbeiten hier gemeinsam an der Entwicklung von Produkten und Technologien von morgen. Die Entwicklungsinitiativen des »Catalyst Technology and Business Incubator Eindhoven« verdichten sich auf Mikrosysteme, Hochtechnologien, integrierte Systeme, Biowissenschaften und Infotainment.

Initiierung von Cross-Industry-Innovationen

Die meisten Innovationen bestehen aus einer Rekombination vorhandenen Wissens. Innovationsmanager, die auf eine Kombination der unternehmenseigenen Wissens- und Erfahrungsbestände mit Wissen außerhalb der eigenen Industrie setzen, erhöhen ihren Chancen auf eine radikale (System-)Innovation. Erfolgreiche Cross-Industry-Innovationen stellen aufgrund der besseren Differenzierungsmöglichkeit höheres Wachstum und bessere Rentabilität in Aussicht. Entwicklungskosten und Entwicklungszeiten lassen sich in Cross-Industry-Projekten häufig um mehr als 50 Prozent verringern. Auf diese Weise platzieren Unternehmen innerhalb kürzerer Zeit neue Produkte in neuen Märkten, als dies mit einer rein intern getriebenen Innovationsleistung denkbar wäre. Darüber hinaus wurde bei branchenübergreifenden Innovationen der marktseitige Proof-of-Concept bereits in einer anderen Branche erbracht, sodass Innovationsverantwortliche interne »Projekt-Go-Entscheidungen« leichter durchsetzen können.

Cross-Industry-Innovationen folgen selten einer bestimmen Systematik. Vorgehensmodelle und Methoden zur Einbindung von branchenfremden Unternehmen sind bislang rar. Das Fraunhofer Institut IAO entwickelte einen zweistufigen Ansatz, um branchenübergreifende Innovationsimpulse gezielt zu suchen und zu nutzen. Der Ansatz besteht aus zwei Hauptphasen, die jeweils in fünf Teilschritte unterteilt sind. Die *Definitionsphase* (Trendanalyse, Kompetenzanalyse, Abstraktion, Branchenwahl, Partnerwahl) dient zunächst dazu, den Projektgegenstand und das branchenfremde Zielunternehmen festzulegen, um mit diesem in der darauffolgenden *Interaktionsphase* (Systemanalyse, Funktionsanalyse, Ideengenerierung, Bewertung, Integration) Transferideen zu generieren und diese weiter auszugestalten. Beide Phasen verlaufen ähnlich: Ein breites Lösungsfeld wird zunächst eingegrenzt, um es dann in einem Abstraktionsschritt wieder zu öffnen und somit die Anzahl der Erfolg versprechenden Lösungen zu vergrößern. Als Ergebnis beider Phasen erhalten Cross-Industry-Initiatoren die jeweils potenzialreichsten Alternativen.

3.4 Steigerung der Innovationsgeschwindigkeit

Ein zentraler Erfolgsfaktor für profitables Wachstum in den sich digitalisierenden, dynamischen Märkten stellt die Geschwindigkeit des Innovationsprozesses von der ersten Idee bis zur Kommerzialisierung dar. Die Innovationsentwicklungszeiten der meisten Unternehmen liegen bei deutlich über sechs Monaten. Technische Produktinnovationen benötigen vom ersten Innovationsimpuls bis zur Markteinführung meist zwei bis fünf Jahre.

Steigerung der Vernetzungsdichte

Innovationsgeschwindigkeit steigt mit dem zunehmenden Vernetzungsgrad der Systeme untereinander. In einer Studie des Innovationen Instituts von 2011 sehen Glanz und Nadler die fortschreitende Vernetztheit als Hauptgrund für die steigende Geschwindigkeit von Innovationen. Einerseits nimmt die Vernetzung mit dem Internet und internetfähigen mobilen Endgeräten wie Smartphones oder Tablets zu – schnellere Datenübertragungstechniken wie LTE verstärken diese Entwicklung. Andererseits vernetzt sich die Welt zunehmend in Netzwerken wie Facebook, das 2012 die Eine-Milliarde-Mitglieder-Grenze durchbrach. Soziale Netzwerke, Cloud-Dienste, Internet der Dinge und Open-Innovation-Initiativen führen durch die zunehmende Vernetzungsdichte zu einer rasanten Beschleunigung der Innovationsgeschwindigkeit.

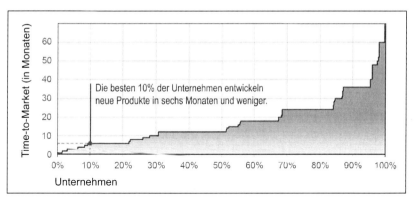

Abbildung 14: Time-to-Market von Neuentwicklungen in Unternehmen. Quelle: FhG ISI

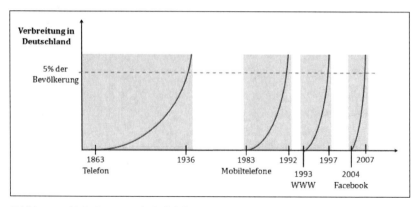

Abbildung 15: Verbreitungsgeschwindigkeit von Innovationen im Zeitverlauf.
Quelle: Innovationen Institut

Innovatoren profitieren von einer vernetzten Zusammenarbeit in Verbünden, insbesondere unter Einbeziehung von Einrichtungen der Wissenschaft und der angewandten Forschung, da sich solche Kooperationen unterstützend auf den Wissens- und Technologietransfer auswirken. Zusammen mit dem Fraunhofer Institut für System- und Innovationsforschung (ISI) hat das Zentrum für Europäische Wirtschaftsforschung (ZEW) nachgewiesen, dass Innovationskooperationen einen wesentlichen Einflussfaktor für höheren Innovationserfolg im Sinne der Erreichung höherer Neuheitsgrade und der Erzielung höherer Erträge aus eingeführten Innovationen darstellen.

Die nachfolgende Tabelle zeigt zwölf herausragende Innovationsregionen auf der Welt, in denen Forschung, (angewandte) Wissenschaft und Unternehmen bahnbrechende Produkte und Dienste für die Zukunft entwickeln.

Innovations-Hotspots	(Digitale) Innovationsfelder	Innovationstreiber
1. Boston (USA)	IKT, Medizin, Ingenieurwesen	MIT, Harvard University
2. Silicon Valley (USA)	IKT, Umwelttechnologie	Standord University, University of California-Berkeley, San José State University, Google, Facebook
3. Rio de Janeiro (Brasilien)	Medizin, Energie, Biotechnologie, Luftfahrt	Petrobras, Embraer, Inova Unicamp, Embrapa, Fiocruz
4. Stockholm (Schweden)	IKT, Medizin, Biotechnologie, Umwelttechnik	Stockholm University, KTH Royal Institute of Technology, Skype, MySQL, Spotify, Astra-Zeneca
5. Oulu (Finnland)	IKT, Umwelttechnologie, Pharma, Nanotechnologie, Biotechnologie	VTT, University of Oulu, Oulu University of Applied Sciences, CIE, Technopolis, Nokia
6. (Süd-)Deutschland	IKT, Mobilität, Maschinenbau, Medizin, Biotechnologie, Umwelttechnologie	TU München, Universitäten Stuttgart und Erlangen, Karlsruher Institut für Technologie, Fraunhofer Institute, DLR, SAP, Daimler, BMW, EADS, Siemens
7. Schweiz	Umwelttechnologie, Mobilität, Pharma	ETH Zürich, ETH Lausanne, Cern
8. Israel	IKT, Umwelttechnologie, Medizin, Kommunikation	Hebrew University, Weizmann Institute of Science, Israel Defense Forces
9. Peking (China)	Biotechnologie, Nanotechnologie, regenerative Energien	Badaling Economic Development Zone, China National Center for Biotechnological Development, Tsinghua University, Sinovel, Goldwind
10. Shenzhen (China)	IKT, Elektromobilität, Biotechnologie	Shenzhen Institute of Advanced Integration Technology, BYD
11. Bangalore (Indien)	IKT, Ingenieurwesen, Pharma	National Innovation Council, Indian Institutes of Technology, Tata Group, Infosys, Biocon
12. Singapur	Nanotechnologie, Biotechnologie, Pharma	Nanyang Techn. University, University of Singapore, National Research Foundation, Biopolis, Fusionopolis

Abbildung 16: Innovations-Hotspots. Quelle: Manager Magazin, EAC, Zeppelin Universität

Frontloading

Mithilfe einer systematischen Verlagerung von Problemidentifikation und -lösung auf die frühen Phasen des Innovations- und Entwicklungsprozesses kann Frontloading die Geschwindigkeit der Problemlösung steigern und damit zu einer höheren Innovationsgeschwindigkeit führen. Im Vorfeld werden Entwicklungspfade sorgfältig ausgelotet, etwaige Probleme identifiziert und Optionen zur Bewältigung analysiert und abgewogen. Bevor Probleme eskalieren, lassen sich bereits Gegenmaßnahmen einleiten. Durch Transfer von problembezogenen Informationen aus durchgeführten Projekten reduziert sich die Gesamtsumme an zu lösenden Problemen im Entwicklungsprozess. Einerseits wird das bereits generierte Wissen für den Problemlösungsprozess neuer Produkte genutzt (Cross-Project-Learning), andererseits können potenzielle Problemfelder aus späteren Innovationsphasen mithilfe des Einsatzes von technisch-funktionalen Simulationen in den vorderen Teil des Innovationsprozesses übertragen und dort einer umfangreichen Analyse zugeführt werden. Gleiches gilt für Entscheidungen: Die Innovationsgeschwindigkeit lässt sich massiv beschleunigen, wenn die wirklich wichtigen Entscheidungen in möglichst frühe Entwicklungsphasen verlagert werden.

Vergleichzeitigung von Entwicklungsleistung, Wiederverwendbarkeit und Komplexitätsreduktion

Die in den Kapiteln 4.5 und 4.6 dargestellte Methode Pareto-Prototyping versteht sich als Impulsquelle für Innovationsmanager, die ihre Innovationsgeschwindigkeit in der Phase der Prototypenentwicklung im Zusammenspiel von vorkonfigurierter Infrastruktur und ausgewählten Innovationsprinzipien steigern wollen. Mithilfe einer orchestrierten Parallelisierung von Teilprojekten und Aufgaben können sie eine simultane, zeitliche, inhaltliche, kapazitive und finanzielle Planung von Entwicklungsleistung anpeilen. Die Innovationsgeschwindigkeit erhöht sich, wenn sich Kompetenzträger interdisziplinär ergänzen und Zugriff auf eine gemeinsame Datenbasis haben, um Entwicklungsaufgaben in beherrschbaren Arbeitspaketen zusammenzufassen und gemeinsam zu bewältigen.

Einen weiteren Geschwindigkeitsschub erreichen Innovationsmanager durch eine Konzentration auf wenige und wesentliche Leistungsbausteine. Bei der Entwicklung von Innovationsleistung legen Sie Wert auf Vereinfachung, indem sie prüfen, ob sich Komplexität reduzieren lässt. Nicht prioritäre Leistungsbausteine konservieren sie für zukünftige Ausbaustufen. Darüber hinaus kann die Wiederverwendbarkeit von prototypischer Entwicklungsleistung Innovationsprojekte beschleunigen, wenn Projektanforderungen ähnlich sind oder mit Entwicklungsprojekten in der Vergangenheit übereinstimmen. Die Palette an wiederverwendbaren Konstruktions- und Anwendungselementen ist lang: Code, Design, Content oder ganze Anwendungen lassen sich abhängig vom Anforderungsprofil einer zeiteinsparenden Mehrfachverwendung zuführen.

> »Man muss ein Unternehmen so organisieren, dass die Struktur eine möglichst hohe Zahl von Experimenten zur gleichen Zeit zulässt.«
>
> [Jeff Bezos; Gründer und Präsident von Amazon]

Installation von »Corporate Garages« nach US-Vorbild

In den USA profitieren Start-ups von der sogenannten Accelerator-Methode. Sobald in Innovations-Hotspots, wie beispielsweise im Silicon Valley, eine gute Idee auftaucht, gilt es für Kapitalinvestoren, keine Zeit zu verlieren. Sie investieren, um diese Idee möglichst zeitnah auf den Markt zu bringen. Die Trial-and-Error-Methode ist im US-Raum weit verbreitet. Damit wird auch eine höhere Floprate in Kauf genommen. Viele amerikanische Start-ups kommen unausgereift auf den Markt und werden erst in Ausbaustufen verbessert. Unternehmen im deutschsprachigen Raum ziehen dagegen die »Company-Builder-Methode« vor. Ganz nach dem Vorbild der »guten alten Geschäftsgründung« werden im Vorfeld von Investitionen ausführliche Studien und erfolgreich abgeschlossene Markttests verlangt: der Proof-of-Concept steht im Fokus – als Nachweis, dass die Idee im Kleinen funktioniert und auch mit hoher Wahrscheinlichkeit erfolgreich im Markt kommerzialisiert werden kann.

Doch Unternehmensstrukturen verändern sich. Inspiriert von Sillicon Valley und weiteren Hotspots, stellen sich immer mehr Entwicklungsabteilungen von Konzernen flexibler auf, um mit neuem Selbstbewusstsein und hinreichender Kompetenzausstattung ähnlich schnell und flexibel wie Entrepreneure agieren zu können: sogenannte Corporate Garages entstehen. Diese kompakten strategischen Geschäftseinheiten saugen Ideen von außen und innen systematisch auf, setzen sie prototypisch um und testen sie wendig, schlagkräftig und mit hoher Geschwindigkeit in flexibler »Schnellboot-Manier«. In eingebetteten Garagen können Großunternehmen eine ähnlich große Innovationskraft wie Start-ups entfalten, wenn sie vernetzte Kreativinseln entstehen und die eingebetteten Geschäftseinheiten weitgehend autark agieren lassen. Bei Bedarf können sie Lenkungsausschüsse installieren, die als Sparringspartner fungieren, ohne die Handlungs- und Entscheidungsfreiheit der verantwortlichen Treiber zu stark einzuschränken.

3.5 Steigerung der Innovationswirtschaftlichkeit

Der digitale Wandel ist zu vielschichtig und wenig planbar, um die Rentabilität von Innovationsvorhaben zum Projektbeginn seriös und belastbar zu beziffern. Bei Digitalprojekten entstehen die entscheidenden Kosten nicht in den frühen Innovationsphasen, in denen die Unsicherheit am höchsten ist, sondern in den späteren Phasen der Anwendungsentwicklung oder Markteinführung, in denen das Risiko in immer stärkerem Maß vom Verhalten potenzieller Kunden beeinflusst wird: Eine gute Weichenstellung in früher Phase kann sich daher auszahlen. Firmenlenker, die über alle

Innovationsphasen hinweg gute Entscheidungen treffen lassen möchten, achten auf eine sorgfältige Wahl der Innovationsmanager und auf deren adäquate Ausstattung mit Ressourcen, Kompetenzen und leistungsstarken Werkzeugen.

Funktionsübergreifende Orchestrierung digitaler Innovationsaktivitäten

An der Spitze steht der Orchestrator Digital
Das Zusammenspiel aller in digitalen Innovationsprojekten involvierten Funktionsträger gleicht einem Sinfonieorchester. Eine besondere Interpretation gelingt dann, wenn der Dirigent die Richtung vorgibt und ein Konzert zu etwas Einmaligem, Unverwechselbarem macht und seinem Arrangement einen nachhaltig wirkenden Ausdruck verleiht. Digitale Innovationsaktivitäten profitieren von einer wirksamen Synchronisation, Steuerung und fortlaufenden Qualitätssicherung aller Teilprojekte über alle Innovationsphasen hinweg. Für »Orchesterdirigenten« Digital gibt es unterschiedliche Funktionsbezeichnungen, die je nach organisationaler Verortung und Kompetenzausstattung differieren: Innovationsmanager Digital, Head of Digital Business, Director Digital Business, Director Digital Business Development oder Chief Digital Officer.

Ein wirksamer Orchestrator kann, will und darf
Kann, weil er Projekterfahrung und Handlungseffizienz mitbringt. Will, weil er einen unnachgiebigen Erneuerungsdrang in sich trägt. Darf, weil er mit den nötigen Kompetenzen ausgestattet ist und jederzeit mit der Rückendeckung des Top-Managements rechnen kann. Sind alle drei Voraussetzungen gegeben, vermeidet der Ochestrator Kapazitäts- und Entwicklungsleistungsverschwendung, indem er Projektziele hierarchisiert, Zielkonflikte identifiziert und transparente Zielparameter und Handlungsspielräume definiert. Zur Erhöhung der Planungs- und Termintreue der Innovationsaktivitäten und zur Glättung von Kapazitätsspitzen achtet er

auf eine konsequente Trennung von Prozess- und Projektsteuerung. Zudem sorgt er für eine transparente Umsetzung der Projektorganisation und Ressourcenplanung.

Wer sich als Orchestrator und Integrator für das Digitalgeschäft eignet
Ein wirksamer Orchestrator und Treiber des Innovationsmanagements ist in der Lage, ziel- und ergebnisgerichtet zu integrieren und zu steuern. Er hat die Fähigkeit, auf Top-Management-Ebene zu überzeugen, und kann im Rahmen von digitalen Innovations- und Technologieprojekten vereinfachen, abstrahieren, modellieren und rekonfigurieren. Er ist in der Lage, einen Großteil seiner Schnittstellenpartner und Stakeholder für sich zu gewinnen, und verfügt über hohes Abstraktions- und Kreativvermögen, um Innovationschancen frühzeitig zu erkennen oder selber zu schaffen. Idealerweise verfügt der geeignete Kandidat oder die geeignete Kandidatin über ausgeprägte/s

1. Projektleitererfahrung
2. Lösungsorientierung
3. Entscheidungsstärke
4. Beharrungsvermögen
5. Frustrationstoleranz
6. Veränderungskompetenz
7. Unternehmertum
8. Führungskompetenz
9. Kommunikationsstärke und Präsentationssicherheit
10. Visions- und Innovationskraft
11. Kreativitätsvermögen
12. Modellierungskompetenz
13. Chancenerkennungsvermögen
14. Kundennutzenorientierung
15. Erfahrung mit komplexen Entwicklungsprojekten

Flexibler Innovationsprozess: Orientierungshilfe ja, Erfolgsgarant nein

Prozesse helfen Unternehmen dabei, ihre Ressourcenverschwendung zu minimieren. Sie können zudem bewirken, die Innovationskraft im Unternehmen zu steigern. Dagegen sind sie kein Garant zur Reproduktion von Innovationserfolgen. Im Gegenteil kann ein striktes Einhalten von Prozessphasen eine kreativitäts- und innovationsbremsende Wirkung entfalten und Innovationserfolge sogar systematisch verhindern. Das Management digitaler Innovationsaktivitäten gleicht in vielen Fällen einem orchestrierten Abenteuer – jenseits von reglementierten, exakt geregelten Prozessen. In der Literatur finden sich Hunderte Ansätze auf Basis sequenzieller Innovationsprozesse, bei denen die Autoren mit der Ideengenerierung beginnen und bei der breiten Marktakzeptanz einer Innovation aufhören. Solche Ansätze laufen in der digitalen Innovationsökonomie Gefahr, nicht weit genug zu greifen. Phasenkonzepte mit streng-linearem Ablauf der Projektaktivitäten – jenseits von kreativen Freiräumen, vom Plan abweichenden Iterationen und ohne Duldung von Irrwegen – erweisen sich in der Praxis als eng geschnürtes »Innovationskorsett« und sind wenig praktikabel. Dabei brauchen beim Management digitaler Innovationen Flexibilität und Effizienz nicht im Widerspruch zueinander zu stehen. Weitsichtige Unternehmenslenker entscheiden sich für Innovationsprozesse, die so flexibel wie nötig sind, die Raum für kreative Ausflüge bieten, Iterationen und Sprünge zwischen Prozessphasen innerhalb der Leitplanken ermöglichen und Ressourcen dabei trotzdem effizient allokieren.

Wassertropfen-Analogie

Um bildhaft dazustellen, welche Vorteile ein »fluider« Innovationsprozessansatz beim Management digitaler Innovationsleistung haben kann, eignet sich die Analogie zu einer Fensterscheibe, auf der sich viele kleine Wassertropfen befinden. Die Maße des Fensters stehen dabei für die vom Management gesetzten Rahmenbedingungen und Leitplanken im Unternehmen. Der obere Scheibenabschnitt stellt die gedankliche Startlinie für digitale

Innovationsaktivitäten dar, das untere Scheibenende den Markteintritt und die verteilten Wassertropfen auf der Scheibe stehen für das organisationale und personelle Setting. Fügt sich am oberen Rand der Scheibe ein zusätzlicher Tropfen hinzu, sammelt dieser auf seinem Weg nach unten weitere ein. In den meisten Fällen wird der Tropfen irgendwo auf der Scheibe stoppen. Befinden sich dagegen genügend Tropfen auf dem Weg nach unten, wird der wachsende Wassertropfen am unteren Ende ankommen. Was im Vorfeld jedoch nicht genau voraussagbar sein kann, ist die exakte Ankunftsposition des Wassertropfens am Scheibenende. In einigen Fällen wird dieser links, in anderen Fällen mittig und gelegentlich auch weiter rechts ankommen. Wichtiger als der exakt im Voraus zu bestimmende Weg dorthin ist, dass der Tropfen unten ankommt – mit anderen Worten: dass sich die Innovation erfolgreich im Markt verbreitet.

Prozessphasen I	Prozessphasen II
Scouting innerhalb/außerhalb Kerngeschäft	Entwicklung Prototypen-Architektur
Scouting-Technologien	Entwicklung Prototypen-Leistungskern
Bestimmung Suchfelder-/Innovationsfelder	Entwicklung Prototypen-Bedienungslogik
Ideengenerierung	Entwicklung Prototypen-Verpackung
Ideenbewertung	Geschäftsmodellentwicklung
Ideenauswahl	Prototypenvalidierung
Ideenweiterentwicklung	Rentabilitätsberechnung inklusive Investitionsplanung
Technologieanalyse	Tragfähigkeitsbeurteilung und Exit-Planung
Risikoanalyse	Anforderungsmanagement
Stakeholder-Analyse	Systemdesign und Systemarchitektur
Analyse erforderlicher Schlüsselkompetenzen	Make-or-Buy-Vergleich
Planung Projektorganisation	Agentur- oder Dienstleister-Screening/-Auswahl
Ressourcenplanung	Patentmanagement

Prozessphasen III	Prozessphasen IV
Produktentwicklung	Planung Vermarktung
Issue Tracking und Code Reviews	Planung Analytics
System-, Last-, Penetration-Test	Produktvariantenproduktion
Usability- und User-Experience-Test	Produktvariantentests
Bugfixing	Anpassungsmanagement
Patentmanagement	Go Live
Planung Support	Produktweiterentwicklung (Release-Management)
Planung Hosting und Produktmanagement	

Abbildung 17: Beispielhafte, sich überlappende Prozessphasen bei digitaler Produktinnovation

Wie viele Stufen ein Innovationsprozess umfasst, ist nicht entscheidend. Ein Prozess kann kurz und prägnant sein oder auch aus über fünfzig Teilschritten bestehen. Egal wie Prozesse aufgebaut sind – wichtig ist, dass sie Innovationsverantwortliche und Innovationstreiber nicht dabei behindern, schnell, beweglich und adaptiv zu (re)agieren.

Multidisziplinäre Task Forces

Digitale Innovation ist eine Team-Leistung. Eingespielte, eigenverantwortliche und eng in das Unternehmen eingebundene Task Forces treiben Innovationsprojekte wendig, wenn notwendig unkonventionell und meist wirtschaftlich(er) voran. Eine geringe Gruppengröße erleichtert die Abstimmung untereinander. Sind die Teammitglieder zudem cross-funktional oder cross-divisional zusammengesetzt, bringen sie aufgrund der unterschiedlichen Erfahrungen und Sichtweisen eine große Spannweite an Informationen und neuem Wissen für die umzusetzenden Innovationsvorhaben und die zu lösenden Probleme mit. Der Blick über den Tellerrand ermöglicht den Akteuren, ein ganzheitliches Verständnis zu erzielen.

Innovationscontrolling: konsequente Steuerung nach relevanten Zielgrößen

Innovationserfolg ist keine eindimensionale Größe – in die Erfolgsbeurteilung fließen ganz unterschiedliche Perspektiven ein. Was genau unter Erfolg zu verstehen ist, hängt von den Zielen des Unternehmens ab.

Nach Specht unterstützt das Innovationscontrolling das Management bei der ergebnisorientierten Steuerung des Innovationsprozesses, indem es die erforderlichen Informationen in der richtigen Qualität und Quantität zu möglichst geringen Kosten zur Verfügung stellt. Hausschild hat bereits 1990 vorgeschlagen, Innovationserfolg mittels zwölf Kennzahlen zu beschreiben. Diese haben auch im Zeitalter digitaler Innovation unverändert Gültigkeit.

1. Technikersicht der Neuartigkeit
2. Kundenwahrnehmung der Neuartigkeit
3. Relative F&E-Kosten
4. Relativer Marktanteil
5. Marktanteil mit neuem Produkt
6. Innovationsgewinnbeitrag
7. Entwicklung neuer Werkzeuge
8. Keine bedeutende Kostenüberschreitung
9. Keine bedeutende Planverzögerung
10. Erfüllte Absatzerwartung
11. Erfüllte Gewinnerwartung
12. Expertenrating erfolgreich

Schentler unterscheidet die drei Ebenen Management Performance Measurement, Innovation Portfolio Performance Measurement und Innovation Project Performance Measurement. Auf der ersten Ebene werden sämtliche Innovationsaktivitäten eines Unternehmens aus den Bereichen Innovationskultur, -kompetenz, -struktur sowie -strategie gemessen. Die zweite

Ebene bezieht sich auf ein Maß, inwiefern die verschiedenen Innovationsprojekte eines Unternehmens zur Erreichung der Innovationsstrategie beitragen. Damit zielt diese Messebene besonders auf die Steigerung der Wirksamkeit ab. Die dritte Ebene misst die Kostenwirksamkeit einzelner Projekte sowie Projektphasen und gibt Auskunft über den Projektfortschritt.

Zur Hauptaufgabe des Innovationscontrollings gehört, Transparenz über das betriebliche Innovationsgeschehen zu schaffen, ohne dabei die Kreativität und Leistungsbereitschaft der Akteure einzudämmen. Mittels einer konsequenten Ausrichtung an Kennzahlen, die digitale Innovationsaktivitäten in verdichteter Form und quantitativ messbarer Weise abbilden, und einer kontinuierlichen Informationsversorgung soll das Management digitaler Innovation in die Lage versetzt werden, eine auf den Entwicklungs- beziehungsweise Innovationserfolg ausgerichtete Steuerung durchzuführen.

Gräf und Langmann benennen im Rahmen der Kennzahlenerhebung eine Reihe von Erschwernissen. So ist die Abgrenzung des Erfolgsbeitrags von digitalen Innovationsaktivitäten funktionsbezogen schwierig und erschwert die Interpretation, wenn konkret aufzuzeigen ist, wie stark die Bereiche Anwendungsentwicklung, Marketing, Vertrieb oder Produktmanagement zum Innovationserfolg beigetragen haben. Darüber hinaus ist der Zeitverzug problematisch, wenn die Zeitspanne zwischen den Ausgaben und den potenziellen finanziellen Rückflüssen für F&E- oder Innovationsaktivitäten sehr ausgedehnt ist, was die Berechnung von Rentabilitätskennzahlen erschwert. Weiterhin lassen sich die Zielwerte für Kennzahlen im Innovationscontrolling aufgrund der Einzigartigkeit von Innovationsprojekten oft schwer festlegen. Zudem treffen eine Reihe von Kennzahlen in vielen Unternehmen auf wenig Akzeptanz: Controlling-Kritiker befürchten, dass sie die Kreativität und Innovationskraft zu stark einschränken.

Vor diesem Hintergrund hängt die Aussagefähigkeit von Kennzahlen im Innovationscontrolling entscheidend von ihrer Auswahl ab. Innovationsverantwortliche steuern wirksamer, wenn sie unterschiedliche Kennzahlen für unterschiedliche Sichtweisen auswählen. Sie unterscheiden vergleichsweise einfach zu erhebende Input-orientierte Kennzahlen wie Personalaufwand, Investitionskosten, Personentage, Konferenz- oder Messeteilnahmen und sonstige Weiterbildungskosten von diffizil zu erhebenden Output-orientierten Kennzahlen wie Anzahl neuer Ideen, Anzahl genehmigter, laufender Projekte, Anzahl entwickelter Prototypen, Anzahl parallel laufender/fertiggestellter/abgebrochener/eingeführter Projekte, Umsetzungszeit, Anzahl Publikationen, Anzahl eingereichter/schwebender/erteilter Patente, Entwicklungskosten je Projekt, Kundenzufriedenheit, Absatz, Umsatz, Deckungsbeitrag, Cashflow, Umsatzanteil von Neuprodukten der letzten drei Jahre, Terminabweichung, Marktanteil und strategische Relevanz (Beitrag zur Zielerreichung, Fit zur Strategie, Marktattraktivität, Unterlassungsrisiko). Output-orientierte Parameter können im gesamten Verlauf des Innovationsprozesses ansetzen – von der Ideenfindung bis zur Kommerzialisierung eines Neuprodukts am Markt.

Systematisches Investitionssplitting

Die Entwicklung neuer Digitalprodukte, Services und Verfahren kann mit erheblichen finanziellen Risiken verbunden sein, wenn Investitionskosten nicht genau bezifferbar sind, weil Investitionen fast immer unsichere Erträge gegenüberstehen. Da Investitionen in digitale Innovationen langfristig den Unternehmenswert erhöhen (sollen), beginnt gewöhnlich der Weg zu einer wertgenerierenden Investition mit einer Investitionsrechnung zur Vergewisserung über die Richtigkeit des eingeschlagenen Wegs. Anschließend findet meist eine ausgewogene Investitionssteuerung Anwendung – im Sinne einer Koordination und laufenden Überprüfung von Einzelinvestitionen und einer hinreichenden Informationsversorgung. Dies gilt besonders bei längeren Investitionszeiträumen oder umfangreichen Investitionsprogrammen, die parallele (Prototypen-)Entwicklungen vorsehen.

Zur Ableitung von Vorteilhaftigkeitsaussagen im Rahmen von Investitionsrechnung- und -steuerung setzen Innovationsentscheider und Controller auf ganz unterschiedliche Beurteilungsgrößen. Bei den Verfahren zur Investitionsbeurteilung im Hinblick auf die angestrebten, bewertungsrelevanten Ziele werden eine Vielzahl von Einzeldaten zusammengetragen und zu einer finanzwirtschaftlichen Kennzahl aggregiert, die den Zielerreichungsgrad wiedergibt (Gewinn, Risiko, Liquidität, Nutzwert etc.). Nach Mensch können für eine Systematisierung dieser Verfahren ganz unterschiedliche Kriterien herangezogen werden. Verbreitet ist die Unterteilung in statische und dynamische Verfahren. Bezüglich des Gewinnziels führt Mensch bei der statischen Investitionsrechnung die Kostenvergleichs-, Gewinnvergleichs- und Rentabilitätsvergleichsrechnung, bei der dynamischen Investitionsrechnung die Kapitalwertmethode, die Annuitätenmethode und die Methode des internen Zinssatzes an. Steht Liquidität im Vordergrund, eignet sich eine Amortisationsrechnung; bei der Berücksichtigung von Untersicherheit kann die Risiko- oder Sensitivitätsanalyse Erkenntnisgewinne bringen. Adressieren Controller nicht-monetäre Faktoren, bietet sich im Rahmen einer Nutzwert-Analyse das Scoring- oder Punktwertverfahren an, um fundiert vorbereitete Investitionsentscheidungsempfehlungen auszusprechen.

Über eine wohldosierte Verringerung des Investitionskapitals je Einzelvorhaben lassen sich zusätzliche digitale Innovationsinitiativen in gleicher Zeit umsetzen. Setzen Innovationsverantwortliche ihre Budgets auf pareto-prototypische Weise ein, können sie über prototypische Parallelentwicklungen einerseits zu höheren Innovationsoutputs gelangen und andererseits unattraktive oder unterlegene Lösungsansätze frühzeitig erkennen, stoppen und verbliebene Ressourcen zugunsten von Erfolg versprechenden Alternativen umwidmen, da kürzere Ressourcenbindung mit früherer Ressourcenverfügbarkeit für neue Projekte und Aufgaben einhergeht. Systematisch umgesetztes Investitionssplitting ermöglicht Innovationsentscheidern, ihre Entwicklungsbudgets zu verringern, wenn sie auf die im Kapitel Pareto-Prototyping vorgestellten Methoden setzen: in Einzelfällen sogar bis um Faktor 10. Pareto-Prototyping dämmt Konstruktionsfehler und Ressourcenverschwendung ein. Ob Perfektionsstreben, Over-Engineering, Stand-Alone-Lösungen, unterlassene Fokussierung, Vergleichzeitigung, Funktionssimulation oder Wiederverwendbarkeit von Infrastrukturbausteinen – jeder zusätzliche Konstruktionsfehler kann eine Verringerung der Innovationswirtschaftlichkeit bedingen und systematisches Investitionssplitting durch freigewordene Kapazitäten und Entwicklungsbudgets verhindern.

3.6 Sicherstellung ökonomischer Nachhaltigkeit

Digitale Innovationen können nachhaltig zum Erfolg geführt werden – im Sinne von systemischer, ökonomischer Nachhaltigkeit. Innovationen in Systemen zu betrachten, eröffnet Innovationsmanagern eine ganzheitliche Betrachtungsperspektive: Denn alle Phasen im Innovationsprozess sind erfolgsrelevant. Die folgenden Kapitel verstehen sich als Impulsquelle zur Sicherstellung von Nachhaltigkeit beim Management von digitaler Innovationsleistung.

Kontinuierliche Überlegenheit

Harvard Business Manager untersuchte 2013 Daten von mehr als 25.000 Unternehmen in Europa, Asien und USA über einen Zeitraum von 44 Jahren. Mehrere Hundert Unternehmen konnten die Autoren Raynor und Ahmed als Renditewunder auszeichnen. Sie kamen zu der Einschätzung, dass Unternehmen langfristig erfolgreich waren, wenn ihre Entscheidungen stets drei Grundregeln folgten:

1. Überlegene Wettbewerbsvorteile wie eine starke Marke, ein attraktiver Stil oder Funktionsumfang, Qualität oder Komfort haben Vorrang vor niedrigen Preisen.
2. Umsatzsteigerung hat Vorrang vor Kostensenkung.
3. Andere Regeln gibt es nicht, daher sollten Unternehmenslenker alles daran setzen, die ersten beiden Regeln zu erfüllen.

Auf lange Sicht außergewöhnlich gut zu sein, kann gelingen, wenn Unternehmen Wert auf Qualitätsangebote legen und ihre Gewinne vorzugsweise über höhere Einnahmen statt durch niedrigere Kosten steigern. Dies setzt voraus, dass Unternehmen Klarheit über ihre Wettbewerbsposition und Ertragsmechanik haben. So können etablierte Qualitätsanbieter entweder höhere Preise verlangen oder ihren Absatz erhöhen. Außergewöhnlich gut zu sein gilt gleichermaßen in allen Phasen des Innovationsprozesses – angefangen bei der strategischen Weichenstellung bis hin zur Kommerzialisierung von digitaler Entwicklungsleistung.

Halten Unternehmenslenker sich an obige Regeln, bedeutet dies nicht, dass sie auf Autopilot schalten können. An nachhaltigem Erfolg orientierte Manager reagieren auf relevante Wettbewerbsveränderungen. Treten solche Veränderungen ein, zeigen sie sich adaptiv und suchen nach Möglichkeiten, um die ersten beiden Regeln weiter erfüllen zu können. Setzen sie kontinuierlich auf hohen Innovationsoutput mit Digitalprodukt-, Dienstleistungs- und Technologieinnovationen, legen sie trotz der hohen antizipierbaren Floprate ein solides Fundament für eine nachhaltige Wettbewerbsüberlegenheit – wohl wissend, dass dies ein enormes Maß an ausgewogener Ressourcenallokation, Kompetenzbündelung, Flexibilität, Adaptivität, Kreativität und Lernbereitschaft erfordert.

Adaptives Innovationsmanagement

Sowohl analoge als auch digitale und hybride Innovationen verstehen sich als nicht-lineare, komplexe, pfadabhängige, emergente, nicht voraussagbare, adaptive Systeme. In seinem Modellansatz beschreibt Dershin Innovation als Kreislauf aus Diversität, Interaktion und Entwicklung, Selektion und lebenslangem Lernen. Diversität steht für die Generierung einer Vielzahl unterschiedlicher Ideen, Herangehensweisen und Strategien. Interaktion beschreibt den kreativen Prozess, bei dem sich Ideen überschneiden, ergänzen, widersprechen, zusammenfinden und weiterentwickeln. Selektion ermöglicht die Weiterentwicklung besserer Ideen und das Verwerfen schwacher Ansätze und bildet das Fundament für lebenslanges Lernen: sowohl aus erfolgreich kommerzialisierten als auch gescheiterten Innovationsvorhaben.

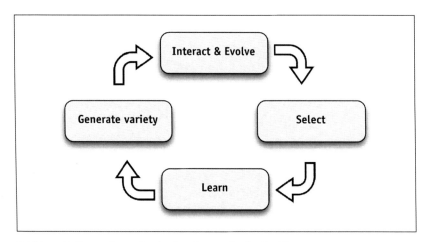

Abbildung 18: Innovationen als adaptives System. Quelle: Dershin

Nach Gupta können die Lern- und Explorationsphasen in Großunternehmen bis zu mehreren Jahren andauern, ehe diese in die notwendige Phase der Umsetzung wechseln. Innerhalb dieses Zeitraums können sich die Bedürfnisse und Gewohnheiten von Nutzern und Kunden aber bereits dramatisch verändert haben. Start-ups machen häufig beides gleichzeitig: Sie lernen und setzen um. Adaptives Innovationsmanagement kann eine Brücke zwischen beiden Extremen bilden, wenn das schnelle Wechseln zwischen beiden Welten des organisationalen Lernens und Umsetzens im Fokus steht. So können Unternehmen über mehrfache Iterationen sowohl schnell dazulernen als auch nachhaltig mit hoher Adaptivität am Puls von sich durch die Digitalisierung verändernden Marktanforderungen bleiben. Über schnelle Serien von Lernen und Gestalten können Unternehmen immer wieder neue marktkonforme Lösungen entwickeln und dabei in Kauf nehmen, dass sich die Entwicklungslösungen zwischenzeitlich mehrfach in ihrer Ausrichtung verändern.

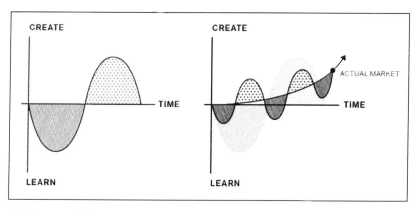

Abbildung 19: Adaptive Innovation. Quelle: Gupta

Integriertes Wissensmanagement

Eine zentrale Voraussetzung für erfolgreiche Innovationen ist die Neu- und Rekombination vorhandener Wissensbestände. Die stetig steigende Veränderungsgeschwindigkeit und Komplexität der Umfeldbedingungen für unternehmerische Aktivität führen die Planbarkeit, Beherrschbarkeit und

Kontrolle von Innovationen an Grenzen. Vor diesem Hintergrund stehen Anpassungsfähigkeit und Schaffung von adäquaten strukturellen Rahmenbedingungen zur nachhaltigen Entwicklung des Unternehmens in vielen Organisationen im Zentrum der Managementaktivitäten. Dabei zeigt sich Wissen als Innovationsfaktor, Kostenfaktor, Wettbewerbsfaktor und Produktivitätsfaktor zugleich. Je besser Unternehmen ihre Wissensbasis pflegen, ausbauen und optimal nutzen, ihre Ideen- und Wissenspotenziale erkennen und fördern, Innovationsprozesse methodisch organisieren und fördernde Rahmenbedingungen für kontinuierliches Lernen und Innovation schaffen, desto bedeutsamer kann ihre Innovationskraft anwachsen. In Anlehnung an Franken beschreiben diese Eigenschaften in ihrer Gesamtheit ein intelligentes Unternehmen.

Die Literatur zum Wissensmanagement zeigt sich als kaum mehr überschaubar. Wissenschaftler und Beratungsunternehmen haben in den vergangenen Dekaden zahlreiche Modelle des Wissensmanagements vorgestellt. Basis der meisten Modellansätze ist ein Lernkreislauf, der einerseits von Rahmenbedingungen beeinflusst und andererseits von Lernbarrieren gehemmt wird. Dennoch existiert bis heute kein allgemeingültiges Modell des Wissensmanagements. Die unterschiedlichen Systematisierungsversuche sind fast immer geprägt durch divergierende Erkenntnisinteressen und Beobachtungsperspektiven der Autoren. Auch wenn die Erkenntnislage nicht eindeutig ist, kann Wissensmanagement dazu beitragen, das Management digitaler Neuerungen auf nachhaltige Weise umzusetzen. Es umfasst human- und technologieorientierte Strategien und Maßnahmen zur Schaffung einer intelligenten, lernenden Organisation durch Optimierung der Wissensbausteine Wissensproduktion, Wissensreproduktion, Wissensverteilung, Wissensverwertung, Wissensentsorgung und Wissenslogistik. Wissensmanagement kann auch als Weiterentwicklung von Ideen des organisationalen Lernens verstanden werden. Im Blickfeld dieses Betrachtungsansatzes steht die Verbesserung der organisatorischen Fähigkeiten auf allen Ebenen der Organisation mithilfe eines wirksameren Umgangs mit der wertvollen Ressource Wissen. Dabei kommt es darauf an, Wissen effektiv zu strukturieren, zu dokumentieren und mithilfe von geeigneten Technologien und Prozessen in intelligenter, bedarfs- und nutzerorientierter Form verfügbar zu machen, auszutauschen und weiterzuentwickeln.

Systemisches Wissensmanagement nach Willke beschreibt organisatorisch unterstützende Geschäftsprozesse, um strategische Ziele besser, schneller und effizienter zu erreichen, die Leistungserbringung gegenüber Kunden zu verbessern und damit nachhaltige Wettbewerbsfähigkeit anzustreben. Gemäß Reinmann-Rothmeier und Mandl bilden Mensch, Organisation und Technik die zentralen Komponenten, von denen keine fehlen darf, wenn Unternehmenslenker ein langfristig effektives Wissensmanagement anstreben. Rücken sie lediglich einen Faktor, wie beispielsweise die technische Komponente der IT, ins Blickfeld, reicht dies häufig allein nicht aus, um ein erfolgreiches Wissensmanagement zu praktizieren.

Unternehmen, die sich im Wissenswettbewerb behaupten müssen, können ihre unterschiedlichen Akteure, Abteilungen und Hierarchiestufen mit all ihren Anliegen auf Basis eines methodischen Bezugsrahmens miteinander synchronisieren. Dieser kann eine wertvolle Hilfestellung dafür leisten, die Zusammenhänge von Humankapital (Fähigkeiten, Know-how, Erfahrung, Expertise, Motivation, Kreativität), Strukturkapital (Hardware, Software, Datenbanken, Geschäftsanwendungen, Methoden, Prozesse, Patente, Organisationskonzepte) und Beziehungskapital (Kunden, Lieferanten, Forschungsinstitute, Investoren, weitere Geschäftspartner) deutlich zu machen, Handlungsalternativen zu eröffnen und Maßnahmen zu priorisieren. Alle drei Komponenten beeinflussen einander. Das Humankapital verursacht und erhöht das Strukturkapital. Beide zusammen begründen das Beziehungskapital. Sowohl Humankapital als auch Beziehungskapital können Unternehmen nicht besitzen – sondern lediglich im Sinne der Wertschöpfung entwickeln.

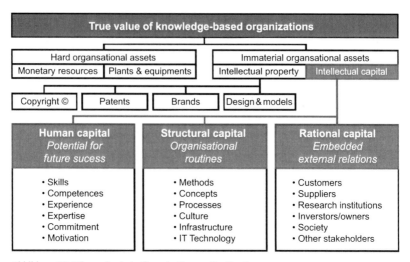

Abbildung 20: Wissensbasierte Organisationen. Quelle: Auer

Jede Organisation formuliert ihre eigenen Wissensmanagement-Ziele. Baumgartner und Partner benennen eine Reihe von möglichen Zieloptionen des Wissensmanagements:

- Identifikation, Erfassung, Systematisierung individueller und Kollektivbestände von Wissen
- Sichtbarmachung und Mobilisierung von Wissen
- Organisierte Nutzung von Erfahrungswissen
- Weitergabe des Erfahrungswissens an ausgesuchte Wissensnutzer
- Erkennung und Förderung von Innovationspotenzialen
- Stärkung der Innovationskraft durch Aktivierung des verfügbaren Wissens
- Vernetzung von internen und externen Experten, um richtiges Wissen verfügbar zu machen
- Talentbindung und Senkung von Fluktuation
- Unterstützung von Kompetenzmanagement und E-Learning
- Förderung der Kommunikation

- Kontinuierliche Prozessoptimierung
- Vermeidung von Fehlern und unnötigen Mehrfacharbeiten durch Lernen aus Erfahrung
- Etablierung von Lernprozessen zur Veränderung und Entwicklung der Wissenspotenziale
- Effizienzsteigerung durch Bewahrung und häufige Nutzung von Best-Practices
- Kostensenkung

Eine wirksame organisationale Einführung des Wissensmanagements beinhaltet verschiedene Strategieelemente, die sich miteinander kombinieren lassen.

Integration in die Unternehmensstrategie: Wird im Unternehmen Wissen als strategisch wertvolle Ressource verstanden, werden die Aspekte des Wissensmanagements als integraler Bestandteil der Unternehmensstrategie verstanden.

Integration in die Unternehmenskultur: Eine positive Wissenskultur bietet die Voraussetzung für wirksames Wissensmanagement. Dazu gehört auch die Konzeption von Anreiz- und Sanktionssystemen, die zur Wissensteilung beitragen.

Integration in Informations- und Kommunikationstechnologien: Diese können Suche und Austausch von Informationen erleichtern, die Basis für das Arbeiten in räumlich verteilten Gruppen schaffen und Speicherungs- und Wiederauffindungsmöglichkeiten zur Verfügung stellen. Eine gut organisierte, technologisch gestützte Kommunikation und ein wirksamer Informationsfluss haben zudem direkten Einfluss auf den Erfolg von digitalen Innovationsprojekten. Gerade über einen vertrauensvollen Austausch lässt sich ein besseres, gemeinsames Verständnis von Projektzielen, Aufgabenstellungen, Kompetenzbedarfen, Aufwänden und Fertigstellungsterminen in Innovationsprojekten erzielen. Ist der Austausch offen und auf Augenhöhe, wirken sich unterschiedliche Sichtweisen und Erfahrungswerte positiv auf den Transfer von Erfahrungswissen aus – der intraorganisationale Lernprozess wird beschleunigt. Gerade wenn unterschiedliche Perspektiven in die Entwicklung von digitalem Neugeschäft einfließen, helfen Erfahrungen aus gescheiterten Vorhaben und handlungseffiziente Empfehlungen aus unterschiedlichen Unternehmensbereichen und -funktionen dabei, Fehler zu vermeiden oder lediglich im Kleinen zu machen. Je häufiger alle Beteiligten miteinander kommunizieren, desto größer ist die Wahrscheinlichkeit, dass sich Vorurteile abbauen und unterschiedliche Wissensgrundlagen integrieren. Zu den wichtigsten Wissensmanagement-Technologien gehören Groupware-Systeme (Kommunikationssysteme, Kollaborationssysteme, Koordinationssysteme), inhaltsorientierte Systeme (Office-Systeme, Dokumentenmanagement-Systeme, Portalsysteme, Workflowmanagement-Systeme, E-Learning-Systeme), Systeme der künstlichen Intelligenz (Expertensysteme, Software-Agenten-Systeme, Textmining-Systeme), Führungsinformationssysteme (Executive Information Systems, Decision Support Systems, Management Information Systems, Data Warehouses, OLAP-Systeme, Data-Mining-Systeme) und Such- oder Visualisierungssysteme wie Google und Mind-Manager.

Integration in Geschäftsprozesse: Auf Basis einer Analyse von wissensrelevanten Prozessen wird untersucht, wo welches Wissen wie und wann gebraucht wird und wie es generiert, erworben, geteilt, verteilt und genutzt wird. Anschließend wird ein unternehmensspezifischer Wissensmanagementprozess entworfen und in die Geschäftsprozesse integriert.

Nachhaltige Kompetenzentwicklung

Der Wettbewerb der Zukunft ist ein Kompetenzwettbewerb. Aus diesem Grund gestaltet ein ganzheitlich ausgerichtetes Kompetenzmanagement die Zukunft von Unternehmen maßgeblich mit. Chancen für die Zukunftsfähigkeit von Unternehmen liegen mit der Digitalisierung der Wirtschaft nicht mehr primär in der optimierten Automatisierung von Fertigungsprozessen, sondern im effizienten Einsatz von Ressourcen, der Gestaltung überbetrieblicher Vernetzungen und der Kompetenzentwicklung der Mitarbeiter.

Die Entwicklungen in der Arbeitswelt, aber auch in der Welt des mobilen Internets, haben grundlegende Veränderungen in den Arbeits- und damit auch den Lernprozessen von Unternehmen bewirkt. Nach Sauter werden zukünftige Lernsysteme durch selbst organisierte Lernprozesse am Arbeitsplatz geprägt. Da Kompetenzerwerb immer häufiger in Netzwerken stattfindet, werden Lernen und Arbeiten mit dem Ziel einer nachhaltigen Kompetenzentwicklung zu einem integrierten Lernsystem zusammengeführt.

Das Hervorbringen von digitaler Innovationsleistung steht häufig mit komplexen Umbauprozessen in Verbindung, bei denen bestehende Unternehmenskonfigurationen von Strukturen, Prozessen, Mitarbeiterpotenzialen und Leistungsportfolio neu geformt werden. In Summe erbringen umformende Unternehmen dafür eine erhebliche Transformationsleistung. Dabei sind individuelle Lernfortschritte von zentraler Bedeutung – denn das Ergebnis von Innovation und lernender Organisation ist eine neue Systemstruktur und ein neues Kompetenzniveau durch ganzheitliches integriertes Kompetenzmanagement, das gleichsam individuelle wie organisationale Kompetenz berücksichtigt.

Werden Kompetenzen ganzheitlich integriert, lassen sich insbesondere die Dimensionen Kompetenzbeschaffung, Kompetenzvernetzung und Kompetenzentwicklung unterscheiden. Bei der Kompetenzbeschaffung geht es um Rekrutierung und Ausbildung oder unternehmensexternen Kompetenzerwerb, da Unternehmen nicht alle Kompetenzen selbst besitzen brauchen, um auf sie zurückzugreifen. Im Rahmen der Kompetenzvernetzung lassen sich wachsende Anteile von Lern- und Wissenswelten beobachten, die informelle und innovative Plattformen nutzen. Eine nachhaltige Kompetenzentwicklung im Sinne einer fortwährenden Nutzung und dauerhaften Wirkung basiert auf stetiger Kompetenzerweiterung und Lernprozessen. Sie bezieht sich auf alle weiterentwicklungswürdigen Kompetenzen eines Unternehmens: Prozesse, Technologien, Fähigkeiten, Wissen und Erfahrung. Staudt führt in diesem Kontext an, dass Kompetenz im Wesentlichen aus Teilen besteht, die personenbezogen und in einem spezifischen Entstehungs- und Verwertungskontext eingebunden sind. Das für die Kompetenzentwicklung implizite Wissen ist an Personen gebunden. Kompetenz entzieht sich der formalen Erfassung und lässt sich nur bedingt in Datenbanken speichern. Daher lässt sich Kompetenz nicht beliebig informationstechnisch reproduzieren.

Vor diesem Hintergrund stellt das auf den Seiten 131 bis 136 beschriebene integrierte Wissensmanagement eine probate Strategie der Kompetenzentwicklung und damit einen wichtigen Meilenstein auf dem Weg zum lernenden Unternehmen dar. Nach Klimecki und Thomae soll Wissensmanagement verdecktes, verteiltes und ungenutztes Wissen im Unternehmen erschließbar und bedarfsgerecht zugänglich machen. Neben einer Steigerung von Produktivität und einer Verbesserung der ökonomischen Situation ermöglicht es häufig auch eine gesteigerte Innovationskraft. Jedoch ist es nicht zwangsläufig so, dass sich durch die Verbesserung der informatorischen Infrastruktur eine weitreichende Kompetenzförderung in Unternehmen einstellt und sie damit zur Kompetenzentwicklung und Innovationskraft beiträgt. Der reine Wissenstransfer unter Kollegen geht nicht notwendigerweise mit einer Steigerung von Innovationsfähigkeit einher. Erst wenn neu erworbenes Wissen effektiv verteilt, gespeichert, weiterentwickelt und dauerhaft in konkreten Situationen angewendet werden kann, erweist es sich im Rahmen einer stetigen Kompetenzentwicklung als vorteilhaft.

Das Institut für Arbeitswissenschaft und Prozessmanagement IfA an der Universität Kassel entwickelte eine Checkliste zur Kompetenzentwicklung, die auf sechzig in Unternehmen überprüfbaren Einzelfaktoren beruht:

Analyseverfahren: Beurteilungssysteme, systematisches und formalisiertes Mitarbeitergespräch, Qualifikationsspiegel, Qualifikationspässe, individuelle Entwicklungspläne, Assessment-Center-Verfahren, Führungs-Audits, Vorgesetztenbeurteilung und 360°-Feedback für Führungskräfte

Individuale, selbst organisierte Maßnahmen und digitale Anwendungen: Intensivtraining durch Einzelbetreuung, Coaching durch interne Experten, Coaching durch externe Experten/Mentoren, Patenmodelle, Lernen im Tandem, digitale Selbstlernprogramme, Planspiele im Internet/Intranet, Lesen von Fachzeitschriften, Artikeln und Büchern

Workshops und Review-Verfahren: themenzentrierte Workshops, prozessbegleitende Workshops, Workshops zur Teamentwicklung, Nachbearbeitung von Meetings in Gesprächsrunden, systematische prozessbegleitende Auswertung von Projekten (Lessons Learned), systematische Auswertung abgeschlossener Projekte (Projektreview) und Learning Networks (auf der Basis des Zusammenschlusses interessierter Mitarbeiter)

Seminare: Fortbildungsseminare/Fernunterricht, fachbezogene Seminare, Verhaltenstrainings (beispielsweise Moderation, Verhandlung, Konflikt, Kommunikation), Führungstrainings, Sprachtraining im Ausland und Train-the-Trainer-Seminare

Vorträge, Kongresse, Messen und Foren: Teilnahme an Vorträgen, Teilnahme an Kongressen und Tagungen, Teilnahme an Messen und Teilnahme und/oder Organisation von Foren und Informationstagen und Diskussionsforen im Internet/Intranet

Arbeitsintegrierte oder -nahe Maßnahmen: Besuche in Unternehmen (fremd/eigen), Besuche von Forschungseinrichtungen, Laboren, Testeinrichtungen, Hospitationen, Praktikum in einem Betrieb, einer Institution oder Forschungsstätte, Mitarbeit an einem Projekt in einer anderen Institution oder Forschungseinrichtung, Kooperation in einem Projekt mit anderen Unternehmen, Training-on-the-job, Training entlang der Prozesskette, Mitarbeit in Projekten entlang der Prozesskette, Mitarbeit in interdisziplinären Projektgruppen und Auslandsaufenthalt in Konzern-, Tochter- oder Zulieferbetrieben

Lernen von und mit Kunden: gemeinsame Seminare mit Kunden, Hospitationen für kurze Zeit beim Kunden, systematische Nachbearbeitung von Meetings in Gesprächsrunden mit Kunden, systematische prozessbegleitende Auswertung von Projekten mit Kunden, systematische Auswertung abgeschlossener Projekte mit Kunden (Projektreview) und Learning Networks gemeinsam mit Kunden

Programme und Laufbahnkonzepte: Einarbeitungsprogramme für neue Mitarbeiter, Trainee-Programme, Förderprogramme für Führungsnachwuchskräfte, Förderprogramme für Fachkräfte, Fachlaufbahnen, Führungslaufbahnen und Projektleiterlaufbahnen

4.
Management digitaler Innovation: operatives Tagesgeschäft

4.1 Identifizierung und Bestimmung von Suchfeldern im Digitalgeschäft

Am Anfang steht die Idee. Und diese befindet sich idealerweise innerhalb des richtigen Suchfelds. Aus diesem Grund beginnen digitale Innovationsaktivitäten meist mit einer umfangreichen Suchfeldbestimmung, bei der die chancenträchtigsten Suchfelder mit digitalem Bezug identifiziert, analysiert, bewertet und ausgewählt werden.

Eingrenzung des Lösungsraums

Die grundsätzlichen strategischen Stoßrichtungen sind in den meisten Fällen noch zu generisch, um dafür direkt Ideen zu generieren. Suchfelder gestatten eine weitere Fokussierung und damit eine Bündelung von Kreativ-Ressourcen. Die Suchfeldanalyse beginnt mit einer Definition des Lösungsraums und einer Eingrenzung potenzieller Suchfelder. Deren Anzahl schwankt naturgemäß je nach Art der gesuchten Innovationen.

Ermittlung und Überprüfung von Suchfeldern

Bei der Ausleuchtung der unterschiedlichen Suchfelder empfehlen Kerka und Kriegesmann, einen Blick auf Kernkompetenzen im Unternehmen, ungenutzte Unternehmenspotenziale, ungelöste Kundenprobleme, ungelöste Zielkonflikte, zu überwindende Widersprüche und Zukunfts- und Technologietrends zu werfen. Auch ein Blick über den Tellerrand auf andere Branchen und Industriezweige (Cross-Industry) kann bei der Suchfeldbestimmung hilfreich sein, da die meisten Innovationen eine Rekombination von vorhandenem Wissen sind. Über eine Analogiefindung lassen sich bereits in anderen Industrien oder Bereichen angewandte Lösungen auf das eigene Geschäft übertragen, indem nach Antworten auf die Frage gesucht wird, welche Lösungen es für ähnliche Probleme bereits in anderen Industrien gibt. Nach Gassmann kann die Suche nach lukrativen, neuen (Nischen-)Märkten auch über das bewusste Infragestellen der grundsätzlichen Annahmen erfolgen, die den meisten Strategien zugrunde liegen. Darüber hinaus kann die gesamte Kette auf der Kundenseite analysiert werden: vom Nutzer über den Käufer bis hin zu potenziellen Beeinflussern. Alle identifizierten Suchfeldrepräsentanten werden in einem nächsten Schritt einer umfassenden Prüfung unterzogen, indem sie mit Blick auf Übereinstimmung mit Lösungskompetenzen, Zielgruppenbedürfnissen, Markt- und Technologietrends beurteilt werden.

Abgleich mit Lösungskompetenzen
Die Suchfelder-Kandidaten werden mit den Kern- beziehungsweise Lösungskompetenzen des Unternehmens abgeglichen. Lösungskompetenzen eines Unternehmens setzen sich als marktorientiertes Bündel aus Wissen, erfolgsrelevanten Fähigkeiten, Erfahrungen und von Kunden zugesprochenen Problemlösefähigkeiten zusammen. Da Lösungskompetenzen echte Wettbewerbsvorteile darstellen, auf andere Unternehmenseinheiten übertragbar und nur schwer zu imitieren sind und einen entscheidenden Beitrag zum Kundennutzen leisten, spielen sie im Rahmen der Suchfeldanalyse eine zentrale Rolle.

Abgleich mit Zielgruppenbedürfnissen
Erfolgreiche Innovationen befriedigen oder wecken bei Kunden ein relevantes Bedürfnis. Daher werden die Suchfelder auch mit den bekannten Zielgruppenbedürfnissen abgeglichen.

Abgleich mit Markt- und Technologietrends
Das Suchfeldportfolio wird zudem auf Markt- und Technologietrendkonformität untersucht. Bei der Einschätzung von Trends spielen neben dem Trendinhalt selbst auch quantitative Kriterien wie marktbezogenes Trendpotenzial, Trenddauer und Trendstabilität eine Rolle. Es wird geprüft, inwieweit die potenziellen Suchfelder mit den voraussichtlichen Nachfrageentwicklungen im Einklang stehen und ob ein Anschluss zu Technologietrends besteht.

Ableitung der richtigen Suchfelder

Um die richtigen Suchfelder zu bestimmen, gleichen Innovationsmanager alle Felder hinsichtlich einer Übereinstimmung mit den skizzierten Betrachtungsdimensionen ab und bewerten diese im Anschluss. Die Potenzialbewertung der Suchfelder kann beispielsweise über ein bis fünf zu vergebende Punkte je Einzeldimension erfolgen. Aus den Suchfeldern mit der besten Gesamtbewertung lassen sich Suchfelder für neue digitale Produkte, Services, Geschäftsmodelle, Prozesse, Verfahren oder Technologien auswählen. Die potenzialträchtigsten Suchfelder bilden das Fundament für die anschließende Ideenfindungsphase.

Abbildung 21: Beispiele für Suchfelder mit digitalem Bezug

4.2 Systematische Ideenfindung

Nicht viele Ideen machen Innovationen erfolgreich, sondern die richtigen: Klasse schlägt Masse. Den eigenen Mitarbeitern oder externen Partnern gute Ideen und Konzeptvorschläge zu entlocken, gehört zu den entscheidenden Fähigkeiten innovativer Unternehmen. Je mehr Freiräume bestehen, in denen sich die Mitarbeiter für die Ziele und Aufbruchsstimmung begeistern und ihrem Kreativitätsfluss freien Lauf lassen können, desto besser gelingt eine systematische Ideenfindung innerhalb des Unternehmens. So können großartige Ideen entstehen, die einen überlegenen Kundennutzen oder Wettbewerbsvorteil aufweisen.

Eine weitere Ideenquelle erschließen engagierte Innovationsmanager durch die Beobachtung oder Befragung von Zielgruppen. Dabei reicht es heutzutage nicht mehr aus, lediglich bewusste, artikulierte Kundenwünsche zu berücksichtigen. Das Lesen zwischen den Zeilen, das Beobachten und Aufspüren ungelöster Kundenprobleme, Problemlösungsbedarfe, latent schlummernder Kundenbedürfnisse und neuer Kundenwünsche stellt die eigentliche Herausforderung dar. Latente Kundenbedürfnisse spielen bei der Ideenfindung eine zentrale Rolle – wenngleich sie schwerer herauszufinden sind, da Kunden selten über ihre wirklichen Bedürfnisse sprechen. Die meisten Kunden kennen ihre bislang unentdeckten Bedürfnisse gar nicht oder können diese nicht ausdrücken.

> »People don't know what they want – not before they see it. Every object of desire is a found object.«
>
> [William Gibson; Science-Fiction-Autor]

Die Innovationsgesellschaft, St. Gallen, hat 2012 zusammen mit dem Institut für Informations- und Prozessmanagement an der FHS St. Gallen den Einsatz unterschiedlicher Ideenmanagement-Methoden und -Instrumente untersucht und 219 Unternehmen befragt. Sie kam zum Ergebnis, dass das Ideenmanagement in Unternehmen noch nicht an die Möglichkeiten des digitalen Zeitalters angepasst ist und darüber hinaus noch mehrheitlich in geschlossenen Systemen abläuft.

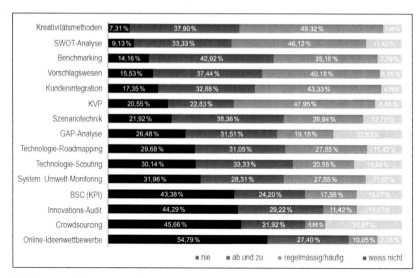

Abbildung 22: Einsatz von Methoden und Instrumenten im Ideenmanagement.
Quelle: Innovationsgesellschaft, St. Gallen/IPM-FHS

Ideenfindung kann im Rahmen von befristeten Initiativen ungerichtet nach dem Motto »Alles ist möglich« oder fokussiert stattfinden, wenn Ideen gezielt innerhalb bestimmter Suchfelder gesucht und gefunden werden sollen. Die Formen unterscheiden sich bezüglich Teilnehmerkreis, Dauer, Zyklus und Ideenfindungsmethoden.

Über 120 Kreativitätstechniken und Methoden zur systematischen Ideenfindung

Freie Fahrt für gute Ideen auf der mehrspurigen, staufreien Ideenautobahn: Eine systematische Ideenfindung bedeutet, Ideen zu kreieren, konkretisieren, visualisieren, dokumentieren, bewerten, selektieren und am Ende zu entscheiden, welche Favoriten weiterverfolgt werden sollen. Eine Ideenvisualisierung in Form von Schaubildern oder illustrierten Skizzen und

Beschreibungen unterstützt die für das Digitalgeschäft Verantwortlichen dabei, Ideen weniger abstrakt erscheinen zu lassen und ihre Zugänglichkeit zu erhöhen. Auf Grundlage der sorgfältig erstellten Dokumentationen lassen sich bessere Entscheidungsgrundlagen schaffen.

Zur systematischen Ideenfindung stehen mehr als einhundertzwanzig Kreativtechniken und Methoden zur Verfügung. Über intuitive Methoden, die das Unterbewusstsein aktivieren, lassen sich in Workshops innerhalb von dreißig bis sechzig Minuten mehrere Hundert Ideen, über systematische Methoden mit durchschnittlich zwölf Teilnehmern bis zu fünfzig Ideen generieren. Daneben gibt es auch Kombinationsmethoden, die beide Methodenansätze vereinen.

2-Worte-Technik	Frag-O-Mat	Little-Technik	Sequenzielle Morphologie
6/3/5-Methode	Fragenkaskade	Lotusblüten-Technik	SIL-Methode
6-Hüte-Methode	Galerie-Methode	Markt der Möglichkeiten	Skulpturen
7-Stufen-Modell	Gedankenbilder	Mind Mapping	Spekulationstechnik
Ablaufanalyse	Gold-Test	Modifizierende Morphologie	Sprechende Bilder
Alphabetische Technik	Höhle des Löwen	Morphologisches Tableau	Superposition
Allmacht-Technik	Hypothesenmatrix	Morphologische Matrix	Stauchen und Strecken
Analogietechnik	Idealzielprinzip	Motiv-Ziel-Visionsbaum	Storyboarding
ARIZ	Ideen-Anwalt	Motivationsbarometer	Klassische Synektik
Assoziative Fragen	Ideen-Delphi	Napoleon-Technik	Synektische Konferenz
Attribute Listing	Ideen-Tafel	Negativkonferenz	Visuelle Synektik
Ausschlussmethode	Identifikationsmethode	Nimm-Fünf	Systematische Reizobjektermittlung

Auszeitmethode	Im-Gras-der-Ideen-rollen	Nominale Gruppen-technik	Take a picture of the problem
BBB-Methode	In-Beziehung-Setzen	Objektfokussierungs-technik	Think Tank
Bionik	Input-output-Methode	Open Space	Tilmag-Methode
Bisoziation	Innovationskomitee	OPM	Trigger-Methode
Blick in die Vergangenheit	Inspirationsspione	Organisierte Zufalls-suche	Try to become the problem
Bodystorming	Kaleidoskopisches Denken	Osborn-Checkliste	TRIZ
Brainwriting	Katalogmethode	Pinnwandmoderation	Umkehrmethode
CATWOE	Kartenumlauftechnik	Problemdreieck	Ursache-Wirkungs-Diagramm
Clustering	KJ-Methode	Problemlösungsbaum	Visuelle Konfrontation
Crawford-Slip-Methode	Kombinations-technik	Progressive Abs-traktion	Was-wäre-wenn-Technik
Diskussion 66	Kopfstandtechnik	Provokationstechnik	Warum-warum-Diagramm
Drauf-los-Zeichnen	Knetgummi	Relevanzbaum	Walt-Disney-Methode
EDISON-Prinzip	Kraftfeldanalyse	Ringtauschtechnik	Wertanalyse
Farben-Assoziationen	Kreative Sprünge	Rollenspiel	Rollenspiel
Flip-Flop-Technik	Kreativitätskreise	Reizwortanalyse	Zufallstechnik
Fischgräten-Dia-gramm	Kreis der Möglichkeiten	SCAMPER	Zukunftswerkstatt
Force-Fit-Game	Kuchenmethode	Schneeballtechnik	Zurück-zur-Sonne
Forced Relationship	Laterales Denken	Semantische Intuition	

Abbildung 23: Übersicht Kreativitätstechniken und Methoden zur Ideenfindung

Welche Kreativitätstechnik ist die richtige, welche wird am häufigsten eingesetzt oder führt am ehesten zu qualitativ hochwertigen Ideen? Jeder Ideenfindungsbeauftragte oder Workshop-Moderator setzt andere Techniken ein. Statt sich auf eine Handvoll Techniken zu konzentrieren, werden diejenigen Techniken und Tools zum Einsatz gebracht, die im jeweiligen situativen und interpersonellen Kontext zu den besten Ergebnissen führen. Die gleiche Kreativitätstechnik kann beispielsweise in einer Abteilung A zu vielen, qualitativ hochwertigen Ideen führen, sich in einer anderen Abteilung B aber als völlig ungeeignet darstellen. Erfahrene Moderatoren oder Workshop-Leiter treffen ihre Entscheidung bezüglich der geeigneten Techniken kontextsensitiv.

Ideengenerierung nach dem EDISON-Prinzip

Beim EDISON-Prinzip® nach Meyer steht jeder Buchstabe für eine eigene Phase der Ideenentwicklung, bei der sich jeweils unterschiedliche Methoden anwenden lassen, um zu Erfolg versprechenden Ideen für digitale Produkte, Services, Geschäftsmodelle oder Geschäftsbereiche zu gelangen. Dabei wird der ganze Ideenentwicklungsprozess vom Erkennen der Erfolgschancen bis zu fertigen Konzeptansätzen abgebildet.

E rfolgschancen erkennen: Definierung von Suchfeldern mit Erfolgspotenzial

D enkwege erweitern: Identifikation von Wegen abseits ausgetretener Pfade

I nspirationen suchen: Identifikation von Inspirationen, die anregen

S pannung erzeugen: Erzeugung von Geistesblitzen

O rdnen und Optimieren: Definition von Auswahlprozessen

N utzen maximieren: Entwicklung von Umsetzungsstrategien

(Extern) moderierte Ideenentwicklungsworkshops

Im Vorfeld von Ideenworkshops werden angestrebte Ziele und Ergebnisse innerhalb der festgelegten Suchfelder festgelegt. Ein beispielhaft formuliertes Ergebnis für (parallel durchgeführte) Workshops können »Hundert neue Ideen in drei Suchfeldern« oder »Zehn dokumentierte und visualisierte Grobkonzepte« sein.

Ideenworkshops beginnen mit der Vorstellung der geplanten Ziele und Methoden zur Ideenfindung. Diese reichen von der Identifikation von Erfolgschancen bis zur Entwicklung kreativer Konzepte. Zu Workshop-Beginn erhalten die Teilnehmer eine Einführung in die im Vorfeld erarbeiteten Suchfelder und teilen sich in Kleingruppen zu je drei bis fünf Teilnehmern auf. Im weiteren Verlauf verwenden einige Moderatoren Stimuli und setzen je nach Zielsetzung, Gruppen und Unternehmen wirksame Methoden zur Ideengenerierung ein. Eine Methode stellt beispielsweise die »Wall of Inspiration« für verschiedene Themenbereiche dar. Sie zielt auf Geistesblitze ab und erlaubt es den Teilnehmern, auf Lösungen aufzubauen, die bereits in anderen Bereichen existieren. Auf diese Weise entwickeln die Teilnehmer »bunte« Ideen jenseits des Offensichtlichen. Unabhängig von der Methodenwahl, die zum Einsatz kommt, stellen die Workshop-Teilnehmer nach der Ideensammlung die jeweils besten Ideen ihrer Gruppe vor. Im Anschluss findet die Bewertung und Priorisierung der Erfolg versprechendsten Ideen in Anlehnung an vorher festgelegte Bewertungskriterien (wie beispielsweise Kundennutzen, Wettbewerbsvorteil, Umsetzungsgeschwindigkeit, Strategiekonformität oder technologische Machbarkeit) statt.

In Abhängigkeit von Vorbereitung, Anzahl und Komplexität der Suchfelder und Teamkomposition können qualifizierte, von erfahrenen Moderatoren durchgeführte Workshops ein- oder mehrtägig ablaufen. Häufig führen zusätzliche Feedback-Schleifen zu einer höheren Ergebnisgüte, wenn sowohl die Workshop-Teilnehmer als auch externe Personen (beispielsweise Branchenexperten, Mitarbeiter aus benachbarten Funktionsbereichen, poten-

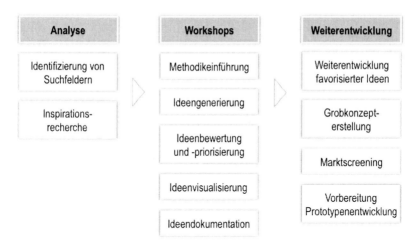

Abbildung 24: Ideengewinnungsprozess bei (extern) moderierten Ideenworkshops

zielle Kunden oder Anwender) ihre Einschätzung zu den generierten Ideen abgeben und sie auf den Prüfstand stellen. Im weiteren Verlauf werden die Ideen entweder aussortiert oder Schritt für Schritt weiterentwickelt und zu substanziellen Grobkonzepten ausgearbeitet. Die zum Ende des Workshops erarbeiteten Konzepte bilden die Basis für die darauf folgende Prototypenentwicklung.

Ideenentwicklungsworkshops mit Lead-Usern

Lead-User denken »out of the box«. Sie sind offene, kreative, fortschrittliche, trendführende Nutzer, die nach Lösungen für ihre individuellen Probleme suchen und besondere Fähigkeiten, Fertigkeiten und Produkt- oder Servicebedürfnisse aufweisen. Charakteristisch für Lead-User ist ihre latente Unzufriedenheit mit bisher am Markt vertretenen (digitalen) Produkten, Dienstleistungen und Technologien. Im Gegensatz zu gewöhnlichen Nutzern, die eher selten zukunftsweisende Bedürfnisse und Anforderungen artikulieren und sich eher an Gewohntem und Gegenwärtigem orientieren, denken Lead-User voraus und weiter. Sie sind hoch technikaffin und antizipieren Verwendungssituationen und Bedürfnisse, die sich künftig am Markt durchsetzen, früher als andere. Workshops mit Lead-Usern sind begrenzt auf einen Teilnehmerkreis von zwölf bis sechzehn Personen. Neben rund sechs bis zehn Lead-Usern nehmen meist Entwickler aus dem eigenen Unternehmen und externe Experten teil. Je ausgewogener und facettenreicher der Teilnehmer-Mix ist, desto besser fällt im Allgemeinen auch das Ergebnis aus. Die Workshops dauern durchschnittlich zwei bis vier Tage. Im Fokus der Workshops steht die (Weiter-)Entwicklung von Digitalideen und innovativer Produktkonzepte sowie deren Bewertung und Dokumentation.

Ideenentwicklungsworkshops mit Kunden und Lieferanten

Auch Kunden und Lieferanten lassen sich als aktive Mitgestalter in die Ideenfindung einbinden. Effektiv und lebendig moderierte Workshops wecken den Pioniergeist bei den Geschäftspartnern. Erfahrene Moderatoren können deren Kreativität beflügeln und dafür sorgen, dass die Partner offen sind für wirklich Neues und über Alternativen nachdenken, die weit weg vom aktuellen analogen und digitalen Portfolio oder den belieferten Märkten sind. Auch bei Ideen-Workshops mit Geschäftspartnern kommt es auf eine bewusst gewählte Mischung der Teilnehmerrunde an. Je facettenreicher die eingeladenen Kunden- und Lieferantentypen ausgewählt werden, desto kreativer ist meist der Austausch. Regelmäßig durchgeführte Workshops in diesem Bereich sorgen zudem für eine dauerhafte Nähe zu Bedarfen und Bedürfnissen der Geschäftspartner.

Die Geschäftspartner-Workshops dauern gewöhnlich ein oder zwei Tage. Im ersten Teil werden die Rohideen gesammelt, illustriert, dokumentiert und zum Teil aussortiert. Im zweiten Teil werden die Ideen nach Realisierbarkeit, Entwicklungsaufwänden und Erfolgschancen bewertet und priorisiert. Eine Geschäftspartnerveranstaltung findet selten auf dem Unternehmensgelände statt, um die üblicherweise permanent in Erscheinung tretenden Impulse zu senken, die mit aktuellen Unternehmensprodukten zu tun haben. Nicht jeder Workshop mit Geschäftspartnern führt automatisch zu kreativen Höchstleistungen. Wie bei anderen Teilnehmerkreisen besteht hier ebenso das Risiko der Limitierung auf lediglich ein paar wenige inkrementelle Verbesserungen – bedingt durch fehlende Assoziationsfähigkeit des eingeladenen Personenkreises.

Ideenfindung durch Beobachtung von Kundenverhalten und -prozessen

Auch unter dem Begriff »Shadowing« oder als »Day-in-the-Life-of-a-Customer« bekannt, ist die Nutzer- oder Kundenbeobachtung der klassischen Kundenbefragung meist überlegen, wenn es um die Erfassung von Arbeitsabläufen oder Verhalten geht. Über die teilnehmende Beobachtung von Prozessketten und Ausleuchtung von Tätigkeiten im Berufsalltag lassen sich mögliche Problembereiche aufdecken oder noch nicht entdeckte beziehungsweise artikulierte Bedürfnisse ableiten. Bei der Beobachtung geht es darum, Kunden in ihrem typischen, verhaltensrelevanten Umfeld zu erleben und Anregungen für neue digitale Lösungswege und digitale Ideen zu erhalten. Eine weitere Beobachtungsform besteht darin, ausgewählten Nutzern vorstrukturierte Tagebücher mitzugeben, in denen festgehalten wird, wann welches Bedürfnis entsteht.

Innovation Toolkits für Crowdsourcing und Co-Creation

Innovation Toolkits für Crowdsourcing und Co-Creation sind internetgestützte Instrumente oder webbasierte Interaktionsplattformen, die Unternehmen im Rahmen der Ideenfindung unterstützen, indem sie Kundenbedürfnisse über Feedback-Möglichkeiten erfassen, bei der Ideenweiterentwicklung berücksichtigen und in neue Produktkonzeptionen übertragen. Crowdsourcing und Co-Creation bezeichnet die Einbindung von Nutzern oder Kunden in den Wertschöpfungsprozess von Unternehmen. Die Begriffe klingen ähnlich und werden häufig auch synonym verwendet für eine besonders ergiebige internetbasierte, kollaborative Mitwirkung von Menschen an Wertschöpfungsprozessen. Im Gegensatz zu Crowdsourcing zielt Co-Creation auf Outputs kleinerer Gruppen mit speziellen Fähigkeiten ab.

Crowdsourcing
Howe prägte den Begriff Crowdsourcing für die Zusammenarbeit einer vorab nicht definierten Gruppe von Menschen, die sich infolge eines offenen Aufrufs zur Mitwirkung an einem Projekt zusammenschließt. Mit Schwarmintelligenz aus der Crowd können Unternehmen bessere Ideen generieren – wenn sie das Crowsourcing im Internet richtig managen. In diesen Fällen kann Crowdsourcing als Innovationsbeschleuniger wirken. Der Erfolg von Crowdsourcing beruht auf der Tatsache, dass viele Nutzer nicht nur gerne Produkte bewerten, sondern auch bereit sind, bei der Entwicklung neuer Ideen, Produkte und Dienstleistungen selber mitzumachen. Beim Crowdsourcing stellen Unternehmen eine von der Crowd zu beantwortende Frage auf der Online-Plattform ein. Das Spektrum der Fragestellungen ist groß: Fragen zu neuen Produkt- oder Service-Ideen sind hier ebenso zu finden wie Fragen zu einer Design-, Konzept-, Feature- oder Usability-Bewertung bis hin zu Fragen rund um die Vermarktung und zur Vergabe von Entwicklungsleistungen außer Haus. Etwaige Urheberrecht- oder Patentansprüche aus der Crowd werden weitgehend vermieden, da das Gesamtproblem eher fragmentiert und als Einzelaufgabe gestellt wird.

Co-Creation
In Abgrenzung zu Crowdsourcing steht Co-Creation oder Crowdcreation für Ideenentwicklung mit echten Ideenlieferanten und kreativen Machern. Das sind Menschen, die aktiv und kreativ neue Lösungsräume schaffen und in die Entwicklung von digitalen Innovationen einbezogen werden können. Die Teilnehmer bei Co-Creation leisten Beiträge zu einem kooperativen

Wertschöpfungsprozess, bei dem idealerweise explizites Wissen durch implizites Wissen angereichert wird.

Grenzen von Co-Creation: Nicht alles glauben, was Nutzer sagen
Die Beteiligungsbereitschaft bei Crowdsourcing und Co-Creation ist begrenzt. Vieles hängt von der richtigen Anreizsetzung ab. Da nur die besten Beiträge mit Prämien in Verbindung gebracht werden können und alle Rechte an den Auftraggeber abzutreten sind, bleibt die Motivation zur Entwicklung von ausgefeilten Ideen, Konzepten und innovativen Lösungen bei den meisten externen Teilnehmern, die noch keine Bindung zur Plattform aufgebaut haben, eher überschaubar. Darüber hinaus erklären sich Teilnehmer selten und begründen kaum, warum sie bestimmte Dinge so oder anders sehen. Sie wünschen sich zwar bestimmte Produktcharakteristika oder neue Produkte – dessen ungeachtet würden sie die entwickelten Produkte und Dienstleistungen bei Markteinführung doch nicht erwerben, weil sie die impliziten, unbewussten Kaufmotive nicht genau kennen. Die psychologischen Vorgänge bei Kaufentscheidungen von Produkten sind komplex, haben viele unbewusste Anteile. Daher ist es für Nutzer wichtig, erst genau zu verstehen, was die Attraktivität eines Produktes überhaupt ausmacht, um in der Lage zu sein, ein substanzielles Feedback abzugeben. Es gibt Bereiche, für die sich Co-Creation-Initiativen nur bedingt eignen. Beispielsweise ist eine Abstimmung über ein Design oder eine Produktarchitektur keine demokratisch verhandelbare Aufgabe, da Hintergrundwissen und Erfahrung erforderlich sind, um eine tragfähige Aussage treffen zu können.

Online-Ideation-Plattformen

Bereits 1995 entstand das erste webbasierte Ideenportal, die Global Ideas Bank. Über hundert weitere Online-Plattformen sollten folgen. Einige Unternehmen wie Dell, Cisco, Vodafone, Tchibo, Palm oder Starbucks setzten auf unternehmenseigene Lösungen. Darüber hinaus erkannten Beratungsunternehmen und Agenturen eine Geschäftschance für sich und entwickelten und betrieben selber kommerzielle Ideenplattformen und Ideen-Communitys. Deren Geschäftszweck besteht darin, im Auftrag von Kunden nach neuen Ideen oder Lösungen für bestehende Probleme zu suchen. 2010 untersuchten Finzen, Kintz und Kobes beim Fraunhofer IAO 73 dieser Ideation-Portale. Die meisten wurden kommerziell und einige gemeinnützig betrieben. Die Analysten trafen auf eine Vielzahl von Plattformen mit überwiegend schlechter Benutzerführung, unqualifizierten Nutzerkommentaren und dürftigem Funktionsumfang. Relativ wenige Anbieter konnten sich aufgrund positiver Eigenschaften herausheben. Um eine bessere Vergleichbarkeit zu ermöglichen, stellten die Studienautoren eine komplette Liste der analysierten und bewerteten Portale auf ihrer Website *www.innovation-mining.net* zur Verfügung.

Zahlen und Fakten zu unternehmenseigenen Online-Ideation-Lösungen

Seit 2007 setzt Dell mit seiner Plattform Ideastorm systematisch auf Ideen von außen. Von den rund 19.000 eingereichten Ideen gibt Dell an, über 530 umgesetzt zu haben. Seit 2008 sammelte Starbucks mit seiner Plattform *mystarbucksidea* über 100.000 Produktideen ein, von denen laut Unternehmensangaben bisher über 500 implementiert wurden. Im gleichen Jahr startete Tchibo mit seiner Plattform *tchibo-ideas* seine offene Ideenplattform. Seitdem haben sich über 11.000 Mitglieder registriert, die über 1.250 ungelöste Alltagsaufgaben, über 8.700 Kommentare und 750 Lösungsvorschläge einreichten. Aus den Vorschlägen wurden bisher über 180 Gewinner ermittelt und laut Unternehmensangaben über 20 neue Produkte entwickelt. 2010 entwickelte Fiat seinen ersten Konzeptwagen mit seiner Community. Von insgesamt 2,3 Millionen Besuchern registrierten sich über 17.600 Mitglieder, die über 10.500 Ideen und 17.000 Kommentare einreichten. Weitere Beispiele von Unternehmen, die auf eigenen Plattformen setzen, finden sich bei SAP mit Sapiens, 3M mit Die Erfinder oder Beiersdorf mit Pearlfinder.

Alternativ zum Aufbau und Betrieb einer eigenen Plattformlösung haben Unternehmen die Möglichkeit, auf kommerzielle Ideation- und Co-Creation-Plattformanbieter wie Jovoto, Brainfloor, Ideeologen Open-Innovation-

Community, InnoCentive, Designboom, UnserAller, Ideas4all, IdeaScale, Atizo, Quirky oder HYPE zu setzen. Die meisten dieser Plattformbetreiber bieten Zugang zu eigenen Netzwerken mit Tausenden kreativen Mitgliedern an. Neben Kriterien wie Benutzerführung, Spaßfaktor bei der Ideeneingabe, Anreizsetzung und Funktionen zur substanziellen Weiterentwicklung von Ideen unterscheiden sich Plattformanbieter in der Offenheit ihrer Inhalte. Es gibt Plattformen, die einen strikt geschlossenen Ansatz wählen, indem sie innerhalb einer beschränkten Problemstellung ausschreiben, die Ideen und Lösungsansätze der Benutzer aber nicht auf ihrer Website veröffentlichen. Andere Plattformen sind komplett offen. Hier können Nutzer, die sich registrieren, alle Inhalte einsehen, kommentieren und bewerten.

Auf einer Reihe von Online-Ideation-Plattformen finden zudem Ideenwettbewerbe statt, die über eine monetäre Incentivierung oder die Auslobung von Sachpreisen das Einsammeln möglichst vielversprechender neuer Geschäftsideen aus dem Markt in Aussicht stellen. Die meisten der Plattformen finanzieren sich über Lizenzgebühren oder Werbeeinnahmen, andere basieren auf Spenden oder öffentlichen Fördermitteln. Die Größe der Online-Communitys liegt im Allgemeinen zwischen einigen Hundert und 25.000 Mitgliedern. Die Anzahl der auf den Plattformen einsehbaren Ideen liegt in der Regel zwischen hundert und mehreren Zehntausend. Viele der Anbieter unterstützen mittlerweile öffentliche Ideendiskussionen und Ideenbewertungen.

Bei der Auswahl einer kommerziellen Plattform spielen neben Kostenaspekten, Referenzprojekten und Community-Größe insbesondere Kriterien wie Übersichtlichkeit, Zugänglichkeit, intuitive Benutzerführung und Funktionsumfang (Kommentierung, Bewertung, Ideenweiterentwicklung) eine Rolle.

Fragestellung zur Auswahl des richtigen Dienstleisters

1. **Wettbewerb und Incentivierung:** Koppeln wir Online-Ideation an einen Wettbewerb? Wie hoch ist die auszuschüttende Preissumme? Wie viele Gewinner soll es geben?
2. **Suchfelder:** Was genau soll herausgefunden werden? Wie lauten konkrete Suchfelder? Auf welche zwei bis drei Suchfelder beschränken wir uns?
3. **Teilnahmebedingungen:** Wie lauten die juristisch geprüften Teilnahmebedingungen? Gibt es Mitarbeiter oder Gruppen, die von Gewinnen ausgeschlossen werden?
4. **Öffnungsgrad:** Wie offen wollen wir bei der Ideenfindung sein? Welche Teilnehmergruppen sollen angesprochen werden? Wie stellen wir sicher, dass ungewünschte Teilnehmer weitgehend ausgeschlossen werden?
5. **Dauer:** Wie lange dauert die Ideengenerierungsphase, wie lange die Abstimmungsphase?
6. **Teamentwicklung:** Ist eine Ideenweiterentwicklung im Team möglich? Können Anhänge hochgeladen werden? Können sich Teams autark zusammenschließen?
7. **Ideeneingabe/-darstellung:** Wie einfach und intuitiv ist die Ideeneingabe möglich? Wie werden die Ideen visualisiert, um die Zugänglichkeit des Themas zu erhöhen? Wie sehen die Ideenprofile aus, um einen schnellen Kompaktüberblick zu erhalten? Lassen sich unterschiedliche Anzeigenmodi auswählen?
8. **Kreativimpulse:** Welche Impulse werden gegeben, um das Kreativpotenzial der Teilnehmer abzurufen? Wie werden die Inspirationen visuell dargestellt?
9. **Nutzungsintensität und Belohnung:** Wie wird eine hohe Teilnahmebereitschaft sichergestellt? Erhalten besonders engagierte Teilnehmer mehr Stimmrecht bei der Abstimmung?
10. **Qualitätssteuerung:** Welche Steuerungsmechanismen gibt es, um die Teilnehmer dazu zu bewegen, möglichst wenige Ideen außerhalb der Suchfelder vorzuschlagen? Welche Mechanismen gibt es, um Ideen weiterzuentwickeln und einem höherem Reifegrad zuzuführen?
11. **Fortschrittskontrolle/Reporting:** Gibt es ein Dashboard oder einen Monitor, der über aktuelle Ereignisse informiert? Welche Kennzahlen werden aufgeführt? Werden die Kennzahlen öffentlich – für alle Teilnehmer sichtbar – dargestellt?
12. **Ergebnisaufbereitung:** In welcher Form werden die Ideen redaktionell aufbereitet und nach Abschluss der Ideenfindung zur Verfügung gestellt? Welche Informationen enthalten die zur Verfügung gestellten Grobkonzepte?

Entwicklung und Betrieb einer eigenen Online-Ideation-Plattform

Fällt die Wahl auf die Neuentwicklung und den nachfolgenden Betrieb einer unternehmenseigenen Lösung für Online-Ideation, spielen klar definierte Anforderungen eine herausragende Rolle. Eine wirkungsvolle Plattform hat eine klare, emotionale Anmutung, macht Spaß, ist einfach bedienbar und weckt bei Anwendern Begehrlichkeiten. Sie setzt auf wenige, dafür richtige Funktionen, ist selbsterklärend und intuitiv erfahrbar und unterstützt die Anwender kompetent in allen Prozessphasen der Ideenfindung und Ideenweiterentwicklung bis zum Konzeptstatus.

Einfache Bedienung	Emotionale Anmutung
• Sehr einfacher Anmeldeprozess	• Emotionales Grunddesign
• Klar strukturierte, übersichtliche Ideendarstellung	• Ausdrucksstarkes Keyvisual
• Schnelle Ideeneingabe mit wenig Feldern	• Individuell illustrierte Suchfelder
• Einfach bedienbare Benutzerprofilseite	• Individuell illustrierte Ideen
• Wenige Navigationsrubriken	• Kompaktdarstellung Ideenansicht
• Einfache Suche	• Wenige, selbsterklärende Icons

Wirksame Features	Ausdrucksstarke Texte
• Kommentierungs- und Bewertungsfunktionen	• Genaue Suchfeldbeschreibung
• Aktivitätsmonitor	• Motivierende Beschreibung von Wettbewerb und Preisen
• Ideen-Sortierfunktion	• Redaktionelle News
• Inspirative Beispiele (»Walls of inspiration«) im Kontext der Ideeneingabe	• Zehn FAQs
• Ideenentwicklung in Online-Teams	• Kurze, prägnante Texte in Informationsmails an Teilnehmer
• Assistenzsystem zur Ideenweiterentwicklung	

Abbildung 25: Kernanforderungen für eine effektive Online-Ideation-Lösung

4.3 Identifizierung, Bewertung, Priorisierung und Auswahl von entwicklungswürdigen Ideen

Aus einem Pool voller Ideen die besten auszuwählen und zu digitalen Innovationen auszubauen, stellt sich als anspruchsvolle Aufgabe dar. Um die entwicklungswürdigsten Kandidaten zu identifizieren, überprüfen und bewerten Innovationsmanager alle Ideen gleichermaßen auf Substanz und Tragfähigkeit. In der Praxis kommen unterschiedliche Ideenbeurteilungs- und Ideenbewertungsverfahren zum Einsatz. Häufig gewählte Verfahren sind Checklisten, Punktekleben, Nutzwertanalysen, ROI-Berechnung, Paarvergleiche, Scoring-Modelle oder Portfolio-Methoden.

Das IAI schlägt einen dreistufigen Ansatz zur Ideenbewertung vor. Im ersten Schritt werden alle Ideen kompakt auf Ideenkarten beschrieben. Nach Sichtung der Ideen erfolgt eine Vorselektion der potenzialträchtigsten Ideen. Diese werden anschließend zu Grobkonzepten ausgearbeitet. Auf dieser Basis findet eine umfangreichere Bewertung und Priorisierung der Ideen statt, bevor im letzten Schritt die detaillierte Ausarbeitung von Realisierungs- und Ressourcenplanung erfolgt. Drachsler schlägt einen ganzheitlich aufgebauten Leitfaden zur Ideenbewertung vor, der den Neuigkeitsgrad von Ideen misst und bewusst auch intuitive Elemente enthält. Im Fokus des Kriterienkatalogs steht eine maßnahmenorientierte Detailbewertung in mehreren Filterstufen. Im ersten Schritt bewertet der Entwicklungsverantwortliche selbst, in zweiten Schritt bewertet ein interdisziplinäres Team aus Mitarbeitern aus der Produktentwicklung, dem Vertrieb, Marketing und Einkauf.

Unabhängig davon, welches Bewertungssystem gewählt und wie dieses ausgestaltet wird, gibt es den Bewertenden die Möglichkeit, ein Gespür für Erfolgschancen, Umsetzungsaufwände und Kosten zu entwickeln. Auf diese Weise wird die Ideenbewertung belastbarer. Die eingesetzten Methoden haben dessen ungeachtet eher den Charakter, die Exploration zu strukturieren als technokratisch »abgesicherte« Ergebnisse in einer Phase zu erzeugen, in der eine Abschätzung der Erfolgsaussichten strukturell nahezu unmöglich sein kann.

Ideenprofil	Rationale Kriterien	1	2	3	4	5	Emotionale Kriterien	1	2	3	4	5
Ideentitel	Absatzprognose		●				genial und begeisternd				●	
Ideenautor	Marktwachstum			●			originell und neuartig		●			
Kurzbeschreibung	Wettbewerbsintensität (niedrig)				●		leicht verständlich				●	
Nutzenbeschreibung	Investitionsvolumen (niedrig)	●					leicht handhabbar, intuitiv					●
Ideenskizze	Kapazitätsbedarf (niedrig)	●					vorstellbar			●		
	Entwicklungszeit (niedrig)		●				universell einsetzbar					●
	Anforderungsklarheit			●			positiv überraschend			●		
	Technologische Machbarkeit				●							
	Entwicklungs-Know-how			●								
	Strategie-Fit			●								
	Wettbewerbsüberlegenheit	●										
	Kundenrelevanz		●									
	Kundennutzen			●								
Gesamt	Kategorie 1 = **32 Punkte**	2	8	9	8	5	Kategorie 2 = **21 Punkte**	1	4	6	0	10

Abbildung 26: Beispielhafte Kriterien zur Ideenbewertung und -priorisierung

4.4 Entwicklung eines tragfähigen Geschäftsmodells und Geschäftsplans

Oftmals sind es nicht Produkt-, Service-, Prozess- oder Systeminnovationen allein, sondern vor allem überlegene Geschäftsmodelle, die ganze Branchen umkrempeln und einen nachhaltigen Beitrag zur Ertragskraft von Unternehmen liefern. Ein Geschäftsmodell beschreibt das Konzept der Leistungserbringung, Nutzenstiftung und der Ertragsmechanik. Es verdeutlicht, wie Bedürfnisse von Kunden befriedigt und deren Probleme gelöst werden sollen.

Geschäftsmodelldimensionen in der Literatur

Der Stand der Forschung zum Thema Geschäftsmodelle ist noch jung. In der Literatur werden sie ganz unterschiedlich ausgelegt. Weder in der Forschung noch in der Wirtschaft existiert derzeit eine allgemein akzeptierte Definition zu Dimensionen eines Geschäfts.

Autor/ Dimension	1	2	3	4	5	6	7	8	9
Alt, Zimmermann	Mission	Struktur	Prozess	Erlöse	Rechtsaspekte	Technologie			
Bieger, Rüegg-Stürm, Rohr	Leistungskonzept	Kommunikationskonzept	Ertragskonzept	Wachstumskonzept	Kompetenzkonfiguration	Organisationsform	Kooperationskonzept	Koordinationskonzept	
Bieger, zu Knyphausen-Aufseß, Krys	Leistungskonzept	Wertschöpfungskonzept	Ertragsmodell	Kanäle	Wertverteilung	Entwicklungskonzept			
Chesbrough	Leistungskonzept	Wertschöpfungskette	Ertragskonzept	Kanäle	Wettbewerbsstrategie				
Demil, Lecocq	Leistungskonzept	Organisationsstruktur	Ressourcen und Fähigkeiten	Kanäle					
Johnson, Christensen, Kagermann	Leistungskonzept	Ertragskonzept	Kernressourcen	Kernprozesse					

Autor/Dimension	1	2	3	4	5	6	7	8	9
Klüber	Umsatzströme	Wertschöpfung	Kunden und Geschäftspartner	Wettbewerber	Logistik-, Informations- und Finanzflüsse	IT-Architektur	Potenzielle Kundennutzen		
Osterwalder, Pigneur	Schlüsselressourcen	Schlüsselaktivitäten	Schlüsselpartner	Kanäle	Einnahmequellen	Nutzen- und Wertangebot	Kostenstruktur	Kundensegmente	Kundenbeziehungen
Porter	Wertschöpfungslogik	Wettbewerb	Strategie						
Rentmeister, Klein	Umsatzflüsse	Dienstleistungsflüsse	Informationsflüsse	Nutzenversprechen	Technologie				
Stähler	Nutzenversprechen	Architektur der Wertschöpfung	Ertragsmodell						
Timmers	Produkt-, Service- und Informationsfluss	Akteure und Rollen	Potenzieller Nutzen für Geschäftspartner	Erlösquellen					
Weil, Vitale	Strategische Ziele	Umsatzquellen	Kritische Erfolgsfaktoren	Kernkompetenzen	Kunden	Lieferanten	Geschäftspartnerbeziehungen	Nutzen	Produkt-, Service- und Informationsfluss
Wirtz	Leistungserstellung	Strategie	Netzwerk	Kunden	Marktangebot	Kapital-/Erlösmodell	Ressourcen	Beschaffungsmodell	

Abbildung 27: Unterschiedliche Konzeptionen von (internetbasierten) Geschäftsmodelldimensionen

Die in der Tabelle dargestellten Geschäftsmodelle unterscheiden sich in ihrem Detail- und Abstraktionsgrad sowie in ihrem Dimensionsumfang. Einige Konzeptionen weichen voneinander ab, sind aber in weiten Teilen nicht widersprüchlich aufgebaut.

Baukasten für eine universelle Geschäftsmodellentwicklung

Ein Geschäftsmodell kann als modellhafte Abbildung verstanden werden, die Fragen beantwortet. Bieger, zu Knyphausen-Aufseß und Krys schlagen zur Geschäftsmodellentwicklung folgende Kernfragen vor, die sich weitgehend auch auf digitale Märkte übertragen lassen.

- Wie kann Wertschöpfung auf dem Markt erzielt werden?
- Nach welcher Geschäftslogik wird die Wertschöpfungskette konfiguriert?
- Welche Wertschöpfungsaktivitäten werden im eigenen Unternehmen, welche fremd und welche kooperativ erstellt?
- Welcher Leistungsfokus besteht und welche Entwicklungsdynamik ist darin enthalten?
- Wie sind Kommerzialisierung und Ertragsmechanismen ausgestaltet?

Die Fragen lassen sich erweitern, um das zukünftige Geschäft so anschaulich und tragfähig wie möglich zu modellieren.

- Wie skalierbar und hochverfügbar soll die Technologie sein?
- Wie schnell und wie leicht ist das Angebot zu kopieren?
- Welche Patente gibt es in diesem Umfeld bereits?
- Wie wird ein hinreichend hoher Kundennutzen sichergestellt?
- Auf welchen tragfähigen Annahmen basieren die Ertragsmechanik und Gewinnformel?

Eine universelle Geschäftsmodellkonstruktion für internetbasierte Geschäftsmodelle setzt sich aus einer Kombination unterschiedlicher Faktoren innerhalb der entsprechenden Geschäftsdimensionen zusammen. Nachfolgend wird ein Ansatz gewählt, bei dem vier Dimensionen im Fokus stehen: Wertschöpfung (Architektur, Prozess, Partner), Leistungskonfiguration, Vermarktungskonfiguration und Monetarisierungsoptionen. Übertragen auf ein einfach gehaltenes, anschauliches Baukastenmodell stehen Innovationsmanagern vier konfigurierbare »Baukästen« mit einer bestimmten Anzahl von Platzhaltern für entsprechende »Bausteine« zur Verfügung. Mittels einer auf Ressourcen, Technologie und Zielgruppe zugeschnittenen Konfiguration unterschiedlicher Bausteine lässt sich ein tragfähiges, in sich schlüssiges Geschäftsmodell herleiten.

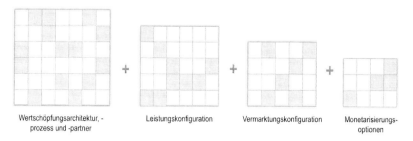

Wertschöpfungsarchitektur, -prozess und -partner | Leistungskonfiguration | Vermarktungskonfiguration | Monetarisierungsoptionen

Abbildung 28: Vereinfachtes, anschauliches Baukastenmodell zur Entwicklung eines Geschäftsmodells (beispielhaft ausgewählte Bausteine sind grau eingefärbt)

Die *Wertschöpfungsarchitektur* soll hier als eine zukunftsgerichtete Gestaltungslogik der digitalen Wertschöpfung verstanden werden. Dazu gehören der Wertschöpfungsprozess, der Informationsfluss, Schlüsselressourcen, Wertschöpfungspartner und die technologische Architektur. Die Wertschöpfung umfasst alle Prozesse und Informationsflüsse, die für Kunden unsichtbar im Hintergrund laufen und eine funktionsfähige Leistungserbringung erst möglich machen.

Das Potenzial digitaler Innovatoren liegt insbesondere in der Umsetzung von Pioniervorteilen. Gelingt es einem Unternehmen als einem der Ersten, eine neue *Leistungskonfiguration* zu entwerfen, zu entwickeln und erfolgreich anzuwenden, lassen sich nachhaltige Wettbewerbsvorteile durch Erfahrungskurveneffekte und die Etablierung neuer Leistungsbausteinkombinationen realisieren. Die Leistungskonfiguration eines digitalen Marktangebots setzt sich beim hier gewählten Ansatz aus allen zur Leistung auf der Anwendungsebene erfahrbar gemachten Bausteinen wie

Inhalte, Funktionen, Anwendungen, Interaktionsdesign, Usability, optischer Anmutung und Supportleistungen zusammen. Bei hybriden Innovationsansätzen, die analoge und digitale Technik kombinieren, treten Form, Material, Chipsatz und Handhabung in den Betrachtungsfokus.

Keine Innovation ohne (werbliche) Verpackung. Unabhängig davon, wie performant und nützlich die digitale Innovation entwickelt wurde, braucht sie eine wirkungsvolle Verpackung. Die Verpackung übernimmt eine wichtige Orientierungsfunktion. Je attraktiver und überraschender die Verpackung die eigentliche Leistung in Szene setzt, desto interessierter und intensiver setzen sich potenzielle Kunden mit der Leistung auseinander. Die *Vermarktungskonfiguration* digitaler Angebote erfüllt eine Vorschaufunktion und versteht sich im vorgeschlagenen Modell als Mix der Bausteine Leistungsidentität, Nutzenversprechen, Wertversprechen, Kernleistungsbeschreibung, Verpackungsdesign, Vermarktungskanäle, Werbeträger und Kampagnengut. Bei hybriden Innovationsansätzen, die analoge und digitale Technik kombinieren, spielen Design, Ästhetik, Farbwelt, Oberflächenmaterial und Oberflächenstruktur eine Rolle.

Die *Monetarisierungsoptionen* digitaler Geschäftsmodelle können als Ertragslogik mit unterschiedlichen Erlösdimensionen aufgefasst werden. Trotz nahezu unbegrenzter Vielfalt von Geschäftsideen gibt es nur eine begrenzte Anzahl an Monetarisierungsoptionen, die sich beliebig miteinander kombinieren lassen. Rheinboldt und Wäsche unterscheiden sieben Formen von Monetarisierungsmöglichkeiten im Internet.

1. Verkauf von Services
2. Verkauf von Handelswaren
3. Subskription/Abonnement
4. Provision
5. Lizenz/Nutzungsgebühr
6. Werbung/Sponsoring
7. Finanzmanagement

Diese Aufzählung ist nicht vollständig. Besonders im digitalen Kosmos etablieren sich Jahr für Jahr weitere Ertragsarten, wie in den vergangenen Jahren beispielsweise das Fundraising oder Data-Mining.

Da sich das Geschäftsmodell sowohl nach außen in einem dynamischen Marktumfeld bewähren soll als auch nach innen vielen Wechselwirkungen ausgesetzt ist, verändern sich im Zeitverlauf die Bausteinkombinationen innerhalb der Baukästen, wenn kontinuierlich Anpassungen vorgenommen werden: Der Wertschöpfungsprozess wird angepasst, eine neue Monetarisierungsoption wird ausprobiert, Leistungsbausteine werden ausgetauscht oder die werbliche Verpackung verändert sich. Aus diesem Grund betrachten Innovationsmanager die verschiedenen Baukastenarchitekturen ganzheitlich.

Over the top: von der Infrastruktur abgetrennte Geschäftsmodelle

In der Vergangenheit hatten meist jene Organisationen die Macht, die über die effizientesten Infrastrukturen zur Leistungserstellung verfügten. Ein Geschäftsmodell, das beispielsweise auf dem Besitz von Telefonnetzen basierte, galt als nachhaltig. Es versprach die Macht über die Infrastruktur. Doch die Märkte veränderten sich. Immer häufiger nutzen angreifende Wettbewerber bereits existierende Wertschöpfungsketten, ohne diese selbst zu besitzen. Es entstehen neue Geschäftsmodelle, die von der Infrastruktur abgekoppelt sind, sogenannte Over-the-top-Geschäftsmodelle (OTT).

Laut einer 2012 erschienenen Studie der Managementberatungsgesellschaft Arthur D. Little nimmt der Kampf um Over-the-top-Marktanteile immer mehr Fahrt auf. Die Studie weist darauf hin, dass Telekommunikationsunternehmen von einer starken Bedrohung durch OTT-Angebote im Mobilbereich bei Sprachtelefonie und SMS ausgehen müssen, da OTT-Player wie Google, Apple, Skype oder WhatsApp ihre Services kostenlos oder deutlich günstiger über das Internet anbieten. Mit der Verbreitung der neuen Marktangebote verändern sich die strategischen Machtverhältnisse.

In der TV- und Video-Branche zeigt sich ein ähnliches Bild. Als Zukunft der Fernsehübertragung gehandelt, ermöglicht OTT, Fernsehprogramme und andere Videoinhalte über das Internet zu empfangen. OTT-Videoanbieter mit Schwerpunkt auf Videoangebote wie LOVEFILM, Hulu, Netflix, Youtube oder MyVideo konnten in den vergangenen Jahren ohne eigene Infrastruktur große Marktanteile erwerben. Auch hier findet zunehmend eine Trennung von Geschäftsmodell und Infrastrukturleistung statt. Dieses Phänomen zeigt sich gleichermaßen in der Musik-, Foto-, Druck-, Logistik-, Strom-, Versicherungs-, Telekommunikations- oder Automobilindustrie und seit vielen Jahren im Handel.

Erstellung eines Geschäftsplans

Ein Geschäftsplan trägt dazu bei, das zukünftige Geschäft besser zu verstehen und zu bewerten. Auch wenn sich der Markt nur schwer vorhersagen lässt, sich Kunden überraschend verhalten und sich Nutzung oder Kauf selten, wie angenommen entwickeln, kann ein Geschäftsplan Entscheider dabei unterstützen, die Eindringtiefe ins Thema zu erhöhen, indem das neue Vorhaben kritisch beleuchtet wird und Antworten auf die zentralen Fragen gegeben werden. Ein guter Plan dient als Managementvorlage und soll Entscheidern ein eigenes Bild vom geplanten Innovationsvorhaben ermöglichen. Damit nimmt der Geschäftsplan eine wichtige Orientierungsfunktion ein. Einerseits zwingt er zu einer systematischen Vorgehensweise, andererseits stellt er alle entscheidungsrelevanten Informationen für die Bereitstellung von Investitionen bereit. Er fügt alles zu einem Ganzen zusammen, schließt Informationslücken und lässt ein ganzheitliches Bild vom digitalen Innovationsvorhaben entstehen.

Business Plan

1. Executive Summary
2. Zielsetzung
3. Geschäftsidee (als Aufzugssatz und Prosadarstellung)
4. Projektteam
5. Analyse (Zielgruppe, Wettbewerb, exogene Rahmenbedingungen, Trends, Risiken, Lösungskompetenzen im Unternehmen, Marktpotenzial, Marktentwicklung, Technologiestandards)
6. Geschäftsmodell (Wertschöpfung, Leistung, Vermarktung, Monetarisierung)
7. Entwicklungs- und Implementierungsstrategie, Marketing- und Vertriebsmaßnahmen
8. Erfolgsfaktoren, Erfolgscontrolling
9. Roadmap, Aktionsplan, Entwicklungsszenarios, Exit-Planung
10. Business Case, Ressourcenplanung und Investitionsbedarf

Abbildung 29: Beispielhafter Aufbau eines Geschäftsplans

Trotz der dargestellten Vorteile eines Geschäftsplans ist seine Aussagekraft über die Erfolgsaussichten von Geschäftsidee und Geschäftsmodell begrenzt. Es gibt Hunderttausende Ideen, die einzigartig sind, einleuchtend klingen und in einen perfekt ausgearbeiteten Geschäftsplan eingebettet sind – aber trotzdem vom Markt ignoriert werden. Dagegen gibt es viele Ideen, die auf den ersten Blick befremdlich wirken mögen und auch ohne erklärenden Geschäftsplan vom Markt mit großer Begeisterung angenommen werden. Aus diesem Grund kann ein Geschäftsplan immer nur als ein ergänzendes Puzzlestück im Rahmen der gesamten Konzeptions- und Entwicklungsleistung angesehen werden.

4.5 Pareto-Prototyping als schnelles, wendiges, ressourcenschonendes und wirtschaftliches Innovationsverfahren

Pareto lässt grüßen. Als Pareto sein Verteilungsverfahren 1896 vorstellte, war ihm vermutlich nicht bewusst, welche Tragweite sein Ansatz zukünftig haben sollte. Bis in die heutige Zeit findet sein weniger als wissenschaftliche Abhandlung denn als Merkhilfe zu verstehendes Modell überall auf der Welt Anwendung. Mehr Erfolg mit weniger Aufwand zu erzielen – das war Paretos Antrieb. Seine 80-zu-20-Regel besagt, dass 80 Prozent Output in 20 Prozent der gesamten Zeit erreicht werden können. Die verbleibenden 20 Prozent der zu erzielenden Ergebnisse benötigten dagegen 80 Prozent der Umsetzungszeit, verursachten somit die höchsten Aufwände. Pareto-Prototyping überträgt dieses Denkschema auf digitale Innovation. Es legt den Fokus auf den richtig gewählten Ausschnitt bei der Architektur- und Leistungs- sowie Verpackungsgestaltung von digitalen Prototypen und reduziert Komplexität auf die wesentlichen 20 Prozent:

- Reduktion der Architekturelemente auf die relevanten 20 Prozent
- Reduktion des Angebotskerns auf die relevanten 20 Prozent
- Reduktion der werblichen Verpackung auf die relevanten 20 Prozent
- Reduktion der Interaktionsmöglichkeiten auf die relevanten 20 Prozent

Durch Pareto-Prototyping werden digitale Innovationserfolge Schritt für Schritt gesteigert. Das post-analoge Umfeld bietet ideale Ausgangsbedingungen, um neue digitale Produkte oder Services in Rekordzeit auf höchst ressourcenschonende Weise zu entwickeln und Konstruktionsfehler zu reduzieren. Statt sechs- oder siebenstellige Summen in die Entwicklung komplexer Technologien zu investieren, lassen sich die meisten technisch-funktionalen Anforderungen prototypisch simulieren. Prototypen

> *»Make sure you are building the right it before you build it right.«*
>
> [Alberto Savoia;
> Engineering Director bei Google]

werden Schritt für Schritt in verschiedenen Generationsstufen weiterentwickelt. Deren Kernausrichtung und Design können sich dabei mehrfach ändern. Technische Funktionen werden lediglich simuliert – so lange, bis aus dem unscheinbaren Frosch ein in sich schlüssig konzipierter, hochattraktiver Prinz entstanden ist und sich keine größeren Erkenntnisgewinne mehr einstellen.

Grundausrichtung

Das Pareto-Prototypen-Modell lässt sich grundsätzlich auf drei verschiedene Welten übertragen: analoge Prototypen mit physischem Erlebnis, digitale Prototypen und Hybridlösungen aus analoger und digitaler Technik.

Abbildung 30: Hybrider Prototyp als Kombination aus analoger und digitaler Technik. Quelle: Wehl & Partner

Die Konstruktionsweise digitaler Prototypen lässt sich zugänglich veranschaulichen am Beispiel eines Internetangebotes oder einer mobilen Anwendung. Ein horizontal angelegter Prototyp bildet den Leistungsumfang auf der obersten Ebene ab. Er zeigt die Startseite und alle Rubriken. Unterseiten werden nicht angelegt und sind damit auch nicht abrufbar. Diese Prototypenvariante legt den Fokus auf die Leistungsbreite des neuen Digitalangebots. Ein vertikal angelegter Prototyp beschränkt sich hingegen ausschließlich auf eine einzige Rubrik mit all ihren Unterseiten, Inhalten und Funktionen. Diese Prototypenvariante ermöglicht eine intensive Auseinandersetzung mit einem ganz bestimmten Bereich.

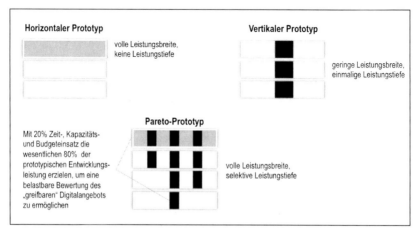

Abbildung 31: Konstruktion von digitalen Pareto-Prototypen

Pareto-Protoypen dagegen zeigen sowohl die volle Leistungsbreite als auch Leistungstiefe an ausgewählten Bereichen. So entsteht bei einer Präsentation des Prototyps der Eindruck eines bereits fertig entwickelten Abbildes des Digitalprodukts, digitalen Services oder Verfahrens. Pareto-Prototypen verstehen sich damit als perfekte Inszenierung. Sie zeigen keine vollständige Abbildung der Realität, sondern einen sorgfältig gewählten Ausschnitt. Kompendiarische Vollständigkeit weicht fokussierter Themenrelevanz und selektiver Leistungstiefe. Auf diese Weise können Kunden und Experten das neue Angebot so beurteilen, als würde es bereits tatsächlich (im Markt) existieren.

Digitale »Westernstadt«

Auf den ersten Blick transportieren digitale Pareto-Prototypen einen realen Eindruck – etwa vergleichbar mit der Kulisse einer Westernstadt. Beim Betreten der Filmstadt wirkt diese auf den Betrachter zunächst völlig wahrhaftig. Bei einer Erkundungstour und einem intensiven Auseinandersetzen mit der Stadt würden schon nach kurzer Zeit alle reduzierten Konstruktionselemente auffallen. Dagegen merken die über Regie und Kameras geführten Zuschauer den Unterschied nicht. Vor den Blockhütten knirscht der trockene Sand unter den Füßen. Einige wenige Gebäude der Stadt sind vollständig ausgebaut und eingerichtet. Im Saloon spielt der Pianist auf seinem Klavier und der Barkeeper bewirtet seine Gäste an der Theke. Vor der Theke stehen Tische und Stühle. Eine Holztreppe führt nach oben zu den Gästezimmern. Einige davon sind möbliert, andere sind abgeschlossen. Im Krämerladen sind Lebensmittel, Werkzeuge und Stoffe zu sehen und anzufassen. Im Haus des Sheriffs steht sein Büro neben vergitterten Gefängniszellen. Der Rest der Stadt besteht hauptsächlich aus Fassaden und ist damit auch nicht begeh- oder erfahrbar.

Übertragen auf Pareto-Protyping werden bei der Konzeption von digitalen Prototypen Entscheidungen getroffen, was genau von potenziellen Anwendern und Kunden begreif- und erfahrbar gemacht werden soll und was weggelassen werden kann. Die als relevant betrachteten Bereiche werden vollständig abgebildet in Design, Struktur, Navigation, Inhalt, Animation und mit allen Funktionen – in Analogie zum Saloon, zum Krämerladen und zum Büro des Sheriffs. Alle zu überprüfenden Elemente werden so entwickelt und aufbereitet, dass sie die wichtigsten Leistungsbestandteile des neuen Angebots ideal in Szene setzen, um bei Nutzern und Kunden möglichst auf positive Resonanz zu stoßen.

Schrittweise Steigerung der Erfolgsquote

Infrastruktur für schnelle, wirtschaftliche und nachhaltige Prototypen-Entwicklung
Die Vorteile der übertragenen »Westernstadt-Bauweise« auf die digitale Welt sind enorm: Pareto-Prototyping lässt Innovationen schneller, wendiger, Kapazitäten schonender und damit wirtschaftlicher entstehen. Durchlaufzeiten von Innovationsprojekten lassen sich um bis zu 90 Prozent verkürzen. Aufgrund der schlanken Bauweise wird bedeutend weniger Konzeptions- und Entwicklungskapazität benötigt und Investitionen je Einzelvorhaben werden auf niedrige fünfstellige Summen verringert. Die Pareto-Infrastruktur stellt mit ihrem flexibel konfigurier- und erweiterbaren Grundgerüst und wiederverwendbaren Gestaltungselementen eine schnelle, wirtschaftliche und ökonomisch nachhaltige Nutzung sicher. Und dies ohne Einschränkung von kreativen Freiheitsgraden – ein einzigartiger Vorteil des Pareto-Prototypings. Mithilfe von zehn Gestaltungsprinzipien entstehen prototypisch konstruierte Entwicklungsleistungen, die Zielgruppen, Experten und Geschäftspartner in die Lage versetzen, sich ein weitgehend komplettes Bild von Leistungsvielfalt, Leistungsgüte, Inhalts- und Funktionsumfang der digitalen Produkt- und Serviceangebote zu machen. Auch komplexe physische Produkte oder technische Systeme lassen sich über 3D-Animationen mit dem Pareto-Prototyping-Verfahren simulieren. Auf diese Weise lassen sich Innovationskandidaten in ihrer Komplexität begreifen und belastbar nach Nützlichkeit, Gebrauchstauglichkeit und Gesamtattraktivität bewerten.

Neben der Steigerung von Geschwindigkeit und Wirtschaftlichkeit von prototypischer Entwicklungsleistung steht im Kern aller Aktivitäten des Pareto-Prototyping die Senkung der Floprate und damit die schrittweise Steigerung des digitalen Innovationserfolgs.

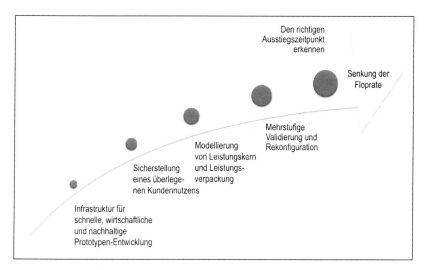

Abbildung 32: Schrittweise Steigerung des Innovationserfolgs

Sicherstellung eines überlegenen Kundennutzens oder komparativen Wettbewerbsvorteils

Ohne erkennbaren Nutzen kein Kauf und keine Weiterempfehlung: Digitale Erneuerungen können Unternehmensvorteile oder überlegene Kundennutzen hervorzubringen, wenn sie funktionale und emotionale Bedürfnisse befriedigen. Dazu gehören

1. Zeitersparnis
2. Geldersparnis
3. Zusatzerlös
4. Bequemlichkeitsgewinn
5. Komplexitätsreduktion
6. Informationsvorsprung
7. Qualitätsvorteil
8. Sicherheitsvorteil
9. Wettbewerbsvorteil
10. Image-/Reputationsgewinn

Eine überlegene digitale Innovationsleistung bietet beispielsweise eine hohe Nützlichkeit in einer oder mehreren von Kunden als relevant angesehenen Kategorien. Sie kann Nutzungskontext, Nutzungs- und Entdeckungsfreude genauso wie Abwechslungsreichtum und ein Belohnungssystem adressieren. Auch eine Befriedigung von Spieltrieb und Emotionen kann einen überlegenen Kundennutzen bedeuten: Es wird Integration des menschlichen Gefühlshaushalts auf der Leistungsebene angestrebt. Dabei gilt es, Kunden emotional zu greifen, zur Nutzung einzuladen und an die Leistung zu fesseln. Competitive Innovation Advantages (CIA) stellen einen Zeitvorsprung sicher, verhindern eine schnelle Imitation der Innovation durch Markteintrittsbarrieren oder erschließen neue Märkte.

Modellierung von Leistungskern und Leistungsverpackung
In der Studie *Holistic Innovation* untersuchte das Zentrum für Innovationsforschung und Business Development generische Erfolgsfaktoren für die Entwicklung und Optimierung von Angeboten für Endkunden. Das Institut kam zu dem Ergebnis, dass innovative Marktangebote dann besonders erfolgreich sind, wenn deren Anwendungen und Funktionen gleichzeitig stark emotionale wie funktionale Bedürfnisse bedienen, Vielfalt bieten, interaktiv nutzbar und individuell an einzelne Bedürfnisse anpassbar sind und Anwendungsfreude verbreiten. Die Bedienung und Handhabung adressiert hauptsächlich funktionale Bedarfe nach einfachem, intuitivem und schnellem Gebrauch. Optik und Gestaltungsmerkmale bedienen gleichermaßen emotionale Bedürfnisse nach Hochwertigkeit und optischer Schönheit sowie funktionale Bedürfnisse nach Einfachheit. Laut der Studie schnitten innovative Marktangebote dann erfolgreich ab, wenn ihre Funktionstüchtigkeit maßgeblich funktionale Bedürfnisse nach Bewährtheit und Verlässlichkeit sowie nach Leistungsstärke befriedigt. Bezogen auf die Modellierung von Kernleistungen und werblicher Verpackung stellen beim Pareto-Prototyping die Modellierungskriterien Befriedigung funktionaler Kundenbedürfnisse (Funktionsfähigkeit, Geschwindigkeit, Verlässlichkeit, Leistungsstärke, einfache und intuitive Nutzerführung) und Befriedigung emotionaler Kundenbedürfnisse (Nutzungsfreude, Spannung, Spaß, Ab-

wechslungsreichtum, hochwertiges Design) einen wichtigen Gestaltungsrahmen dar.

Mehrstufige Validierung und Rekonfiguration
Pareto-Prototypen entstehen durch iterative Überprüfung von Leistungskern, Anwendungs- und Leistungsverpackungsvarianten. Mit jeder weiteren im Markt erprobten Prototypen-Generation entwickelt sich das Produkt, die Dienstleistung oder das System substanziell weiter und erlangt einen höheren Reifegrad. Sowohl der Leistungskern als auch die Leistungsverpackung verändert sich im Laufe der Modellierung immer wieder. In der Regel erhält der Prototyp erst in späteren Modellierungsphasen seine künftigen Konturen und seine künftige Leistungskonfiguration. In den folgenden Weiterentwicklungsphasen findet nur noch eine Detailoptimierung statt.

Den richtigen Ausstiegszeitpunkt erkennen
Das Risiko des Scheiterns ist bei digitalen Innovationen hoch. Aus diesem Grund ist ein schnelles, frühes Scheitern stets einem langsamen, späten und damit kostenintensiven Scheitern vorzuziehen. Innovationsprojekte werden im Allgemeinen vorzeitig abgebrochen, wenn sich strategische Prioritäten verändern, nicht beherrschbare technische Mängel oder Budgeteinschnitte auftreten oder sich die Ertragsaussichten deutlich verschlechtern. »Erfolgreich scheiternde« Innovationsmanager leiten zudem immer dann einen vorzeitigen Ausstieg in die Wege, wenn der Geschäftsplan als nicht belastbar eingestuft oder die mangelnde Zielgruppenakzeptanz im Rahmen der Prototypen-Validierung nicht für eine Weiterführung des Entwicklungsvorhabens spricht.

Verortung im klassischen Innovationprozess

Statt auf sequenzielle Prozessphasen setzt Pareto-Prototyping auf Iterationen, Wendungen, Rückschritte, Neuanfänge und zahlreiche Varianten-Testläufe: Mal vor, mal zur Seite, mal wieder zurück auf Start. Der

Modellierungs- und Entwicklungskreislauf wird erst dann beendet, wenn neue Erkenntnisgewinne nicht mehr in einer wirtschaftlich ausgewogenen Kosten-Nutzen-Relation stehen.

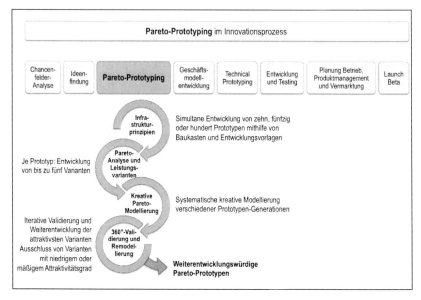

Abbildung 33: Pareto-Prototyping als iterativer Zyklus, eingebettet in einem beispielhaften Innovationsprozess

4.6 Zehn Leitprinzipien des Pareto-Prototyping

Als wirtschaftliche, beschleunigende und nachhaltige Innovationsmethode greift Pareto-Prototyping auf zehn Gestaltungsprinzipien zurück. Diese lassen sich in grundlegende Infrastruktur- und Entwicklungsprinzipien unterteilen:

Pareto-Infrastrukturprinzipien
1. Baukasten für modulare Leistungs- und Verpackungsarchitektur
2. Wiederverwendbare Bausteine
3. Vergleichzeitigte Vervielfachung
4. Technische Simulation

Pareto-Entwicklungsprinzipien
5. Pareto-Analyse und Identifizierung Erfolg versprechender Entwicklungspfade
6. Pareto-Fokussierung: Simplizität durch Komplexitätsreduktion und Fokussierung
7. Pareto-Modellierung: Kreativ-Modellierung von Leistungskern, Bedienungslogik und werblicher Verpackung
8. Pareto-Validierung: 360°-Validierung und iterative Remodellierung
9. Pareto-Geschäftsplan
10. Exit-Management

1. Baukasten für modulare Leistungs- und Verpackungsarchitektur

Als Set aus zusammengehörenden Komponenten, die eine gemeinsame Struktur bilden, auf deren Basis sich eine Vielzahl unterschiedlicher Varianten entwickeln lässt, ist der Pareto-Prototyping-Baukasten in drei Bereiche unterteilt: werbliche Leistungsverpackung, Leistungskern und Modellierungselemente zur inkrementellen Weiterentwicklung der Prototypen.

Werbliche Leistungsverpackung (»Begeistern«)
Die Verpackung übernimmt die Funktion, Nutzer und Kunden anzuziehen und zu begeistern. Egal, wie grundlegend neu, relevant und überlegen der Nutzen einer Innovation ist – bleibt er von potenziellen Kunden unbemerkt, wirkt sich dies erfolgsmindernd aus. Gassmann verweist darauf,

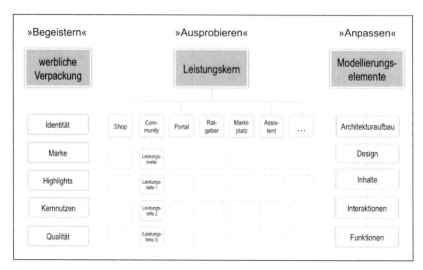

Abbildung 34: Verpackungs- und Leistungsarchitektur beim Pareto-Prototyping

dass Design, Ästhetik und Kommunikationselemente für Kunden wichtiger sein können als das Produkt selbst. Eine optimale werbliche Verpackung setzt das digitale Produkt, den Service oder das System ideal in Szene, weckt bei potenziellen Kunden Begehrlichkeiten und sorgt dafür, dass sie sich angesprochen fühlen und sich intensiver damit auseinandersetzen.

Leistungskern (»Ausprobieren«)
Der Leistungskern übernimmt die Funktion, Nutzer und Kunden ein Ausprobieren zu ermöglichen. Statt dazu die volle Leistungsbreite abzubilden, werden lediglich zwei bis maximal drei Kernleistungen prominent hervorgehoben und nahezu vollständig abrufbar gemacht. Diese wenigen Kernleistungen übernehmen die Aufgabe, den größtmöglich vorstellbaren Nutzen zu transportieren. Ihre vertikale Ausrichtung ist immer individuell unterschiedlich und abhängig von den jeweiligen Anforderungen. Auch die Leistungsmerkmale sind in der Regel unterschiedlich (Texte, Bilder, Videos, Animationen, Funktionen). Der Rest des Angebots ist für Nutzer nicht anklickbar und damit nicht erfahrbar. Damit der Leistungskern optimal in

Szene gesetzt wird, sind alle (mobil) erreichbaren Webseiten oder mobilen Seiten vollständig befüllt.

Modellierungselemente (»Anpassen«)
Die Modellierungselemente sind Variationen von Architekturen, Designs, Inhalten, Interaktionen und Funktionen, um Pareto-Prototypen schrittweise in ihrem Kern oder ihrer Verpackung anzupassen. Im Laufe der Iterationsphasen verändern sich diese Elemente in ihrer Ausgestaltung. Nach jeder Feedback-Schleife werden die Meinungen und Anregungen aus dem Markt ausgewertet und fließen in die Weiterentwicklung der Prototypen ein.

2. Wiederverwendbare Bausteine

Wenn möglich, greifen Innovationsmanager beim Pareto-Prototyping auf bereits entwickelte Bausteine und Leistungsmerkmale zurück. Bausteine können zum Beispiel Templates von ganzen Webseiten, Panels, Buttons, Keyvisuals, Skripte, Basisfunktionen oder ganze Anwendungen sein. Sind bestimmte Bausteine einmal entwickelt, lassen sie sich beliebig oft verwerten. Wiederverwendbare Bausteine verringern Entwicklungsaufwände, Entwicklungskosten und die Durchlaufzeit von digitalen Innovationsvorhaben. Pareto-Web-Shops beispielsweise sehen sich auf den ersten Blick recht ähnlich. Hier brauchen lediglich das Grunddesign und die Artikel angepasst zu werden – unabhängig davon, ob Bonsaibäume, Elektronikartikel, Kosmetik, Baustoffe oder Medizintechnik zum Verkauf stehen. Ein Pareto-Lerntrainer kann wiederverwendet werden, wenn es darum geht, herauszufinden, ob die Zielgruppe Bedarf an einer speziellen Lernmethode hat. Eine Pareto-Community kann fast immer auf Mitgliederprofile, Mitteilungs-, Kommentierungs- und Bewertungsfunktionen sowie eine Reihe von Vernetzungselementen zurückgreifen. Statt einer Neuentwicklung reicht häufig auch eine Anpassung von Bestehendem. Die Bauweise folgt dem Prinzip: »Vom Kunden Wahrnehmbares wird individualisiert, vom Kunden nicht Wahrnehmbares wird standardisiert.«

Weniger Projektphasen
Die Wiederverwendbarkeit von Entwicklungsleistung kann Digital-Manager in die komfortable Situation versetzen, einzelne Projektphasen überspringen zu können. Statt mit jedem neuen digitalen Innovationsvorhaben immer wieder bei null zu starten, können sie neue Projekte beispielsweise bei 30 Prozent oder 40 Prozent Umsetzung beginnen. Dazu wählen sie in Design und Code entwickelte und archivierte Konstruktionselemente wie beispielsweise ein Navigationsdesign, eine Volltextsuche oder eine 360°-Animation aus und passen diese bei Bedarf individuell an. Jeder neu entwickelte Prototypen-Baustein und jede Variation davon erweitert das Bausteinarchiv. Auf diese Weise entsteht im Laufe der Zeit eine umfangreiche Sammlung von digitalen Vorlagen, die sich der Mehrfachverwertung zuführen lassen.

Universelle Einsatzfähigkeit
Je umfangreicher die Vorlagensammlung, desto höher ist die Wahrscheinlichkeit, dass bestimmte Module schon in verschiedenen Variationen vorliegen und sich wiederverwenden lassen. Einige Bausteine, wie beispielsweise die Suche, der Registrierungs- oder Kontaktaufnahmebereich, zeichnen sich weitgehend durch Einsatzuniversalität aus. Sie lassen sich (fast) ohne Anpassung in jedem beliebigen Kontext einbetten.

3. Vergleichzeitigte Vervielfachung

Mehr in gleicher Zeit zu entwickeln, steht im Fokus dieses Gestaltungsprinzips. Die Vergleichzeitigung von Entwicklungsleistung in einer frühen Phase ermöglicht Digital-Managern, mehr Output in gleicher Zeit zu generieren und damit schneller zu digitalen Innovationserfolgen zu gelangen. Eine großvolumige Vervielfachung von Entwicklungsleistung stellt dabei hohe Anforderungen an eine leistungsfähige, effiziente Infrastruktur mit Multiprojektmanagementfunktionen. Auf diesen Punkt geht das Kapitel »Prototypen-Generator und Prototypenfabrik« näher ein.

4. Technische Simulation

Als digitale Demonstratoren sind Pareto-Prototypen weitgehend technologieunabhängig und entkoppelt von komplexen technischen Funktionalitäten und Datenbanken. Aufwendig zu entwickelnde Funktionen werden größtenteils simuliert. Pareto-Prototypen sind explorativ, da sie möglichst viele (technische) Anforderungen an das spätere Digitalsystem spezifizieren, und evolutionär, wenn es noch keine wiederverwendbaren Strukturen und Vorlagen gibt. In diesen Fällen entstehen sie in einem iterativen Prozess, bei dem zu Beginn ein Basisprototyp erstellt und dieser dann von einer Gruppe potenzieller Benutzer und Experten evaluiert wird. Die aus der Gruppe kommenden Weiterentwicklungsimpulse, Änderungswünsche und neuen Anforderungen dienen als Grundlage für die Erstellung nachfolgender Prototypen-Generationen.

Simulation bei geringer (Produkt-)Leistungskomplexität
Beim Pareto-Prototyping wird im Vorfeld spezifiziert, wie digitale Zielobjekte, Zielseiten und Funktionen aussehen sollen. Im Anschluss werden ausschließlich wenige Pfade simuliert, um der Zielgruppe eine höhere Eindringtiefe ins jeweilige Thema zu ermöglichen. Im einfachsten Fall werden statische Seiten entwickelt und miteinander verlinkt. Gibt der Benutzer beispielsweise bei einem pareto-prototypisch entwickelten Informationsportal einen Suchbegriff in den Suchschlitz ein und klickt er anschließend auf das Lupen-Icon, erscheint im Anschluss immer die gleiche Ergebnisseite, unabhängig davon, welcher Begriff vorher eingegeben wurde. Jede dargestellte Suchsimulation ist so konzipiert, dass sie oberflächlich betrachtet nicht als solche auffällt. Dazu bedarf es einer durchdachten interaktiven User-Guidance (Anwendersteuerung mit Orientierungshilfen) im jeweiligen Anwendungskontext oder einer geführten Anleitung durch Moderatoren in der Validierungsphase. Soll ein beispielhafter Online-Kalkulator simuliert werden, ist die Vorgehensweise ähnlich. Die Ergebnisseite ist immer gleich und führt keine Rechenoperation aus.

Simulation bei mittlerer (Produkt-)Leistungskomplexität
Bei mittlerer Leistungskomplexität beinhalten Simulationen Skripte, die auch dynamisch sein können. Sie können Rechenoperationen beinhalten, werden fast ausschließlich in Form von Quelltextdateien ausgeliefert, um ein einfaches Bearbeiten und Anpassen der Prototypen zu ermöglichen. Im skizzierten Fallbeispiel des Online-Kalkulators lassen sich unterschiedliche Zahlen in Eingabefelder eintragen. Auf der Ergebnisseite werden daraufhin je nach eingegebenen Parametern dank Script unterschiedliche Werte angezeigt. Bei einem anderen Beispiel, einem Pareto-Shop, können Nutzer eine Ware einkaufen, indem sie einen bestimmten Artikel in den Warenkorb legen. Der Einfachheit halber können sie nur einen oder zwei Artikel auswählen. Steigende Freiheitsgrade bei der Auswahl gehen einher mit einer Vervielfachung des Entwicklungsumfangs, da unter Umständen voneinander abhängige Prozessketten berücksichtigt werden müssen. Nach der Bestätigung des Warenkorbinhalts folgt die Adresseingabe und die Auswahl eines Bezahlverfahrens, bevor der Kaufabschluss den Vorgang beendet. Ein Beispiel ähnlicher Komplexität ist ein simuliertes Terminauswahl-Dialogsystem in einem Online-Kalender, der anzeigt, welche Zeitfenster noch verfügbar sind.

Damit die Übergänge zwischen zwei Anwendungsschritten auf Benutzer noch authentischer wirken, lassen sich rechenintensive Vorgänge oder Datenbankabfragen zusätzlich über Visualisationshilfen hervorheben. Nach Start einer zu simulierenden Funktion via Klick auf einen Button kann mittels eingeblendetem Fenster und dynamisch ansteigendem Fortschrittsbalken mit Prozentangabe angezeigt werden, dass die Ausführung noch einige Sekunden Zeit beansprucht. Scripte eignen sich für eine ganze Reihe unterschiedlicher Anwendungszwecke: vom Log-in-Verfahren mit verschlüsselten Passwörtern über Volltextsuche, Bildergalerien, Kommentare und News bis zu einfachen Foren.

Simulation bei hoher (Produkt-)Leistungskomplexität

Auch Innovationsleistungen mit höherem Komplexitätsgrad, wie zum Beispiel eine Systeminnovation mit globalen Prozessketten, sind beim Pareto-Prototyping darstellbar. Soll ein komplex aufgebautes (physisches) Produktionssystem oder eine abstrakte Dienstleistung digital erfahrbar gemacht werden, lässt sich dies über 3D-Visualisierung und digitale Animation mit virtueller »Kamerafahrt« erreichen. Selbst komplizierteste Prozessdarstellungen mit komplexen Abhängigkeiten können für Anwender mithilfe von digitalen Animationen begreifbar gemacht werden. Es gibt auf der Welt keine Leistung, die sich nicht vereinfacht im pareto-prototypischen Kosmos veranschaulichen ließe. Bei High-End-Produktvisualisierungen allerdings endet das digitale Simulationsspektrum, da fotorealistische Modellierungen oder sehr realitätsnahe, gerenderte Animationen kaum noch in einem angemessenen Kosten-Nutzen-Verhältnis simuliert werden können.

5. Pareto-Analyse

Am Anfang der Prototypenentwicklung steht die Analyse. Diese speist sich aus den Dimensionen Zielgruppe, Wettbewerb und einigen allgemeinen Marktkennzahlen wie Marktpotenzial und Marktwachstum. Ergänzend zur Marktanalyse kann bei Bedarf eine Risiko- und Stakeholder-Analyse und darüber hinaus eine Analyse juristischer Restriktionen und technischer Machbarkeit in Erwägung gezogen werden. Je umfangreicher die Analyse angesetzt wird, desto länger dauert sie auch. Die Pareto-Analyse versteht sich in früher Phase eher als solide Basisanalyse. Parameter, die sich in kurzer Zeit herausfinden lassen, werden erfasst. Parameter, deren Ermittlung mit hohem Kapazitätsaufwand verbunden ist, werden zunächst zurückgestellt. Die Analyse soll ein erstes Bild des anvisierten Markts aufzeigen. Auf Basis der ermittelten Daten kann eine erste Eingrenzung von potenziellen Entwicklungspfaden stattfinden.

Zielgruppenanalyse	Wettbewerbsanalyse
Demografische Kriterien: Alter, Geschlechterverteilung, Familienstand, Haushaltsgröße, Anzahl Kinder **Soziografische Kriterien:** Bildungsstand, Berufstätigkeit, Einkommen, Kaufkraft **Psychografische Kriterien:** Einstellungen, Nutzenerwartung, Persönlichkeitsmerkmale, Präferenzen, Wünsche, Kaufmotive **Informationsverhalten:** Kommunikationsverhalten, Mediennutzung **Nutzungsverhalten:** Nutzungsintensität, Nutzungshäufigkeit, Nutzungskontext, Weiterempfehlungsverhalten **Kaufverhalten:** Markenwahl, Preisbewusstsein, Verpackungspräferenzen, Wert des durchschnittlichen Einkaufs, Einkaufsfrequenz	**Erster Eindruck:** werbliche Verpackung, Kernleistungen **Leistungsbewertung:** Leistungsgüte, Nutzen, Alleinstellungsmerkmale, Design, Usability **Unternehmensanalyse:** Gründung, Mitarbeiter, Standorte, Mutterunternehmen, Wertschöpfungskette, Wertschöpfungsprozesse, Technologien, Team (bei Start-ups) **Innovationsanalyse:** Innovationsleistung (Anzahl der Neueinführungen in den letzten Jahren), Innovationsintensität (Anzahl der Neueinführungen im Verhältnis zum Bestandsportfolio), Innovationsgrade (einfache Variationen, inkrementelle Innovationen, echte Neuerungen) **Ökonomische Kennzahlen:** Finanzkraft, Absatz-, Umsatz-, Gewinnentwicklung, Nutzer- und Kundenentwicklung

Abbildung 35: Kriterien für eine Zielgruppen- und Wettbewerbsanalyse

6. Pareto-Fokussierung: Simplizität durch Komplexitätsreduktion und Fokussierung sowie Identifizierung von vielversprechenden Entwicklungspfaden

Komplexe Entwicklungsleistungen verlieren fast immer an Klarheit, Zugänglichkeit und Geschwindigkeit. Bei den adressierten Zielgruppen führen unübersichtliche oder überladene Angebote mit hoher Wahrscheinlichkeit zu Irritationen. Jedes zusätzliche Feature fordert kognitiv heraus, macht ein Produkt in seiner Anwendung komplizierter und lässt es dadurch für Kunden möglicherweise weniger attraktiv erscheinen. Die Herausforderung für Pareto-Architekten ist daher, ein Digitalprodukt, eine Digitaldienstleistung oder ein Digitalverfahren so wirkungsvoll zu gestalten und zu kondensieren, dass aus etwas Komplexem etwas wirklich Einfaches und Verständliches, intuitiv Erfahrbares und in der Kundenwahrnehmung Attraktives entstehen kann.

> »Einfachheit ist die höchste Form der Raffinesse.«
>
> [Leonardo da Vinci, 1452–1519; Universalgelehrter]

Die große Kunst besteht darin, Simplifizierung weitgehend zu vermeiden und Simplizität anzustreben. Simplifizierte Marktangebote laufen Gefahr, bedeutungs- und nutzenlos zu werden. Aus diesem Grund werden neue Pareto-Angebote nicht zu stark vereinfacht, sondern auf Weniges und Wesentliches reduziert. So entsteht Simplizität durch ausgeklügelte, wohlüberlegte Komplexitätsreduktion. Knüppe spricht in diesem Zusammenhang von der »kleinsten vermarktbaren Einheit« – auf einem Qualitätsniveau, für das Kunden gerade noch bereit sind zu zahlen.

> »Mache alles so einfach wie möglich, aber nicht einfacher.«
>
> [Albert Einstein, 1879–1955; Physiker und Erfinder]

Reduktion von Unsicherheit mit Scenario-Based-Design

Wenn beispielsweise zehn Personen unabhängig voneinander die gleiche Geschäftsidee grafisch, architektonisch und inhaltlich ausgestalten, produzieren sie stets voneinander abweichende Ergebnisse. Welches davon das mit dem größten Innovationspotenzial sein wird, ist a priori ungewiss. Jeder Akteur blickt auf seinen Erfahrungshorizont zurück und hat bestimmte Vorstellungen davon, was (zielgruppenseitig) positiv angenommen wird und was nicht. Es sind nahezu unbegrenzte Freiheitsgrade vorstellbar, die teilweise zu stark voneinander abweichenden Entwicklungsvarianten führen können. Welches Ergebnis die voraussichtlich höchste Akzeptanz in der Zielgruppe gewinnen wird, lässt sich in einer frühen Phase nicht sicher bestimmen.

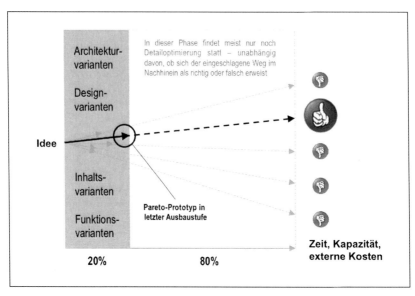

Abbildung 36: Scenario-Based-Design im Kontext von Pareto-Prototyping

Eine vorzeitige Beschränkung auf einen einzigen Entwicklungspfad kann dazu führen, dass ein falscher Entwicklungspfad ausgewählt und im Anschluss immer weiter detailoptimiert wird. Mit verlässlichen Erfahrungswerten für kreative Umsetzungen können Innovationsmanager attraktive von weniger stimmigen Entwicklungsleistungen unterscheiden. Um Unsicherheiten bezüglich der richtigen Entwicklungspfade zu reduzieren, steht ihnen mit Scenario-Based-Design eine Methode zur Verfügung, die sie bereits während der Phase der Vorproduktentwicklung unterstützt, die richtigen Entwicklungspfade herauszufinden.

Entwicklungsalternativen treten gegeneinander an
Mit Scenario-Based-Design lassen sich Erkenntnisgewinne vorziehen, Konstruktionsfehler verringern und in einer frühen Phase attraktive Pfade identifizieren und weiterentwickeln. Je Pareto-Prototyp werden bis zu fünf sich in Architektur, Design, Inhalt und Funktion unterscheidende Varian-

ten entwickelt. Alle Umsetzungsalternativen treten in mehrfachen Validierungsphasen gegeneinander an. Von fünf Entwicklungspfaden setzen sich die attraktivsten durch. Bleiben zwei Varianten übrig, werden beide so lange weiterentwickelt, bis sich eine überlegene Variante herauskristallisiert.

7. Pareto-Modellierung: Kreativ-Modellierung von Leistungskern, Bedienungslogik und werblicher Verpackung

Die mit Abstand anspruchsvollste Phase des Pareto-Prototyping stellt die Pareto-Modellierung dar. Wenn kreative Modellierungskompetenz auf Handlungseffizienz trifft, entstehen innerhalb weniger Tage und Wochen mehrfach im Markt erprobte prototypisch entwickelte digitale Innovationsanwärter. Kreatives Modellieren ist ein schöpferisches Vorgehen in Iterationen und Rekursionen. Entwicklungszustände werden Schritt für Schritt »geknetet«, infrage gestellt, rekonfiguriert, refokussiert, vereinfacht oder von Neuem begonnen. Und zwar so lange, bis es keine Erkenntnisfortschritte mehr gibt, die sich durch eine ausgewogene Aufwands-Nutzen-Bilanz rechtfertigen ließen. Das angestrebte Ziel der Kreativmodellierung ist immer gleich: die vielversprechendste digitale Erneuerung mit überlegenem Kundennutzen und echten Wettbewerbsvorteilen hervorzubringen.

In einigen Teildisziplinen überschneidet sich Pareto-Modellierung mit der Methode Design-Thinking. Die als Studiengang an den Universitäten Stanford, St. Gallen, Toronto und am Hasso-Plattner-Institut gelehrte Methode steht dabei nicht etwa für Ästhetik oder Gestaltung von äußeren Formen, sondern für erfinderisches Denken. Sie unterstützt dabei, komplexe Probleme zu lösen, um (digitale) Innovationen systematischer hervorzubringen. Design-Thinking adressiert technische, geschäftliche und menschliche Aspekte und versucht diese in eine gewisse Überdeckung zu bringen und eine kreative Balance zwischen den Bereichen herzustellen. Design steht in diesem Kontext für Lösungsgestaltung. Die Orientierung am Menschen stellt den Startpunkt der Methode dar, da es darum geht, sich in Menschen und ihre Bedürfniswelt einzufühlen. Rationales und deduktives Denken soll dabei durch komplementäre Denkstile ersetzt werden. Weinberg beschreibt das Design-Thinking als Mission, bei der Beobachtungen in Einsichten und Einsichten in Produkte und Dienstleistungen übersetzt werden, die das Leben verbessern.

Kreative Pareto-Modellierung im Kontext digitaler Prototypenentwicklung ist vergleichbar mit Töpferkunst. Soll eine Vase modelliert werden, bleibt die grundsätzliche, grobe Form im Großen und Ganzen erhalten. Nur das Ergebnis ist jedes Mal anders, jedes Mal unique. Bei der kreativen Modellierung werden bestehende und neue Modelle miteinander kombiniert. So entstehen neue Leistungs- und Verpackungsmuster, die über das Repertoire der vorhandenen Bausteine und Vorlagen hinausgehen. Jeder neue Impuls von außen kann zu einer neuen Bausteinkombination auf Leistungskern-, Verpackungs- oder Anwendungsebene führen.

Bei der kreativen Pareto-Modellierung gibt es keinen Standardprozess. Ähnlich sind aber immer die sich abwechselnden Phasen von Variation und Modellierung auf der einen und Selektion, Synthese und (Re-)Modellierung auf der anderen Seite. Da die Modellierung selten gradlinig verläuft, erscheint es in der Praxis häufig sinnvoll, hin- und her- oder vorzeitig zurückzuspringen. Wirkt ein Prototyp auch nach mehreren Anpassungsschleifen nicht »rund«, wird er dekomponiert und anders zusammengesetzt. Analog zum Pareto-Prinzip setzt auch kreative Pareto-Modellierung auf 20 Prozent Input und damit auf eine geringe Umsetzungszeit. Detailoptimierung ist schon deshalb nicht gewünscht, da sich die Prototypen-Generationen zwischen den Iterationen fast immer verändern. Es kommt sogar vor, dass ursprüngliche und abschließende Prototypen-Generationen keine übereinstimmenden Merkmale mehr aufweisen. Beim kreativen Pareto-Modellieren werden die besten Ergebnisse in kleinen, multidisziplinären Teams erzielt, die in die Breite schauen können, aber auch in einer oder mehreren Disziplinen Spezialisten-Know-how mitbringen. Auf diese Weise findet im Pareto-Kontext eine Pluralität von Wissens-, Denk- und Modellierungsstilen Anwendung.

Jedes neue Marktangebot besteht aus einem Leistungskern, einer Anwendungsebene und einer Leistungsverpackung. Um ein prototypisches Angebot schnell und schlank zu entwickeln, bedarf es einer gezielten Modellierung dieser drei Elemente.

Modellierung bei der Leistungsverpackung: der erste Eindruck überzeugt
Beim ersten Kontakt mit der Zielgruppe ist die Verpackung häufig wichtiger als ihr Inhalt. Wenn die Verpackung nicht stimmt, haben selbst beste Inhalte geringere Erfolgschancen. Physische Konsumgüter des täglichen Bedarfs wie Shampoos, Körperlotion, Zucker, Milch oder Schuhcremes verkaufen sich neben ihrem Inhalt sowie Marken- und Preisgesichtspunkten insbesondere wegen ihrer Verpackung. Übertragen auf die digitale Welt verkaufen sich digitale Ratgeber, Marktplätze, Bildungsplattformen, Business-Anwendungen, Shops, Service-Angebote oder kleine, wirksame Helferlein dann besonders gut, wenn die (werblich gehaltene) Verpackung bereits auf den ersten Blick einen runden Eindruck hinterlässt und mit einem starken Leistungsversprechen Begehrlichkeiten weckt.

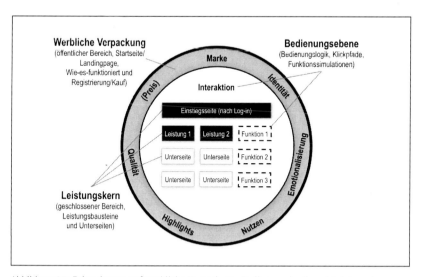

Abbildung 37: Fokussierung auf werbliche Verpackung, Bedienungslogik und Leistungskern

Die Leistungsverpackung übernimmt als äußere Hülle des digitalen Produkts oder Services eine wichtige Funktion. Sie transportiert orientierungsgebende Informationen über

- Marke: Wer produziert mich?
- Identität: Was bin ich?
- Emotionalisierung: Mit welchen Visuals aktiviere ich Emotionen?
- Nutzen: Wie unterstütze ich?
- Highlights (Anwendungsfälle): Was kann ich (in welchen Situationen) besonders gut?
- Qualität: Welche Wertigkeit signalisiere ich?
- Preis (optional): Was koste ich?

Unabhängig vom Ausgabemedium wie PC, Laptop, Tablet, Smartphone und physischen Geräten mit Multifunktionsdisplays hat jeder Marktangebotstyp eine bestimmte Identität. Je besser potenzielle Zielgruppenvertreter die digitale Identität begreifen können, desto leichter fällt es ihnen, innerhalb von Sekunden nachzuvollziehen, um was es sich bei dem neuen Angebot eigentlich genau handeln soll. Mangelt es an einer klaren Ausrichtung, fehlen Identitätsmerkmale oder werden unterschiedliche Identitäten vermischt, sinkt die Bereitschaft von potenziellen Neukunden, sich mit dem Angebot auseinanderzusetzen, drastisch ab.

Digitale Identitäten (Marktangebotstypen)

1. Informationsportal (News, Fachinformationen, Lifestyle, Infotainment)
2. Dienstleistungsplattform
3. Soziales Bewertungsportal
4. Ratgeber- oder Frage-/Antwort-Portal
5. Buchungsplattform (Reisen, Unterkünfte, Veranstaltungen)
6. Webshop
7. Marktplatz oder virtuelles Auktionshaus
8. Community, soziales Netzwerk oder Blog
9. Games

> **Digitale Identitäten (Marktangebotstypen)**
>
> 10. Werbenetzwerk oder Werbemarktplatz
> 11. Bildungsplattform (Arbeits-, Ausbildungs-, Weiterbildungskontext)
> 12. Video- oder Audioplattform
> 13. Engagement-/Corporate-Social-Responsibility-Plattform (Geld-/Sachspenden, Volunteering)
> 14. Lexikon
> 15. Übersetzungs-, Rechtschreibungs-, Synonyme-Plattform
> 16. Crowdsourcing-Plattform (Funding, Ideation, Collaboration, Coworking, Microjobbing)
> 17. Digitaler Assistent oder Softwareagent
> 18. Suchmaschine
> 19. Jobbörse
> 20. Geschäftsanwendung (ERP, CRM, Finance, Procurement, Analytics, Document Management, Knowledge Management)

Abbildung 38: Beispielhafte digitale Marktangebotstypen

Modellierung des Leistungskerns: Auswahl des richtigen Leistungsausschnitts

Auf den richtigen Inhalt kommt es an – und dabei auf den richtig gewählten Ausschnitt. Eine aufwendige Überprüfung von vielen Leistungsbausteinen auf Relevanz, Nützlichkeit und Gebrauchstauglichkeit birgt bei potenziellen (Neu-)Kunden immer die Gefahr, dass sie zu schnell das Interesse am Leistungsangebot verlieren. Niemand kämpft sich gern durch einen Vielfaltsdschungel. Bei der Wahl des aus Kundensicht richtig gewählten Leistungsausschnitts spielen zudem die Dimensionen Leistungsumfang, Leistungskonfiguration und Leistungsqualität eine wichtige Rolle. Zur Auswahl des richtigen Leistungsausschnitts bieten sich folgende Fragen an:

- Welche zwei bis maximal drei Kernleistungen stehen warum im Vordergrund?
- Auf welche Bereiche kann noch am ehesten verzichtet werden?
- Welche additiven Leistungen werden für Ausbaustufen vorgesehen?

- Stellen die Kernleistungen in Summe die kleinste (gerade noch) vermarktbare Einheit dar?
- In welcher Gewichtung/Rangfolge werden die Kernleistungen dargestellt?
- Für welche Qualität ist die Zielgruppe (gerade noch) bereit, zu zahlen?

Einfache, intuitive Bedienungsebene

Auch eine gute Bedienungs- und Nutzungsfreundlichkeit der Anwendungsebene ist bei prototypischen Anwärtern für digitale Innovationen wichtig. Nielsen sieht eine nutzerfreundliche Ausrichtung als Qualitätsattribut dafür, wie leicht eine Anwendung zu nutzen ist. Burton betont die Wichtigkeit einer benutzerorientierten, auf die Fähigkeiten der Anwender zugeschnittenen Gestaltung der Anwendungsebene, da die biophysikalische, kognitive Entwicklung des Menschen mit der stetigen Komplexitätszunahme durch die fortschreitende Digitalisierung nicht Schritt halten kann. Die Bereitschaft von Anwendern, den Umgang mit einer (mobilen) Website zu erlernen oder eine wenig zugänglich aufgebaute Entwicklungsleistung zu nutzen, ist äußerst gering. Anwender wollen das Digitalangebot auf Anhieb verstehen und intuitiv steuern können. Benutzerfreundliche Leistungen stellen ein zentrales Differenzierungsmerkmal dar. Als Ergänzung zu einem wohldurchdachten Konzept, einem glasklaren Design, einem sauber programmierten Code, einem attraktiven Leistungskern und einer Begehrlichkeiten weckenden Verpackung rundet eine schnell auffindbare, zugängliche, intuitiv bedienbare Anwendungsebene den Pareto-Prototypen stimmig ab.

> *»Perfektion ist nicht dann erreicht, wenn man nichts mehr hinzufügen, sondern wenn man nichts mehr weglassen kann.«*
>
> [Antoine de Saint-Exupéry, 1900–1944; Schriftsteller und Pilot]

8. Pareto-Validierung: 360°-Validierung und iterative Remodellierung

Um die Marktfähigkeit von neuen digitalen Angeboten bereits in einer frühen Entwicklungsphase verlässlicher beurteilen zu können, werden Validierungsmaßnahmen in allen Phasen des Pareto-Prototyping umgesetzt. Die Validierung erfolgt entweder organisationsintern oder extern über beauftragte Marktforschungsinstitute, die sich auf die Validierung digitaler Marktangebote spezialisiert haben. Dazu finden interne und externe Erhebungen bei Zielgruppen und Experten statt. Sowohl die Datenerhebung selbst als auch die Auswertung und Ergebnisinterpretation öffnet die Türen für systematische Fehler mit verzerrenden Folgen für die Beurteilung der untersuchten Angebote. Umsetzungsfehler können bei einem falschen Setting, zu eng gefassten Zielgruppen, zu heterogen ausgewählten Probanden, bei schlechten oder unvollständigen Briefings, falschen Methoden zu falschen Schlussfolgerungen führen.

Im Rahmen einer ganzheitlich ausgerichteten, iterativen 360°-Validierung werden verschiedene Gruppen in unterschiedlichen Prototypenentwicklungsstadien befragt. Mithilfe unterschiedlicher Überprüfungsverfahren werden Reaktions-, Denk- und Handlungsmuster der befragten Personen identifiziert und näher ausgeleuchtet. So kann über eine frühzeitige Einbindung verschiedener Validierungsgruppen Ungewissheit reduziert werden. Die 360°-Validierung setzt sich aus verschiedenen Überprüfungsmethoden für verschiedene Gruppen zusammen.

1. Qualitative, formative Prototypenkonzept-Evaluation in Einzelexplorationen bei der Zielgruppe (n=5–10)
2. Quantitative Online-Befragung mit Exploration des Prototypen bei der Zielgruppe (n>40)
3. Expertenevaluation (n=4–6)
4. Geschäftspartnerevaluation (n=5–10)

Bei der formativen Prototypenkonzept-Evaluation findet bei der Zielgruppe eine Überprüfung der drei Dimensionen Nützlichkeit im Nutzungskontext, Usability und User Experience anhand der Kriterien Inhalt, Funktionalität, Interaktion, visuelle Präsentation und werbliches Wording statt. Bei der quantitativen Online-Befragung wird allen in der jeweiligen Zielgruppe rekrutierten Probanden ein Link zu einem webbasierten Prototyp geschickt. Im Anschluss füllen sie einen Online-Fragebogen aus. Ab einer Samplegröße von vierzig bis sechzig weichen die Ergebnisse im Durchschnitt nicht mehr stark voneinander ab. Die Expertenbefragung mit Personen aus Wirtschaft und Wissenschaft zielt auf eine Bewertung von Chancen, Risiken, Geschäftsmodell und wahrgenommener Marktfähigkeit der Geschäftsidee ab. Eine weitere Expertengruppe stellt die der Geschäftspartner dar. Lieferanten, Systempartner, Dienstleister, aber auch Lead-User sind stärker in unternehmensspezifische Themen involviert, bringen trotzdem andere Sichtweisen mit ein. Es müssen nicht ausschließlich die genannten Gruppen sein. Auch Nicht-Zielgruppen können wertvollen Input geben – insbesondere in frühen Validierungsphasen, wenn es darum geht, offensichtliche Konstruktionsfehler aufzuspüren und herauszufinden, ob der eingeschlagene Weg verständlich und zugänglich genug ist. Ein bekanntes Beispiel für Nicht-Zielgruppen stellt der sogenannte Hausmeistertest dar.

Fast jede Validierung bringt neue Erkenntnisgewinne, die eine Remodellierung rechtfertigen. Auf diese Weise können Prototypen bis zu fünf Entwicklungsgenerationen durchlaufen. Innovationsmanager schließen die Remodellierung ab, wenn das Feedback nur noch kleinteiligen Charakter hat und nicht mehr erfolgskritisch erscheint.

9. Pareto-Geschäftsplan

Geschäftspläne haben eine zentrale Funktion: Sie reduzieren Unsicherheit. Jede Geschäftsidee muss sich kritischen Fragen stellen, um an ihnen zu scheitern oder zu reifen. Hält die Idee den kritischen Fragen stand, lohnt sich ihre Weiterentwicklung. Ein Instrument, das diese kritischen Fragen beantworten soll, ist der Geschäftsplan. Dieser kann hundertfünfzig Seiten lang sein und akribisch erarbeitet werden oder sich auf die wesentlichen Bestandteile beschränken, um Risiken und Unsicherheit so weitgehend wie möglich zu verringern.

Pareto-Prototyping setzt den Fokus auf Wesentliches und damit auf einen »Bierdeckel-Geschäftsplan«. Ein solcher bewusst kompakt gehaltener Plan dient als erste grobe Entscheidungsvorlage und umfasst die wichtigsten, entscheidungsrelevanten Punkte und Kennzahlen auf wenigen Seiten. Auf Basis der kondensierten Informationen sollen sich Entscheider einen ersten, belastbaren Eindruck von Geschäftsideen machen können. Im Pareto-Geschäftsplan ist ein »Bierdeckel-Business-Case« enthalten, der eine erste grobe Abschätzung der Ertragsmechanik, des Absatzpotenzials und Preismodells leistet sowie Angaben zu benötigten Initialressourcen macht.

Pareto-Geschäftsplan

Seite 1	Geschäftsidee als Aufzugssatz und in Prosa
Seite 2	Analyse von Zielgruppe und Wettbewerb, gegebenenfalls auch Analyse von Risiken, Stakeholdern, technologischer Machbarkeit und rechtlichen Rahmenbedingungen
Seite 3	Kernnutzen, Kernleistung(en), Alleinstellungsmerkmale
Seite 4	Plausibilisierung, warum das Vorhaben einen kommerziellen Erfolg in Aussicht stellt
Seite 5	Bierdeckel-Business-Case mit Annahmen zu Ertragsmechanik, Absatzpotenzial, Kapazitätsplanung, Kostenstruktur, Initialinvestition

Abbildung 39: Beispielhafter Aufbau eines Pareto-Geschäftsplans

10. Exit-Management: Das Ende am Anfang planen und den richtigen Ausstiegszeitpunkt erkennen

Ein Sprichwort der Dakota-Indianer lautet: »Wenn du entdeckst, dass du auf einem toten Pferd reitest, steige ab.« Statt das Scheitern von Innovationsvorhaben anzuerkennen, zeigen sich einige Unternehmen allen Widrigkeiten zum Trotz kreativ und schwören neue Taktiken herauf. Griesar beschreibt verschiedene Taktiken zur absolut sicheren Vermeidung von Projektabbrüchen in Unternehmen.

- Unternehmen besorgen eine stärkere Peitsche.
- Sie wechseln den Reiter aus.
- Sie kaufen Leute von außerhalb ein, um das tote Pferd zu reiten.
- Sie bilden eine Task Force, um das tote Pferd wiederzubeleben.
- Sie suchen Berater, die bestätigen, dass das Pferd noch nicht ganz tot ist.
- Sie reisen an andere Orte, um Vergleiche unterschiedlich toter Pferde anzustellen.
- Sie ändern die Kriterien, die besagen, ob ein Pferd tot ist oder nicht.

Abbildung 40: Reiten auf einem toten Pferd. Quelle: Werner Tiki Küstenmacher

Die Gründe, die für eine Vermeidung von Innovationsprojektabbrüchen sprechen, mögen richtig klingen: hohe Erstellungskosten oder Initialinvestitionen, Beschädigung der Reputation der Innovationsverantwortlichen, persönliches Scheitern oder hohe Managementbeachtung. Sie ändern aber nichts an der Tatsache, dass sich tote Pferde nicht mehr reiten lassen. Die Wahrscheinlichkeit, dass ein Innovationsvorhaben erfolgreich ist, liegt bei unter zehn Prozent. Im Durchschnitt sind mehr als zehn Anläufe notwendig, um eine digitale Erfolgsgeschichte zu schreiben.

In Analogie zu digitalen Innovationsprojekten gilt bei Pareto-Prototyping: Zeichnet sich im Entwicklungsverlauf digitaler Innovationsprojekte ab, dass eine Fortsetzung der Entwicklung nicht mehr befürwortet werden kann, wird das Projekt beendet. Das kann beispielsweise sein, wenn

- Wettbewerber mit großem Vorsprung vorbeigezogen sind,
- nicht mehr wirtschaftlich (weiter-)entwickelbare Technologien gegen eine Fortsetzung sprechen,
- das Feedback aus dem Markt mäßig ist,
- das ursprünglich skizzierte Geschäftsmodell nicht mehr greift,
- erkannt wird, dass eine Leistung falsch oder an der Zielgruppe vorbei entwickelt wurde und eine Anpassung aus wirtschaftlichen Gründen ausgeschlossen ist.

Projektabbrüche können auch vorteilhaft sein: Die durch vorzeitig beendete Projekte eingesparten Entwicklungskosten und Kapazitäten können anderen, für entwicklungswürdig befundenen Geschäftsideen zugutekommen. Digital-Manager, die selbstbewusst mit Scheitern umgehen, etwaigen Reputationsverlust nicht scheuen und »erfolgreiches«, frühes Scheitern einem langsamen und aus Unternehmenssicht teurerem Scheitern vorziehen, orientieren sich an »Stop-or-Go«-Kriterien und prospektiven Ausstiegszeitpunkten. Diese werden idealerweise zu Beginn der Prototypenentwicklung festgelegt.

4.7 Prototypen-Generator und Prototypenfabrik

Innovationsmanager, die digitale Prototypenentwicklung auf pareto-effiziente Weise umsetzen, bedienen sich effektiver Werkzeuge und Infrastrukturen, die im Rahmen der Vorproduktentwicklung anfallende Erstellungsaufwände reduzieren, Produktentwicklungskosten insgesamt verringern und darüber hinaus Innovationszeiten verkürzen.

An Popularität gewinnen Frameworks und Website-Baukästen zur schnellen, vereinfachten Herstellung von Online-Demonstratoren mit Responsive-Design, Grid-Systemen, CSS-Stylesheets und JavaScript-Plug-ins wie Bootstrap, Zurb Foundation, Flat UI, Themeforest und weitere komplementäre Satelliten-Frameworks. Trotz vieler Vorteile, die diese Gestaltungsvorlagen für (mobile) Websites und Webanwendungen bieten, lohnt sich eine kritische Überprüfung, ob diese Vorlagen tatsächlich geeignet sind, die Botschaften und Leistungsbausteine der neuen Produkte und Services individuell, spezifisch und attraktiv genug zu präsentieren, oder ob eine Individualentwicklung vorgezogen werden sollte. Im schlechtesten Fall kann es passieren, dass das neue Demonstrationssystem sehr beliebig und austauschbar wirkt, wenn die Gestaltungsvorlage mit exakt den gleichen unveränderten Komponenten bereits mehrere Zehntausend Mal im Web im Einsatz ist. Dieses Phänomen ist häufig bei günstig zu erwerbenden, lizenzfreien Bildern von Bildagenturen zu beobachten – beispielsweise bei Gesundheitsplattformen, Versicherungs-Websites, Webshops, Bildungsdiensten und Start-ups – und verwässert damit die Außendarstellung.

Webbasierter Prototypen-Generator als effizientes Entwicklungswerkzeug

Ein digitaler Prototypen-Generator berücksichtigt die zehn Leitprinzipien des Pareto-Prototypings. Als Komplexität eindämmendes Werkzeug bietet er Innovationsmanagern die Möglichkeit, mehrere Pareto-Prototypen auf effiziente Weise zu entwickeln. Das webbasierte Entwicklungssystem setzt sich aus mindestens vier Modulen für unterschiedliche Einsatzzwecke zusammen: aus Anforderungsmanagement, Architekturgestaltung, Content-Management und Projektcontrolling. Der Prototypen-Generator ist einerseits standardisiert und andererseits hoch flexibel, um unterschiedlichen Zielgruppenanforderungen möglichst wirksam zu begegnen. Dafür stellt das mandantenfähige Werkzeug ein konfigurierbares Rollen-/Rechtesystem zur Verfügung und ermöglicht die Einbindung externer Agenturen und Freelancer. Damit Innovationsmanager im Falle einer unbeabsichtigten Dateilöschung oder Versionsüberschreibung handlungsfähig bleiben, erstellt der Generator automatisch ein tägliches Back-up.

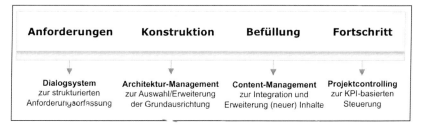

Abbildung 41: Aufbau eines Pareto-Prototypen-Generators

Ein Prototypen-Generator ist in seiner Bedienung einfacher gehalten als marktübliche interaktive Wireframing-Tools wie Axure, ProtoShare, Cacoo oder HotGloo oder mobile Mockup-Tools, die sich mit jedem weiteren Release als noch funktionsreicher darstellen und immer schwerer beherrschbar zu Profi-Tools weiterentwickeln. Die meisten dieser Tools lassen zudem keine Simultanerstellung von beispielsweise fünf, zehn oder fünfzig Prototypen zu. Ein webbasierter Prototypen-Generator kann bereits nach einer kurzen Einarbeitungszeit ohne Entwicklungskompetenz und Vorkenntnisse bedient werden. Das Orchestrierungssystem ist so transparent, selbsterklärend und benutzerfreundlich aufgebaut, dass keine gesonderte Bedienungsanleitung nötig ist.

Dashboard als »Steuerungscockpit«
Der Generator wird über eine übersichtliche Steuerungsseite mit Dashboard-Charakter bedient. Hier zeigen sich alle zum jeweiligen Zeitpunkt aktiv bearbeiteten Prototypen-Projekte mit den wichtigsten Kennzahlen auf einen Blick. Dabei hat der Benutzer die Wahl, sich die Projekte als Liste oder als bildgestütztes-Karussell zum Vor- und Zurückblättern anzeigen zu lassen. Mit Klick auf einen Listeneintrag oder ein Bild gelangt der Anwender zur Projektdetailansicht des Moduls Projektcontrolling. Weiterhin findet er hier über alle Projekte kumulierte Bezugswerte wie die Projektanzahl, Gesamtaufwand in Personentagen, Plankosten in Euro und noch einzubringender Input. Zwei Balken zeigen die relative Projektdurchlaufzeit und den relativen Fertigstellungsgrad an.

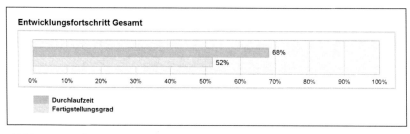

Abbildung 42: Grafische Fortschrittsanzeige

Modul Anforderungsmanagement
Pareto-Protoyping setzt auf hohe Umsetzungsgeschwindigkeit und spart umfangreiche Anforderungsbeschreibungen und zu detaillierte technische Spezifikationen aus. Ein Großteil der Anforderungen für ein zu entwickelndes Produkt oder eine Dienstleistung werden mittels eines standardisierten Dialogsystems erfasst. Dabei führt ein Prozessassistent Schritt für Schritt durch zu beantwortende Fragen und Eingabefelder. Damit die Anforderungen nicht zu restriktiv erfasst werden, bietet das Modul Raum für Freitexteinträge im Kontext der jeweiligen Standardeinträge. Ist das Ende des Dialogs erreicht, kann eine Grundausrichtung der Architektur festgelegt

werden. Diese lässt sich bei Bedarf im Modul Architektur-Management modifizieren. Auf Wunsch lässt sich das auf wenige Seiten beschränkte Pareto-Anforderungskonzept als PDF generieren, weiterleiten oder ausdrucken.

Modul Architektur-Management
Das Konstruktionsmodul stellt eine frei konfigurierbare Sitemap und Architektur-Vorlagen, sogenannte Templates zur Verfügung, die bereits für vorangegangene Prototypen-Projekte angefertigt wurden. Das Vorlagenarchiv beinhaltet sowohl Templates für Leistungsseiten als auch Templates für Verpackungsseiten. Mit jedem neuen Prototyp erweitert sich das Spektrum an Vorlagen. Web-Prototypen werden in HTML erstellt. Zu einem Prototypen weiterentwickelt, folgen innovative Geschäftsideen ihrer eigenen, individuellen Struktur: der Sitemap. Diese bringt die Konstruktionselemente in einer logischen Anordnung zusammen. Damit sich die Templates besser auffinden und voneinander unterscheiden lassen, erhalten sie eindeutige Titel und eine eigene Identifikationskennzeichnung. Bereits während der Sitemap-Erstellung prüfen die Prototypen-Entwickler das Vorlagenarchiv des Prototypen-Generators, um herauszufinden, ob bereits passende, wiederverwendbare Vorlagen existieren, die sich entweder 1:1 wiederverwenden oder in Teilen übernehmen und modifizieren lassen. Liegen weder vollständig kopierbare noch modifizierbare Templates vor, werden die benötigten Templates neu entwickelt und in das Archiv eingespeist. Ist der Prototypen-Generator eher rudimentär entwickelt, lassen sich Templates lediglich in die prototypische hierarchische Struktur einbetten. Bei einer ausgefeilten Weiterentwicklung des Generators lassen sich in Fällen, in denen alle erforderlichen Inhalte vollständig eingespeist wurden, aus dem Architekturmodul heraus direkt interaktive HTML-Prototypen generieren.

Modul Content-Management
Das Inhaltsmodul versteht sich als übersichtlicher Medienspeicher mit einfachen Upload- und Editionsfunktionen. Medien lassen sich entweder in einem allgemeinen Bereich ablegen oder im jeweiligen Architekturkontext eines Templates hochladen. Dazu wird auch in diesem Modul die Sitemap

angezeigt. Ist sie noch unbefüllt, zeigen sich alle Sitemap-Bereiche weiß. Werden erste Medien hochgeladen, zeigt dies ein Icon oder eine automatische Farbanpassung der Bereiche an. Sind alle geplanten Inhalte hochgeladen, kann dieses Feld freigegeben werden und es erscheint dann in grüner Farbe. Um das Datenvolumen zu begrenzen, verkleinert das Modul große Bilder nach dem Upload automatisch und speichert das optimierte Format ab.

Modul Projekt-Controlling
Im Controlling-Bereich sehen die Anwender des Prototyen-Generators die wichtigsten Projektkennzahlen auf einen Blick. Dazu gehören Aufwandschätzungen in Personentagen, Fertigstellungstermine, Fertigstellungsgrade, zuständige und ergebnisverantwortliche Personen und Agenturen. Eine Zustandsverfolgung ermöglicht den Prototypen-Entwicklungsverantwortlichen einen Einblick in alle Teilaufgaben, den Status (offen, in Bearbeitung, umgesetzt, getestet) und in die jeweiligen Fertigstellungsgrade. Ampelfarben signalisieren, ob Anforderungen und Aktivitäten zeitkritisch beziehungsweise potenziell zeitkritisch sind oder innerhalb der geplanten Umsetzungszeit liegen. Ein weiterer Bereich zeigt die jeweils aktuelle Ressourcenauslastung an: eine wichtige Kennzahl, wenn viele Prototypen parallel entwickelt werden. Darüber hinaus wird der noch einzufügende Input in allen drei Modulen Anforderungen, Konstruktion und Content dargestellt. Die Inputfaktoren geben an, wie viel Prozent der Pflichtangaben oder Aufgaben in den drei Modulen bereits fertiggestellt wurden. Sind beispielsweise 5 Prozent der Anforderungsbeschreibung, 38 Prozent der Konstruktion und 60 Prozent der Inhaltsbereitstellung noch umzusetzen, zeigt das Modul dies an und ermöglicht eine bessere Fokussierung auf noch unbearbeitete Bereiche.

Digitale Prototypenfabrik als effizienter Innovationsbeschleuniger

Die digitale Prototypenfabrik versteht sich als ein auf Pareto-Prototyping basierendes effizientes Ökosystem für digitale Entwicklungsleistung. Sie setzt sich zusammen aus Werkzeugen, Methoden und wiederverwendbaren Konstruktionselementen und gewährleistet eine Verbesserung der Wirtschaftlichkeit, Planungsqualität und Produkteinführungszeit von Entwicklungsleistung – ganz ohne negative Begleiterscheinungen, was die Attraktivität der Entwicklungsleistung betrifft. Eine Reihe von Einzelprozessen wird weitgehend parallelisiert. Parallelisierte Pareto-Prototypen durchlaufen, wenn sie nicht vorzeitig beendet werden, verschiedene Reifegrade, bevor sie zu technisch-funktionalen Prototypen weiterentwickelt werden. Kriterienbasierte Exits von Entwicklungsstrecken sind ausdrücklich gewünscht, denn nicht jede Geschäftsidee kann die nächste Durchbruchsinnovation von morgen sein.

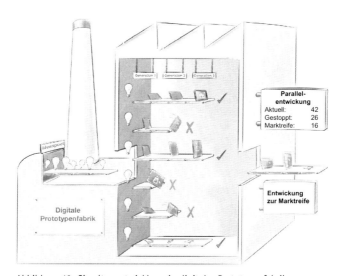

Abbildung 43: Simultanentwicklung in digitaler Prototypenfabrik

Simultanaktivitäten im größeren Stil führen dazu, dass in Summe mehr Prototypen und Varianten in der gleichen Zeit auf ihre Marktfähigkeit hin getestet werden können: beispielsweise zehn, zwanzig, fünfzig oder mit eingespielten Teams sogar hundert Pareto-Prototypen parallel. Aufgrund der antizipierbar hohen Flopraten lassen sich mit einer gut orchestrierten Simultanentwicklung mehr digitale Innovationserfolge generieren als mit sequenziellen Innovationsphasen.

4.8 Anwendungsentwicklung und Testing

Die technische Konstruktions- und Entwicklungsphase stellt einen ressourcenintensiven, hochbedeutsamen Teil im Produktentstehungsprozess dar und erfordert ein hohes Maß an Kooperation, Koordination und Kommunikation zwischen verschiedenen Unternehmensbereichen. Prozessual ist sie grob betrachtet in rund fünfzehn Teilaktivitäten unterteilbar. Dabei ist das Service-Design, das die zu erbringenden IT-Leistungen auf Einhaltung von Zielvereinbarungen überwacht und die Erwartungen aus der Geschäftsperspektive in Einklang mit notwendigen IT-Leistungen bringt, durchlaufend in einer Querschnittsfunktion zu sehen.

1. Service Design
2. Allgemein formulierte Produktanforderungen
3. Systemanalyse, Systementwurf, technische Machbarkeitsanalyse
4. Technisch-funktionale Anforderungsspezifikation
5. Ressourcen- und Projektplanung
6. Bei externer Entwicklung: Dienstleisterscreening, Ausschreibung, Angebotsprüfung
7. Projektfreigabe
8. Software-/Anwendungsentwicklung
9. Entwicklungsstichproben: Code Reviews
10. Testing
11. Installation und Konfiguration aller Parameter

12. Integration ins Gesamtsystem
13. Abnahme
14. Dokumentation
15. Betriebsvorbereitung (Beta-Betrieb)

Anforderungskonzeption
Innovationsmanager wissen, dass im Rahmen der technischen Produkt- oder Serviceentwicklung hohe Ansprüche an das Anforderungsmanagement gestellt werden. Aus diesem Grund stellen sie sicher, dass die Anforderungsbeschreibungen aus Muss- und Soll-Kriterien klar strukturiert, fehlerfrei und unmissverständlich formuliert werden. So können die technischen Entwicklungsverantwortlichen genau nachvollziehen, was erwartet wird und auf welche Weise entwickelt werden soll. Das Anforderungskonzept (Lastenheft) enthält dazu zunächst allgemein formulierte Produkt- und Serviceanforderungen. Diese werden dann nach einer technischen System- und Machbarkeitsanalyse in strukturierte technische Anforderungen, Produkt- und Prozessmerkmale übertragen. In dieser Phase ist eine fachübergreifende Zusammenarbeit und die gesamte Expertise der in das Projekt involvierten Akteure gefragt. Experten-Know-how ist gleichermaßen zu technischen Entwicklungsfragen erforderlich wie zu logistischen, marketing- und vertriebsbezogenen sowie finanziellen Fragestellungen. Als Ergebnis dieses Umsetzungsschritts liegt ein Anforderungskonzept vor, dessen technische Umsetzbarkeit hinreichend geprüft ist. Liegt bereits ein Pareto-Prototyp vor, kann das Anforderungskonzept weniger umfangreich ausfallen. Das Demonstrationssystem gibt Entwicklern bereits Kontextinformationen zum Architekturaufbau, zur Anwendungsebene (Frontend) und zu technischen Funktionalitäten. Eine ausführliche Spezifikation ist dann nicht mehr notwenig.

Ressourcen- und Projektplanung
Auf Grundlage des technisch-funktionalen Anforderungskonzepts werden die Entwicklungsaufwände, -kosten und die Entwicklungsdauer quantifiziert. Bei der Rahmenplanung des Projekts wird festgelegt, welche

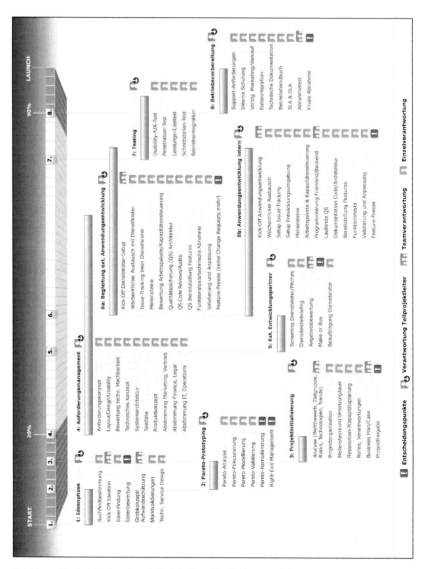

Abbildung 44: Projektplan eines beispielhaften Entwicklungsprojekts

Aufgabenpakete zu bewältigen und welche Meilensteine zu welchen Abnahmezeitpunkten vorgesehen sind. Nachdem die Entwicklungsaufwände konkretisiert wurden, lassen sich die voraussichtlichen Entwicklungskosten beziffern. Diese fließen in die Wirtschaftlichkeits- und Rentabilitätsberechnungen des Geschäftsplans ein, auf dessen Grundlage eine Projektbewertung und -freigabe erfolgen kann.

Software-/Anwendungsentwicklung
Nach der Projektfreigabe beginnt die technische Entwicklung. Hier kommt es auf die Entscheidung an, ob im eigenen Unternehmen entwickelt oder dafür ein Entwicklungsdienstleister bemüht werden soll. Die Analysten von RAAD Research fanden in ihrer Studie von 2011 heraus, dass fast alle der zweihundert befragten Unternehmen vermehrt auf Standardsoftware zurückgreifen. Nur in jedem vierten Unternehmen bestanden mehr als 20 Prozent der Softwarelandschaft aus Eigenentwicklungen. Auch wenn selbst entwickelte Programme Unternehmen dabei unterstützen, individuelle Innovationsprozesse passgenau abzubilden, erschien die Eigenentwicklung für viele Unternehmen weniger attraktiv. Vor allem komplexe Eigenentwicklungen waren häufig kostenintensiver und risikoreicher als Standardsoftwares.

Fällt die Entscheidung für die Entwicklung im eigenen Unternehmen, lassen Innovationsmanager im Allgemeinen Vorgehensmodelle zur Entwicklung einer Anwendung oder eines Anwendungssystems entwerfen, um die Durchführung der Entwicklungstätigkeiten entsprechend den jeweiligen Rahmenbedingungen adäquat strukturieren zu können. Das zum Einsatz gelangende Vorgehensmodell trägt entscheidend dazu bei, die Entwicklung der geplanten Arbeitspakete innerhalb des zeitlich und budgetseitigen Rahmens umzusetzen, und beeinflusst die einzelnen Phasen des Entwicklungsprozesses, des operativen Betriebs und der Weiterentwicklung der Anwendung. Fällt die Entscheidung für die Auftragsentwicklung durch externe Dienstleister, werden diese während der gesamten Entwicklungszeit begleitet und überwacht. Telefonkonferenzen und die regelmäßige Prüfung der in Ticket- beziehungsweise Issue-Tracking-Systemen bereitgestellten

Informationen ermöglichen Innovationsmanagern die fortlaufende Bewertung der Entwicklungsleistung des Dienstleisters auf Grundlage von bearbeiteten Arbeitspaketen, Statusangaben, Kapazitäts- und Meilensteinplanungen.

Entwicklungsstichproben: Code Reviews
Um zu gewährleisten, dass der Code einwandfrei (vom Dienstleister) entwickelt wird, kommen im Anwendungsentwicklungsprozess regelmäßig Code Reviews zum Einsatz. In ihrer einfachsten Form liefern sie eine Liste von im Code erkannten Problemen, die sich zur Qualitäts- und Sicherheitsverbesserung des programmierten Codes verwenden lassen. Die Code-Überprüfung kann verschiedene Ziele haben: beispielsweise die Einhaltung des Programmdesigns oder das Erkennen von Flaschenhälsen, die zu Performance-Verlusten führen. Darüber hinaus ermöglichen die Reviews, die Sicherheit der Anwendungen zu überprüfen. Reviews, die auf visueller Inspektion des Codes basieren, sind sehr zeitaufwendig. Daher geht der Trend zu werkzeug-gestützten, formalisierten Reviews, die sich wiederholt auf große Code-Volumina anwenden lassen.

> »Wenn du es nicht messen kannst, kannst du es nicht verbessern.«
>
> [Lord Kelvin 1824–1907; Physiker]

Testing
Spätestens dann, wenn sich ein Ende der Software- oder Anwendungsentwicklung anbahnt, beginnen umfangreiche Tests. Dazu werden die Anwendungen von der Entwicklungsumgebung auf eine Qualitätsumgebung übertragen und auf Erfüllung der für ihren Einsatz definierten Anforderungen überprüft. Fehler lassen sich zudem deutlich reduzieren, wenn das Testen als projektpermanente Aktivität gehandhabt wird und Testfälle so früh wie möglich hergestellt und angewendet werden. Auch Komponententests, Teilintegrationstests und Tests in Risikobereichen führen zu einer Verringerung von Konstruktionsfehlern und verringern den Anteil der Testphase am Gesamtentwicklungsaufwand.

Testverfahren beziehen sich auf unterschiedliche Dimensionen.

- **Funktionstest:** Überprüfung, ob Funktionen vorhanden und wie vorgesehen implementiert sind
- **Regressionstest:** Überprüfung, ob Funktionalitäten bei Versionsentwicklungen noch gegeben sind
- **Leistungstest:** Überprüfung des in der Anforderungsdefinition festgehaltenen Leistungsverhaltens
- **Voll- und Überlast-Test:** Tests innerhalb und jenseits der geplanten Volllast
- **Negativtest:** Überprüfung der Reaktionen auf unlogische und unkorrekte Eingaben
- **Penetrationstest:** Überprüfung der Sicherheit des Systems bei simulierten (Hacker-)Angriffen
- **Schnittstellentest:** Überprüfung von Schnittstellenkonformität zu anderen Anwendungen
- **Integrationstests:** Überprüfung voneinander abhängiger Komponenten im Zusammenspiel miteinander
- **Usability-Test:** Überprüfung der Gebrauchstauglichkeit
- **User-Experience-Test:** Überprüfung des Nutzungserlebnisses

Technische Abnahme

In allen Entwicklungsphasen werden Nachweisdokumente erstellt, die für die technische Abnahme von Bedeutung sind. Der Abnahmeprozess beginnt idealerweise bereits in der Setup-Phase mit der Definition der Anforderungen. Auf Basis der Anforderungen werden Abnahmekriterien festgelegt, um die Qualität der Anforderungen zu überprüfen und zu verbessern und Testfälle abzuleiten.

Installation und Integration

In der Phase der Installation und Integration wird das Entwicklungssystem für den Produktivbetrieb bereitgestellt. Dazu werden alle Teilkomponenten stufenweise in die Systemumgebung eingebettet und über ihre Schnittstellen verbunden. Um Schnittstellen zu vermeiden oder zu verringern, prüfen die Verantwortlichen bei der Integration, ob sich eine Verknüpfung verschiedener Anwendungen auch als sinnvoll darstellt. Darüber hinaus untersuchen sie, ob sich arbeitsteilige Applikationen in einer Anwendung zusammenfassen lassen oder diese auf ein einheitliches Datenmodell zugreifen können, um Redundanzen zu vermeiden.

Dokumentation
Eine gute Dokumentation verringert Kommunikationsbedarfe. Sie macht komplexere Systeme versteh- und steuerbar. Dritten erleichtert sie einen schnellen Einstieg ins Thema. Die (technische) Dokumentation unterteilt sich in eine Entwicklungs-, System-, Betriebs- und Benutzerdokumentation. Clements verweist auf Grundsätze für die Erstellung von Dokumentationen. Idealerweise sind sie klar, verständlich, zweck- und zielgruppenorientiert, gut strukturiert und standardisiert aufgebaut, vermeiden Wiederholungen und Widersprüche, beinhalten Entscheidungen und sind auf einem aktuellen Stand.

Überführung in Produktivbetrieb (Go Live)
Nach erfolgreichem Abschluss aller Tests und Abnahmen wird das System in den Produktivbetrieb überführt. In dieser Phase werden letzte Mängel beseitigt (Bugfixing) und Änderungswünsche (Change Requests) erfasst und im Rahmen einer festgelegten Priorisierung abgearbeitet.

4.9 Markteinführung

Parallel zur technischen Entwicklung der Innovationsleistung setzen Innovationsmanager auf eine Reihe flankierender Maßnahmen zur Markteinführung. Hier zeigt sich, wie gut die bisherigen Umsetzungsschritte bewältigt wurden. Eine gute Konzeption umfasst Angaben zu Markteinführungszielen, Marketing- und Vertriebsaktivitäten, Support-Planung, Betriebsplanung, Anpassungsplanung nach Go Live und Budgetierung.

Innovationsmanager überblicken und koordinieren in dieser Phase alle Teilbereiche und richten sie zusammen auf den Zeitpunkt der Markteinführung aus. Die große Kunst bei der Einführung besteht darin, den Markt schrittweise auf das neue Marktangebot vorzubereiten, potenzielle Kunden frühzeitig für sich zu gewinnen, um dann innerhalb kurzer Zeit einen Wettbewerbsvorsprung zu erzielen und in realisierten Profit umzuwandeln.

Support-Planung
Eine flankierende Maßnahme vor Markteinführung stellt die Planung von Supportleistung dar. Diese ist in verschiedene Richtungen gehend vorstellbar. Interessenten brauchen Unterstützung im Rahmen des Kaufprozesses (Sales-Support). Sind sie bereits Kunden, können technische Probleme (Technischer Support) oder Nutzungsprobleme mit dem Produkt oder Service auftreten (Produkt-Support). Auch wenn sich viele Kunden- oder Interessentenfragen bereits zufriedenstellend über digitale Dialog- und Assistenzsysteme lösen lassen, sind diese häufig noch nicht intelligent, kontextsensitiv und benutzerfreundlich genug, sodass sie Kundenprobleme nur zum Teil lösen können. Aus diesem Grund ist eine Hilfestellung von qualifiziertem Support-Personal in vielen Fällen unerlässlich. Insbesondere dann, wenn Kunden grundsätzlich lieber mit einem menschlichen Berater sprechen möchten als mit einem digitalen Agenten. Darüber hinaus stellt ein kompetenter Kunden-Support auch ein Qualitäts- und Differenzierungsmerkmal dar. Bei persönlicher Support-Leistung nach Markteinführung unterscheiden Unternehmen zwischen First-, Second- und Third-Level-Unterstützung. Je nach Spezialisierungsgrad und fachlicher Tiefe des zu lösenden Problems werden unterschiedliche Support-Leistungen vorbereitet. Beim First-Level-Support geht es in erster Linie um eine telefonische oder Online-Erreichbarkeit. Hier werden Erste-Hilfe-Maßnahmen abgerufen und einfache Störungen sofort behoben. Bei wirtschaftlich nicht mehr vertretbarem Aufwand zur Lösung des Kundenproblems werden Kunden an den qualifizierteren und kostenintensiveren Second-Level-Support weitergeleitet. Und bei besonders schwerwiegenden Fällen ist auch die Bereitstellung eines Third-Level-Supports eine Option, an die der Second-Level-Support

in Ausnahmefällen eskalieren kann. Um eine kompetente Unterstützung zu gewährleisten, werden alle Support-Leistungen im Vorfeld prozessual eingeordnet, spezifiziert, annotiert, dokumentiert und in Schulungen transferiert.

Eine vielversprechende Innovation braucht einen guten Namen

Ein Name kann über Erfolg oder Misserfolg einer digitalen Produkt- oder Serviceinnovation entscheiden. Innovationen profitieren von überzeugenden Namen. Diesbezüglich setzen einige Unternehmen auf renommierte Namenskonstrukteure. So entstehen Namen wie Lieferheld, Youtube oder Zoomer. Eine andere Option für kreative Namensfindung ist Crowdsourcing, in dem ein Namenswettbewerb ausgerufen wird und mehrere Hundert Vorschläge aus der Crowd eingesammelt, eingegrenzt und einer Bewertung unterzogen werden. Attraktive Produktnamen klingen frisch und sind mit Bedeutung aufgeladen. Sie schließen die Geschäftsidee zwar aktiv ein, verraten aber nicht auf Anhieb alles. Sie überraschen, sind ungewöhnlich und bleiben auf diese Weise besser im Gedächtnis hängen. Darüber hinaus setzen sich gut gewählte Namen von Wettbewerbsnamen ab. Kunstnamen eignen sich meist besser für einen internationalen Einsatz, wenn Kunden den Produktnamen in verschiedenen Sprachen aussprechen und verstehen können.

Innovationskommunikation

In der Launch-Phase stellt die Innovationskommunikation eine wichtige Funktion dar. Nach Zerfaß und Huck übernimmt sie die Vermittlung komplexer Neuerungen in einfache, zugängliche und verständliche Botschaften – beispielsweise durch sprachliche und visuelle Übersetzung sowie durch Anwendung von Storytelling, Framing und Campaigning. Eine gelungene Kundenansprache im Rahmen der Markteinführung setzt auf ein wirkungsvolles Kampagnengut. Dieses ist informativ, neuartig, einzigartig und bietet dem angesprochenen Publikum »großes Kino«. Es bringt alle Vorteile für ein besseres (Arbeit-)Leben inspirierend, konkret, glaubwürdig und sympathisch auf den Punkt und schafft eine authentische Nähe zum Publikum, das sich idealerweise dadurch aufgewertet fühlt.

Vermarktungsplanung und -optimierung
Ein ausgewogener Vermarktungsplan zur Markteinführung von digitalen Innnovationen basiert auf einer sachlichen Marktanalyse und realistischen Einschätzung der eigenen Mittel und Ressourcen. Er bestimmt, welche Kundengruppen adressiert und in welcher Phase über welche Kanäle angesprochen werden. Die Vorbereitungsmaßnahmen für den Markteintritt beginnen umsichtige Innovationsmanager bereits kurz nach Beginn der (technischen) Innovationsentwicklung. Werden das Marketing und der Ver-

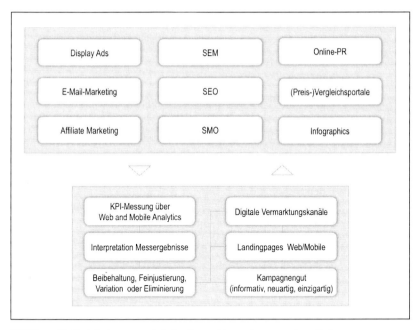

Abbildung 45: Modellrahmen zur digitalen Vermarktungsplanung und -optimierung

trieb frühzeitig in die Vermarktungsplanung des neuen Marktangebotes einbezogen, lassen sich die Innovationsaktivitäten besser auf die Anforderungen des Marktes und der Kunden ausrichten.

Zur Verbreitung digitaler Innovationen bieten sich unterschiedliche digitale Vermarktungskanäle an, die ohne Medienbruch und abhängig von Zielgruppe und Erfahrungshorizont im Unternehmen miteinander kombiniert werden können: Display Ads, E-Mail-Marketing, Affiliate Marketing, Suchmaschinenmarketing (SEM), Suchmaschinenoptimierung (SEO), Social Media Optimization (SMO), Online-PR, Preisvergleichsportale und Infographics. Der Bereich der Digitalanzeigen (Display Ads) ist selbst hoch komplex: Hier stehen Werbetreibenden eine Vielzahl von (Sonder-)Werbeformen, Reichweiten- und Restplatzvermarktungsplattformen zur Steigerung von Bekanntheit, Image oder zum Abverkauf zur Verfügung.

Web- und Mobile-Analytics-Werkzeuge unterstützen Innovationsmanager dabei, im Vorfeld definierte Key-Performance-Indikators, wie beispielsweise Besucher-, Interessenten- oder Käuferzahlen, Seitenaufrufe, Öffnungsraten, Klickraten, Abbruchraten, Konversionsraten, Verweildauer, Referrer-Sites, (Werbe-)Kosten je Klick/Besucher/Kanal/Interessent/Käufer, Brutto-/Netto-Reichweite, Share-of-Voice, Fans, Follower oder Likes, Visibilität, indexierte Seiten, Keyword-Position, Keywords im Index, Link- und IP-Class-C-Popularität, zu messen.

Nach der anspruchsvollen Interpretation der Messparameter treffen Innovationsmanager häufig mit Unterstützung des Marketing-Controllings Entscheidungen darüber, ob sich bezüglich der digitalen Vermarktungskanäle, der Landingpages oder des Kampagnenguts ein Festhalten, eine Variation, Detailoptimierung oder eine Streichung als sinnvoll darstellt. Mit jedem weiteren Überprüfungsschritt innerhalb des Kreislaufes werden ineffiziente Varianten und Kanäle identifiziert und durch effizientere ersetzt. Auf diese Weise lässt sich das für den Marktstart vorgesehene Budget schrittweise einer Optimierung der Innovationsverbreitung zuführen.

Innovationsverbreitung

Die Innovationsverbreitung ist kein Selbstläufer, sondern abhängig von vielen Faktoren, die innovative Technologien, Produkte und Services vorteilhafter erscheinen lassen. Nach Rogers hängt die Geschwindigkeit, mit der sich Innovationen im Markt durchsetzen, von fünf Faktoren ab: relativer Kundenvorteil, Visibilität des Angebotsnutzens, Angebotskomplexität, Angebotsverfügbarkeit und Kompatibilität. Nicht jede Innovation muss auch Kundenprobleme lösen – dagegen sollte jede Innovation ihren Kunden einen echten Mehrwert bieten. Eine Innovation, die viele überlegene Vorteile bietet, hat ein höheres Potenzial, sich schnell zu verbreiten. Dazu gehört auch, dass der kundenseitig wahrgenommene Mehrwert sichtbar genug ist. Je komplexer Kunden ein neues digitales Angebot erscheint, desto größer ist die Gefahr, dass sie dieses genau deswegen ablehnen. Wenn es dagegen einfach und benutzerfreundlich ist, wird es eher angenommen. Auch die Verfügbarkeit ist ein entscheidender Punkt: Je verfügbarer Innovationen sind, je häufiger und einfacher sie sich testen lassen, desto schneller können sie sich verbreiten.

Hassinger weist darauf hin, dass Menschen selten eine Innovation wahrnehmen, wenn sie noch keinen Bedarf haben. Innovationen werden verstärkt angenommen, wenn sie als relevant eingestuft werden und mit eigenen Wertvorstellungen übereinstimmen. Menschen, die früh von Innovationen erfahren, sind allgemein besser ausgebildet und zeichnen sich durch einen höheren sozialen Status aus. Sie sind bereit, sich Massenmedien stärker auszusetzen und sind sozial gut vernetzt. Trotzdem bedeutet dies nicht, dass diese Menschen Innovationen auch einsetzen. Für ein besseres Verständnis der ablaufenden Prozesse geben zwei Theorien einen guten Überblick: die Adoptions- und die Diffusionstheorie. Im Gegensatz zur Adoptionstheorie, die das Verhalten eines Individuums im Umgang mit Innovationen zu erklären versucht, beleuchtet die Diffusionstheorie die zeitliche Ausbreitung einer Innovation. Gemeint ist damit die Übernahmegeschwindigkeit oder der Übernahmezeitraum von Innovationen. Die maßgeblich von Rogers entwickelte Diffusionstheorie beschreibt fünf idealtypische Phasen und

Wechselwirkungen, die durch die Einführung und Verbreitung von analogen und digitalen Innovationen innerhalb sozialer Systeme stattfinden. Rogers veranschaulicht Wachstums- und Sättigungsprozesse und die Verbreitung von Innovationen über mehrere Nutzer- und Käufergruppen, die sich in ihren Nutzungs- und Kaufmotiven unterscheiden.

- **Pioniere und Technologie-Enthusiasten:** Technik wichtiger als Nutzen
- **Frühe Adaptoren:** Hype wichtiger als Nutzen
- **Praktiker:** Nutzen wichtiger als Technik
- **Konservative:** Nutzen durch gesunkenen Preis
- **Skeptiker:** Nutzen durch nicht mehr akzeptable Alternativen

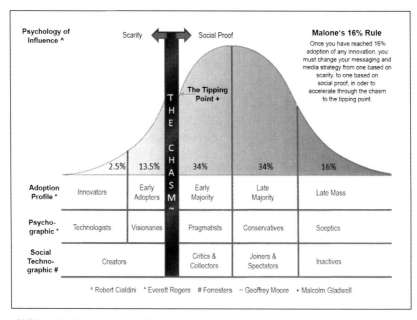

Abbildung 46: Innovationsverbreitung

Auch wenn bis heute umstritten ist, ob eine Diffusion tatsächlich einer Normalverteilung folgt und welche Anteile die fünf Cluster auf sich vereinen, findet das Modell große Beachtung in der Wirtschaft und Wissenschaft. Dem Modellansatz folgend, erscheint eine zeitversetzte und bezüglich des Kampagnenguts differente Ansprache von Pionieren, Trendsettern und Mainstreamern sinnvoll.

Die Verbreitung von Innovationen beginnt mit einer niedrigen Anzahl von visionären, fantasievollen *Pionieren* und Technologie-Enthusiasten, die sich nicht scheuen, zusätzliche Kosten und Risiken einer Innovation auf sich zu nehmen. Ihnen ist es wichtig, als Erster Besitzer der Innovation zu sein und darüber zu sprechen. Sobald sich erste klar erkennbare Nutzungsvorteile abzeichnen, springen *frühe Adaptoren* auf die Innovation an. Sie stellen für innovierende Unternehmen eine dankbare Zielgruppe dar, bei der es keiner großen Überzeugungsarbeit bedarf, um sie zu begeistern. Frühe Adaptoren haben ein starkes Interesse an Technik und sind auf der Suche nach etwas, das ihnen soziale oder wirtschaftliche Vorteile verspricht. Dafür sind sie bereit, einen angemessenen Preis zu zahlen. Als respektierte Meinungsführer repräsentieren sie ein unabhängiges Testpublikum, das Schwächen ausbügelt und digitale Erneuerungen an Mainstream-Bedürfnisse anpasst. Nach Moore gibt es zwischen frühen Adaptoren und der frühen Mehrheit eine zu überbrückende Kluft, die es für Unternehmen zu überwinden gilt, da frühe Anwenderinnen und Anwender anders angesprochen werden möchten als die Mehrheit der Nutzer. Die Gruppe der *Praktiker* nimmt Innovationen zwar noch schneller als der Durchschnitt an, ist aber Neuem gegenüber weitaus bedachter. Praktiker nehmen sich Zeit für die Prüfung der Argumente, bevor sie sich für die Innovationsadaption entscheiden. Für sie ist der Nutzen und die Preiswürdigkeit der Innovation wichtiger als die Technik selbst. Die späte Mehrheit stellen *Konservative* dar. Sie zeichnen sich durch eine distanzierte Haltung gegenüber Innovationen aus. Ihr wichtigster Antrieb, sich einer Innovation anzunehmen, stellt die Sorge dar, eventuell den Anschluss zu Wichtigem zu verpassen. Daher folgen sie dem Mainstream und bereits etablierten Standards irgendwann doch. Als letzte nehmen *Skeptiker* eine Innovation an. Sie werden als vergangenheitsorientiert, an traditionellen Wertvorstellungen festhaltend und resistent gegenüber der Adaption neuer Ideen beschrieben. Skeptiker adaptieren eine Innovation erst, nachdem sie einen wachsenden sozialen Druck spüren und Alternativen sich im Vergleich zur Innovation als nicht mehr akzeptabel darstellen.

Wenn sich die besten Innovationskandidaten am Ende doch nicht durchsetzen ...
Nach Karmasin können (innovative) Produkte, Dienstleistungen und Technologien bei Kunden das Bedürfnis eines subjektiv glückhaft erlebten Lebens befriedigen. Wenn auch bei digitalen Angeboten in Abgrenzung zu physisch greifbaren Angeboten einige Bewertungsdimensionen wegfallen, vermitteln digitale Leistungen doch vielfältige Bedeutungen und Funktionen. Beispielsweise spielt die Bequemlichkeit eine besondere Rolle, da sie Entlastung von manueller Arbeit, Einsparung von Zeit, Arbeit, Kraftaufwand und vor allem Einsparung von Denkarbeit in Aussicht stellt. Dies hängt damit zusammen, dass sich die meisten Nutzer von Digitalprodukten in der heutigen Zeit an einem »Verwöhnungsgrad« erfreuen, auf den sie einfach nicht mehr verzichten wollen. Kaufentscheidungen werden aber nicht nur aufgrund von Bequemlichkeit versprechenden Werbebotschaften, sondern unter anderem auch aufgrund von funktionalen Leistungsmerkmalen, eingestufter Nutzungsfreundlichkeit, Qualitätseinschätzung, Preis, Designmerkmalen und zugeordneter Wertewelt getroffen. Wenn sich allerdings selbst vielversprechende digitale Innovationskandidaten trotz aller Bemühungen am Ende doch nicht auf dem Markt durchsetzen, ist dies statistisch gesehen nicht nur wahrscheinlich, sondern auch ein guter Anlass, mit neuen Erkenntnissen in die nächste Runde zu gehen und neuen, überzeugenden Innovationsanwärtern die nächste Chance zu geben.

5.
Ausblick in eine nicht mehr weit entfernte Zukunft: digitale Zukunftsmärkte von morgen und übermorgen

5.1 Die digitalisierte Welt der Zukunft

In die Zukunft zu schauen bedeutet, den Menschen von morgen entgegenzugehen. Vom Standpunkt der Gegenwart lassen sich verschiedene, »multiple Zukunfts-Varianten« modellieren, von denen nur eine tatsächlich eintreffen kann. Je klarer das Zukunftsbild aufgebaut ist, desto zielorientierter und proaktiver können Unternehmensleitung und Innovationsmanager handeln und die unternehmerische Zukunft gestalten. Kraus empfiehlt eine mehrstufige Vorgehensweise bei einer in die Zukunft gerichteten, strategischen (Neu-)Ausrichtung von Unternehmen. Im ersten Schritt entwerfen Unternehmen verschiedene Zukunftsbilder und übersetzen diese in zukünftige Wertschöpfungspotenziale. Im nächsten Schritt definieren sie ihre zukünftige Rolle und leiten ihr zukünftiges Kerngeschäft ab, um abschließend strategisch kritische Wertschöpfungselemente zu identifizieren, deren Besetzung lohnenswert erscheint.

Seit 2001 veröffentlicht Siemens seine *Pictures of the Future* für verschiedene Arbeitsgebiete. Die Zukunftsbilder unterstützen Unternehmen dabei, ihre Zukunftsmärkte zu analysieren, Diskontinuitäten aufzuspüren und in Prognosen einfließen zu lassen. Außerdem helfen sie, künftige Kundenbedarfe zu identifizieren und Technologien mit großer Breitenwirkung zu erkennen. Zu diesem Zweck kombinieren die Zukunftsforscher zwei gegenläufige Sichtweisen: die Extrapolation aus der Welt von heute und die Retropolation aus der Welt von morgen. Mit dem Blick nach vorne gerichtet werden die aktuell bekannten Technologien in der Zukunft fortgeschrieben. Durch das Zurückdenken in die Gegenwart lassen sich Aufgaben identifizieren, die heute gelöst werden müssen, um in der Welt von morgen zu bestehen. Anhand einer Synchronisation beider Sichtweisen stellt Siemens in sich stimmige Bilder über die Zukunft auf, die neue, potenzielle

> »Es ist schwer zu sagen, was unmöglich ist, denn der Traum von gestern ist die Hoffnung von heute und die Wirklichkeit von morgen.«
>
> [Robert Goddard, 1882–1945; Wissenschaftler und Raketenpionier]

Geschäftsmöglichkeiten für Produkte, Services und Systeme der Zukunft aufzeigen.

Das Deutsche Forschungszentrum für Künstliche Intelligenz (DFKI) hat die Verbreitung technischer Entwicklungspfade in den letzten Jahrzehnten untersucht. Während in den 1960er-Jahren noch viele Anwender an einem Computer arbeiteten, änderte sich das Bild in den 1980er-Jahren mit der Verbreitung der Computer im häuslichen Einsatz. Seit den 2000er-Jahren nutzen Anwender mehrere Computer gleichzeitig. Diese Entwicklung wird seit den 2010er-Jahren durch die zunehmende Kommunikation zwischen Maschinen, eingebetteten Systemen und Umgebungsintelligenz beschleunigt.

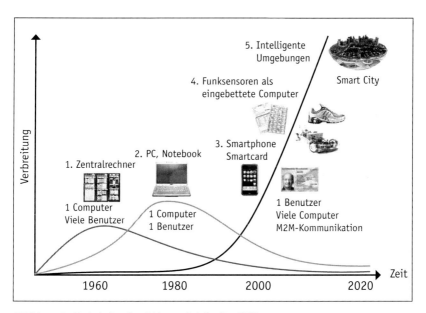

Abbildung 47: Technischer Entwicklungspfad. Quelle: DFKI

Seit 1995 publizieren die Analysten von Gartner regelmäßig *Hype Cycles*, die anzeigen, welche Phasen der öffentlichen Aufmerksamkeit eine neue Technologie nach ihrer Einführung und Weiterentwicklung durchläuft. Dazu untersuchen die Analysten knapp zweitausend Technologien und geben diese in rund hundert gruppierten Reports aus. Die Informationsgrafiken visualisieren gängige Muster, die jede neue Technologie und Innovation begleiten. Nach dem technologischen Initialauslöser folgt im Allgemeinen überschwängliche Begeisterung. Diese wird im Laufe der Zeit von einer Desillusionierung abgelöst, wenn die neue Technologie nicht alle hohen Erwartungen erfüllen konnte. Als Konsequenz ebbt die Berichterstattung ab. Erst wenn es den Technologie-Kandidaten gelingt, realistische Einschätzungen über Vorteile, praktische Umsetzungen und auch Grenzen der Technologie zu benennen, nimmt die öffentliche Aufmerksamkeit wieder zu, bis sie ein Gleichgewichtsniveau erreicht. Die meisten der genannten Technologien erwarten die Analysten in fünf bis zehn Jahren auf dem sogenannten »Plateau der Produktivität«.

In seinem 2010 veröffentlichten Report zur Zukunft des Internets bis zum Jahr 2015 stellte das Telekommunikationsunternehmen Cisco vier mögliche Szenarien auf. Dabei geht Cisco von fünf Trends aus, die bereits heute die digitale Wirtschaft beeinflussen. Das größte Wachstum in internetverwandten Märkten erwartet Cisco außerhalb der entwickelten Volkswirtschaften. Das Szenario *Fluid Froniers* stellt eine positive Entwicklung in Aussicht. Cisco skizziert eine Welt, in der das Internet ubiquitär und für alle Gruppen durchlässig ist. Globaler Wettbewerb und technologischer Fortschritt machen den Zugang zum Netz zunehmend erschwinglich und weltweit verfügbar. Bedürfnisse weit verzweigter Nutzergruppen und Kulturen werden schnell gedeckt. Im zweiten Szenario *Insecure Growth* skizziert der Netzwerkspezialist eine unsichere Zukunft. Unternehmen und Privatpersonen sorgen sich vor zunehmender Technologieabhängigkeit und meiden das Internet. Vermehrte Computerkriminalität überfordert Unternehmen und Regierungen. Cisco erklärt in diesem Zusammenhang, dass Cyber Crime bereits schon heute als Bedrohung aufgefasst wird, deren öko-

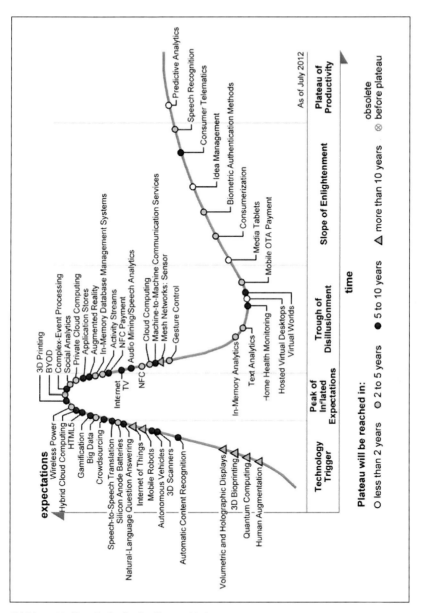

Abbildung 48: Hype Cycle. Quelle: Gartner 2012

nomischer Schaden sich Jahr für Jahr auf rund vierzig Milliarden Dollar beläuft. Das dritte Szenario *Short of Promise* zeigt ein noch düsteres Bild von einer Welt ohne Wirtschaftswachstum. Die Ausbreitung des Internets ist stark abgebremst. Innovationen kommen so gut wie nicht mehr vor. Im vierten Szenario *Bursting at the seams* platzt das Internet aus allen Nähten. Die Nachfrage nach digitalen Diensten wächst ins Uferlose. Der Kapazitätsausbau hält nicht Schritt. Lange Wartezeiten werden zur Normalität. Das globale Netz wird Opfer des eigenen Erfolgs.

Die Unternehmensberatung Bain & Company hat in ihrer 2011 erschienenen Studie *The Great Eight: Trillion-Dollar Growth Trends to 2020* insgesamt acht makroökonomische Trends mit einem Umsatzpotenzial von jeweils mehr als einer Billion US-Dollar identifiziert. Die Studie zeigt enorme Chancen für Unternehmen, die unbeirrt von kurzfristigen Krisen auf langfristige Wachstumsstrategien setzen. Bain & Company geht davon aus, dass das globale Bruttoinlandsprodukt bis 2020 um 40 Prozent auf 90 Billionen US-Dollar ansteigen wird. Während das Bruttoinlandsprodukt in den Industriestaaten um rund 2,4 Prozent pro Jahr wächst, wird in den Schwellen- und Entwicklungsländern ein Wachstum von 5,6 Prozent erwartet – insbesondere aufgrund folgender Trends: Aufstieg eines knappen Fünftels der Menschheit in die konsumkräftige Mittelschicht, Infrastrukturausbau, steigende Militärausgaben, effizienter Rohstoffeinsatz, bessere Bildung, höhere Gesundheitsausgaben, optimierte Produkte und Dienste und bahnbrechende Innovationen.

Seit 2007 veröffentlicht IBM seine jährlichen Vorhersagen *5 in 5* zu fünf technischen Innovationen für die nächsten fünf Jahre. Die Aussagen fußen auf verschiedenen Trendforschungen und Projekten aus dem IBM Research & Development – der weltweit größten R&D-Organisation. Ende 2012 sah IBM für die kommenden fünf Jahre das Zeitalter der sogenannten Cognitive Systems eingeläutet – eine neue Generation von Computersystemen und Maschinen, die lernfähig sind und zunehmend in der Lage sein werden, aus Daten selbstständig Schlüsse zu ziehen. In den kommenden fünf Jahren wird die Informationstechnologie gemäß IBM-Prognose so weit sein, dass Computersysteme und Smartphones mit ersten einfachen sensorischen Fähigkeiten ausgestattet werden. Touchscreens werden Konsumenten ermöglichen, die Struktur eines Materials über einen Bildschirm zu ertasten. Mit Berührungssensoren und Infrarot-Technologien wird zum Beispiel Online-Shopping »fühlbarer« gemacht. Auch die Bilderkennung wird sich kontinuierlich weiterentwickeln. Wo bisher noch Menschen zur Interpretation von Bilddaten gebraucht werden, kommen in Zukunft verstärkt Computersysteme zum Einsatz, die selbstständig interpretieren, was die visuellen Daten darstellen. Ein weiteres Feld stellt die akustischen Fähigkeiten von IT-Systemen dar. Geräusche, Vibrationen oder einfache Druckwellen erzeugen Daten, die Computer selbstständig interpretieren und »übersetzen« werden. Darüber hinaus werden Geräte mit entsprechender Software in der Lage sein, Geschmacksrichtungen zu erkennen und deren Zusammensetzung zu analysieren. IBM geht zudem davon aus, dass die Systeme durch die Analyse von Gerüchen selbstständig frühzeitig Luftverschmutzung erkennen können und Smartphones unseren Gesundheitszustand mithilfe von Sensoren, die unsere Atemluft analysieren, überwachen.

Bereits im Jahr 1999 prognostizierte der Zukunftsforscher Kurzweil in seinem Buch *The Age of Spiritual Machines* für das Jahr 2019, dass die Rechenleistung aller Computer gleich der der gesamten Menschheit sein werde. Computer wären überall zu finden, beispielsweise in Kleidung und Möbeln. Wir Menschen wären durch Retina Displays – ein in das Auge implantiertes Wiedergabemedium – dauerhaft mit dem Internet verbunden. Der Astrophysiker Michio Kaku stützt Kurzweils Prognose. Er stellte 2011 in den Raum, dass wir etwa um das Jahr 2020 Kontaktlinsen tragen könnten, die uns Zugang zum ubiquitären Internet ermöglichen werden. Die 2013 eingeführten Google Glasses – mit einem auf Brillenrahmen montierten Minicomputer, der Kontextinformationen in das Sichtfeld einblendet – zeigt einen ersten marktfähigen Vorstoß in diese Richtung.

Kurzweil führte weiter aus, dass 2019 die reale und virtuelle Welt dauerhaft verschmelzen würden. Unsere Computer würden nur noch per Sprachsteuerung und nicht mehr mittels Tastaturen bedient. Gedrucktes Papier würde von ultraleichten Displays abgelöst, dem sogenannten elektronischen Papier. Der Einsatz von Nanotechnologie in Fertigungsprozessen wäre State-of-the-Art. Lernen fände auf virtuelle Weise statt. Wir Menschen könnten uns daher auf die Erweiterung unserer individuellen Fähigkeiten und unseres Wissens fokussieren. Es kämen erste neuronale Implantate zum Einsatz. Im Alltag fände man kostengünstige, zuverlässig arbeitende Haushaltsroboter. Die Verkehrsunfallrate wäre extrem niedrig, da Computer uns das Fahren ab- und die Steuerung des Verkehrsflusses übernehmen würden. Darüber hinaus könnten Menschen tiefgründige Beziehungen zu simulierten Persönlichkeiten pflegen. In 2005 wagte der Forscher Kurzweil eine weitere ambitionierte These. In seinem Buch *The Singularity is near* sagte er für das Jahr 2029 voraus, dass das menschliche Gehirn und die Computer eine Einheit bilden werden.

Die nachfolgend skizzierten Ideen und Entwicklungen rund um digitale Geschäftsfelder basieren auf trendbasierten, vorstellbaren Zukunftsprognosen. Ob sich diese wie skizziert entwickeln werden, werden wir in den kommenden Jahren feststellen können.

5.2 Global Smartization: die Welt wird smarter

Zukünftig werden nicht nur mobile Endgeräte smart sein, sondern auch Fabriken, Wohnungen, Häuser, Autos, Verpackungen, Dienstleistungen, Maschinen sowie ganze Städte und Regionen.

Smart Grids
Dezentrale, autarke Energieerzeugungseinheiten werden durch intelligente Energienetze, sogenannte Smart Grids, auf effiziente Weise miteinander verbunden. Energieautomatisierungssysteme werden selbstständig mithilfe

von digitalen Softwareassistenten den Stromfluss steuern sowie Verbrauch und Einspeisung in Balance halten, indem sie durch einen Ausgleich zwischen Stromversorgern, Stromverbrauchern und Stromspeichern unter Zuhilfenahme optimierter Managementtechnologie ein Gleichgewicht herbeiführen. Je besser sich diesbezüglich technische, organisatorische, wirtschaftliche und regulatorische Herausforderungen lösen lassen, desto eher werden wir den Übergang zu Smart Grids beobachten können.

Smart Homes
Das mitdenkende Haus wird den Ofen oder das Bügeleisen ausschalten, wenn es von uns vergessen wurde. Es wird helfen, Transparenz über den aktuellen Energieverbrauch zu schaffen und Energie zu sparen, wenn die Heizung aus dem Wetterbericht aus dem Internet darüber informiert wird, dass am Nachmittag das Thermometer um einige Grad ansteigen soll. So wird bei minimalem Energieverbrauch eine optimale Raumtemperatur sichergestellt. Der Trockner wird sich nachts einschalten, wenn der aktuelle Strombezugspreis eine bestimmte Grenze unterschritten hat. Die miteinander vernetzten Geräte lernen selbst dazu und optimieren im Zeitverlauf unseren Energieverbrauch. Je nach Lichtverhältnis werden sich unsere intelligenten Wände über Echtzeitinformationen zu Wetter oder Benutzerverhalten selbstständig neu konfigurieren. Zu diesem Zweck werden die Wände in der Lage sein, miteinander zu kommunizieren und sich in ihrer Größe und Lage anzupassen.

Sprachgestützte Systeme werden uns zuhören und zwischen Fragen, die wir ihnen stellen, und Anweisungen, die wir erteilen, unterscheiden. Unsere ausgesprochene Frage nach einem Kochrezept, Ankunftszeit eines erwarteten Freundes oder der Wetterprognose für die kommende Woche wird selbstständig im Internet recherchiert und anschließend dort, wo wir gerade stehen, beantwortet. Sobald wir morgens aufwachen, wird sich unsere Kaffeemaschine selbstständig einschalten. Beim Eintritt in die Küche setzt die Maschine gerade die Milchhaube auf den frisch gebrühten Espresso. Aus dem Backofen strömt uns der Duft der gerade selbstständig aufgebackenen

Brötchen in die Nase. Auf Wunsch werden wir am Frühstückstisch über die aktuellsten Nachrichten des Tages informiert.

Smart (Clean) Citys
Es wird Städte geben, die Bedürfnisse nach hoher Lebensqualität erfüllen. Dort werden Menschen leben, für die ein bewusster, sparsamer Umgang mit Energie selbstverständlich ist. In den Null-Emission-Städten von morgen wird sich vieles um Energieeffizienz drehen. Auch wenn die weltweit über vierhundert Millionenstädte derzeit nur rund 2 Prozent der Erdoberfläche bedecken, stoßen sie laut EU-Berechnungen 80 Prozent der Treibhausgase aus und verbrauchen 75 Prozent der weltweit eingesetzten Energien. Clean Technology gilt in diesem Zusammenhang als Ansatz, um Treibhausgase zu vermindern und die Abhängigkeit von nicht-erneuerbaren Energien zu reduzieren. In Öko-Städten von morgen werden Strom und Wärme ausschließlich aus erneuerbarer Energie erzeugt. Dabei liefern Sonne, Wind, Geothermie und Wasser die Kraft, die diese Städte am Leben hält. Das Ergebnis eines energetischen und sozialen Wandels ist nachhaltige Urbanität, bei der zahlreiche Insellösungen zusammengeführt und aufeinander abgestimmt werden. Innovationen in Bereichen wie Gebäudetechnik, Solarthermie, Mobilität und Versorgungsnetze werden mobilisiert, vernetzt und energieautarke Energieerzeugungseinheiten errichtet.

Je größer und dichter unsere Städte, unsere Energie-, Wasser- und Verkehrsnetze werden, desto mehr digitale Computerunterstützung ist notwendig, um die Komplexität zu beherrschen. In den Städten der Zukunft werden einige große und viele Mini-Kraftwerke stehen. Diese decken den städtischen Energiebedarf zum größten Teil selbst und speisen darüber hinaus überschüssige Energie ins allgemeine Netz ein. Die Energienetze werden unterschiedliche Energieträger nicht nur über weite Distanzen transportieren, sondern auch in regionalen Umfeldern einen Ausgleich zwischen Angebot und Nachfrage schaffen, um Lasten besser auszugleichen.

Smart Factorys

Das Deutsche Zentrum für Künstliche Intelligenz forscht derzeit an einer dezentralen Intelligenz, die die zentrale Fabriksteuerung ersetzen soll. Durch die digitale Veredelung von Produkten, Produktionsmitteln und Fabrikanlagen werden weiterführende Verbesserungen bei der Durchführung industrieller Prozesse in Produktion, Engineering, Supply Chain und Life Cycle Management ermöglicht. In ihrer Gesamtheit führen diese zu einer neuen Form von ressourcenschonender Produktion. Fabriksysteme werden zukünftig strukturell flexibler und wandelbarer sein. Verfahren der »Massenmaßanfertigung« werden Kleinstmengenproduktionen auf profitable Weise produzieren. Expertensysteme und intelligente Mustererkennungssoftware stellen eine hohe Qualitätskontrolle sicher. Cyber-Physical Systems – das sind verteilte, miteinander vernetzte intelligente Objekte, die eingebettete Systeme mit internetbasierten Übertragungstechnologien vernetzen – werden Waren-, Material- und Informationsflüsse regeln. Innerhalb der dynamischen Produktionssysteme werden smarte Industrieroboter ihre Aufgaben zunehmend autonom lösen. Sie interagieren, ohne dass sie für die Einstellung und Aktivierung der eingebetteten technischen Intelligenz auf menschliches Handeln oder menschliche Entscheidungen zurückgreifen müssen. Produkte werden ihren Fabrikationsprozess selber steuern und ihre eigene Qualitätskontrolle übernehmen.

5.3 Wenn Dinge beginnen, untereinander zu kommunizieren: Kommunikation vernetzter, intelligenter Systeme im Internet der Dinge und Dienste

Das Internet der Dinge wurde maßgeblich durch das Massachusetts Institute of Technology (MIT) geprägt. Entstanden aus dem Forschungsfeld des »Ubiquitous Computing«, beschreibt es eine Vision, nach der sich das Internet über intelligente Geräte in alle Bereiche des täglichen Lebens ausdehnt.

Neben den Menschen werden immer häufiger auch die Maschinen untereinander vernetzt und mit Intelligenz und Kommunikationstechnik ausgestattet. Machine-to-Machine Communication zeigt sich zunehmend als gegenwärtige Erscheinung. 2008 überstieg die Anzahl der mit dem Internet verbundenen Geräte die Anzahl der auf der Erde lebenden Menschen. Auch der steigende Datenaustausch zwischen Maschinen und Tieren entwickelt sich rasant. In den Niederlanden werden beispielsweise Sensoren an Kühen dazu verwendet, Bauern darüber zu unterrichten, wie der gesundheitliche Status des jeweiligen Tiers ist: Jede Kuh sendet zweihundert Megabyte Daten im Jahr.

Eine Schlüsseltechnologie, um Objekte zu identifizieren und aufzuzeichnen, sind RFID-Chips (Radio Frequency Identification). RFID-Chips können bereits heutzutage in sehr großen Stückzahlen zu geringen Kosten hergestellt werden. Mithilfe von digitalen Produktcodes erlauben sie es, auch ohne eigene Stromversorgung mit Lesegeräten zu kommunizieren. Jeder Chip trägt eine unverwechselbare Identifikationsnummer beziehungsweise IP-Adresse. Im einfachsten Fall identifizieren sie lediglich den Gegenstand, in den sie eingebaut oder an dem sie befestigt sind. Das passiert bereits seit Jahren bei elektronischen Autoschlüsseln oder in der Logistik, wenn sich Pakete an Lesegeräten selbst identifizieren und anschließend selbstständig auf den richtigen Weg bringen. Mittels drahtloser Sensorik und eingebetteter Informationsverarbeitung wird die Anzahl der mit intelligenten digitalen Funktionen ausgestatteten Geräte Jahr für Jahr steigen. Über Sensorik werden die digitalisierten Objekte Informationen über ihre Umwelt wie Temperatur, Lichtverhältnisse, Gewicht, Lage sowie andere Objekte und Personen sammeln, aufzeichnen und darauf reagieren.

Hardware- und Software-Unternehmen, Service-Provider und Komponentenhersteller werden gemeinsam daran forschen und arbeiten, das Zusammenspiel zwischen internetfähigen Geräten zu verbessern und mobile IP-Kommunikation auszubauen. Zukünftig wird alles mit allem kommunizieren. 2015 werden gemäß dem Marktforschungsinstituty IDC weltweit rund fünfzehn Milliarden Geräte (intelligent) miteinander verbunden sein. Vestberg, Vorstandschef des Telekommunikationsanbieters Ericsson, prognostizierte, dass bis 2020 mehr als fünfzig Milliarden Menschen, Tiere und Geräte weltweit miteinander vernetzt sein werden. Das US-Unternehmen EMC geht von bis zu zweihundert Milliarden Dingen aus. Innerhalb der häuslichen vier Wände werden Eingangstür, Thermostat, Kühlschrank, Bier- oder Wasserkasten, Herd, Pizzakarton, Kaffeeautomat, TV, Smartphone, Laptop, Tablet, Kleidung, Uhr, Wecker, Zahnbürste, Kaffeetasse, Brille, Spielzeug, Teppich, Matratze, Wasserfüllstandsanzeiger, Tierfuttermaschine, Gesundheitsmessgeräte, Werkzeugkasten, Haushaltsroboter, Alarmanlage, Rollladen, Beleuchtung, Gartengeräte und Garage untereinander kommunizieren können und sich als selbst steuerndes System mit Daten versorgen. Unser Tagesablauf wird sich dadurch massiv verändern.

Wenn das erste Meeting am Morgen von acht Uhr auf halb zehn verschoben wurde, kommuniziert das unser Terminplaner an alle anderen Geräte in unserem Umfeld, die dann selbstständig untereinander neue Zeiten vereinbaren. Das Auto teilt mit, dass auf dem Weg zur Arbeit noch getankt werden muss, was im Durchschnitt der letzten Tankvorgänge sechseinhalb Minuten dauert. Das Navigationssystem informiert darüber, dass es auf der Strecke zur Arbeit eine Verkehrsstörung gibt, die aktuell zu einer zehnminütigen Verspätung führt. Daraus errechnet der Wecker, dass wir zwanzig Minuten länger schlafen können. Er teilt der Kaffeemaschine, dem Gefrier- und Aufbackautomaten für Brötchen und der Fußbodenheizung im Bad mit, dass diese ebenfalls zwanzig Minuten später anspringen können, und weist das Auto vor dem Haus während des Duschens an, die Standheizung einzuschalten, weil laut Wetterbericht klirrende Kälte die Scheiben vereist hat.

5.4 Digitale Softwareagenten und Assistenzsysteme denken mit und entscheiden für uns

Digitale Assistentensysteme feiern Hochkonjunktur. »Die Information findet Sie, wenn diese für Sie relevant ist« wird abgelöst von »Ihr digitaler Assistent lässt die Handlung für Sie stattfinden, wenn er davon ausgeht, dass diese für Sie relevant ist«. Intelligente Softwareagenten werden uns unbequeme (Denk-)Arbeit abnehmen, uns bei unserer Entscheidungsfindung unterstützen und in unserem Auftrag agieren. Die Agenten werden für uns alle Bereiche überwachen, die wir zur Überwachung freigeben, und sich – bei Überschreitung von vereinbarten Grenzwerten – selbstständig bei uns melden oder Handlungen proaktiv durchführen. Einsatzgebiete finden sich überall in unserem Leben: Gesundheitsüberwachung, Freizeit- und Urlaubsplanung, Energiemanagement, Ernährungscoaching, Autofahren oder Austausch mit Dienstleistern.

Die Kommunikation zwischen Anwendern und Softwareagenten läuft sprachgesteuert über Syntaxanalysen ab, die den logischen Zusammenhang von Anfragen entschlüsseln, in Kombination mit Emotionserkennung beziehungsweise Biofeedback. Über lernende Verhaltensadaptivität gehen digitale Assistenzsysteme zukünftig noch einen Schritt weiter: Sie werden lernen und sich an uns anpassen. Sie werden uns über Tage, Wochen, Monate und Jahre beobachten und unser Verhalten, unsere Gewohnheiten analysieren, interpretieren und daraus schlussfolgern. Nach angemessener Gewöhnungszeit werden unsere Assistenten in der Lage sein, sekundengenaue, situationsbezogene, individualisierte Prognosen über unsere momentanen Bedürfnisse zu erstellen. Sie werden unsere Wünsche erkennen, noch bevor wir diese aussprechen können. Sie werden Aufgaben übernehmen, denen wir aus Zeit- und Bequemlichkeitsgründen oder fehlendem Wissen nicht selber nachkommen können oder wollen. Als Nutzer digitaler Assistenzdienstleistung werden wir uns sicherer fühlen.

Die Werbung von morgen wird all denjenigen, die sich für digitale Unterstützung begeistern können, qualitativ hochwertigen Zeitwohlstand versprechen. Mehr Zeit, um sich um die wirklich wichtigen Dinge im Leben kümmern zu können. Digitale Assistenzsysteme sind längst keine Fiktion mehr. Wir werden in den kommenden Jahren eine massive Durchdringung von selbstständig agierenden, digitalen Assistenzfunktionen in allen Lebens-, Bildungs- und Arbeitsbereichen erleben.

5.5 Phygital Products und Cyber-Physical Systems

»When physical meets digital, you get phygital«: in naher Zukunft werden viele heute noch physische Produkte digitale Funktionen haben und von einer digitalen Aura umlagert sein. Es findet eine Konvergenz von analogen und digitalen Komponenten statt. Das Modeunternehmen C&A stattete 2012 in brasilianischen Flagship-Stores Kleiderbügel mit produktbezogenen, digitalen Zählern aus, die anzeigen, wie häufig ein Kleidungsstück bei Facebook mit »Likes« versehen wurde. Auf Kleiderbügel-Displays sehen potenzielle Käufer, wie beliebt das jeweilige Kleidungsstück gerade in der Community ist. Diese Kontextinformation kann in die Kaufentscheidung einfließen.

Abbildung 49:
Kleiderbügel mit
digitaler Funktion.
Quelle: C&A Brasilien

Reale Spielfiguren werden auf digitalen Oberflächen stehen und spielerisch miteinander agieren. Auf phygitalen Eigenschaften basierende Spielformen werden die Grenzen zwischen fiktiven Ereignissen und realen Erlebnissen bewusst vermischen. Außerhalb von Laptop, Tablet und Smartphone werden ereignisorientierte Informationen durch Phygital Products neue Kommunikationsimpulse ermöglichen.

Über 95 Prozent aller Prozessoren weltweit arbeiten nicht in PCs oder Servern, sondern im Verborgenen als sogenannte Embedded Systems. Bereits heute befinden sich eingebettete Systeme in Antiblockiersystemen in Autos, in Maschinensteuerungen, in Telefonanlagen oder medizinischen Geräten. Der Einbau eingebetteter Systeme in viele Alltagsgegenstände hat die Verbindung von real-physischer und digitaler Welt hergestellt. Vernetzte, eingebettete Systeme, sogenannte Cyber-Physical Systems, verknüpfen Alltagsgegenstände mit intelligenten Steuerungsprozessen. Mit ihnen wird die weltweite Vernetzung mit beliebigen anderen Computern zukünftig zum allgegenwärtigen Standard im Internet der Dinge und Dienste. Inhaltlich werden Cyber-Physical Systems als Systeme definiert, innerhalb derer rechentechnische und physikalische Vorgänge sowie Ressourcen eng verknüpft und koordiniert sind und über öffentliche, globale Netze kommunizieren.

Cyber-Physical Systems erkennen ihre physische Umgebung und verarbeiten diese Informationen digital weiter. Sie können die physische Umwelt auch koordiniert beeinflussen. Meist bestehen sie aus vielen vernetzten Komponenten, die sich selbstständig untereinander koordinieren. Ob bei Smart-Grids, Car-to-X-Communication oder E-Health: Cyber-Physical Systems werden zukünftig Beiträge zu Lebensqualität, Sicherheit und Effizienz in den Bereichen Wasser, Energie und Medizin leisten. Sie werden den Verkehrsfluss koordinieren, Menschen in kritischen Situationen unterstützen und den weltweiten Energieverbrauch reduzieren. Ein bekanntes Beispiel stellt der Roboter-Garten des MIT dar: ein autonomes Treibhaus, das von mehreren autonomen Robotern versorgt wird. Sobald die Sensoren in den Pflanztöpfen Wasserbedarf anmelden, koordinieren Roboter sich untereinander und stellen die Versorgung der Pflanzen sicher. Darüber hinaus überprüfen die Roboter die Reifezustände der Früchte und ernten bei Bedarf.

5.6 Big Data und Predictive Analytics

Es scheint ein neuer digitaler Goldrausch ausgebrochen zu sein. Nur graben die digitalen Pioniere von heute keine Flusslandschaften mehr um, wie vor mehr als hundert Jahren am Klondike. Sondern sie baggern in riesigen digitalen Datenbergen. Die einen nennen sie digitale Mine, die anderen sprechen vom digitalen Erdöl der Zukunft. Beide meinen sie das Gleiche: Big Data – den großen, digitalen Datenhaufen. Angetrieben von der sich beschleunigenden Digitalisierung verdoppelt sich die weltweit verfügbare Datenmenge ungefähr alle zwei Jahre. Die steigenden Datenvolumina entstehen durch die zunehmende Nutzung von Sensoren, RFID-Netzwerken, Smartphones, Überwachungskameras, neuen Kommunikationstechnologien und lokaler Umgebungsintelligenz. In einer 2013 veröffentlichten Studie geht Netzwerkspezialist Cisco davon aus, dass allein der mobile Datenverkehr bis zum Jahr 2017 auf das Dreizehnfache des 2012 erreichten Volumens wachsen wird.

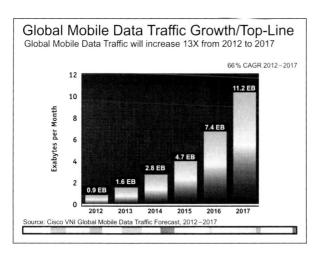

Abbildung 50: Entwicklung des mobilen Datenverkehrs bis 2017. Quelle: Cisco

Bis 2020 erwartet das auf Speichersysteme spezialisierte US-Unternehmen EMC einen Anstieg des weltweiten Datenvolumens von 2,8 Zettabytes im Jahr 2012 auf etwa vierzig Zettabytes (ZB). Das sind vierzig Trillionen Gigabytes (GB). Diese Zahl entspricht vergleichsweise der rund sechzigfachen Menge aller auf Stränden der Erde vorhandenen Sandkörner. Gleichzeitig wird die Informationsverarbeitung immer schneller. EMC hat in seiner Studie herausgefunden, dass 2012 lediglich ein verschwindend geringer Teil der global vorhandenen Datenmenge analytisch ausgewertet wird – gerade mal etwa 0,5 Prozent. Der Rest stellt Datenmüll in Archiven dar oder wird nach kurzer Vorhaltezeit wieder gelöscht. Bis 2020 soll der kommerziell erschließbare Anteil von Daten auf bis zu 30 Prozent ansteigen.

Mit Big Data soll eine wirtschaftliche Gewinnung und Nutzung entscheidungsrelevanter Erkenntnisse aus qualitativ vielfältigen, unterschiedlich strukturierten Informationen als Faktor für Wertschöpfung gelingen. Eine Kreuzung aus IT, Mathematik, Intuition und praktischem Verständnis macht die Datenmassen zunächst beherrschbar und wandelt sie anschließend in einen neuen wertschöpfenden Rohstoff für die digitale Wirtschaft um. Das Marktforschungsunternehmen Forrester geht in seiner 2013 veröffentlichten Studie davon aus, dass softwarebasierte Vorhersagen die

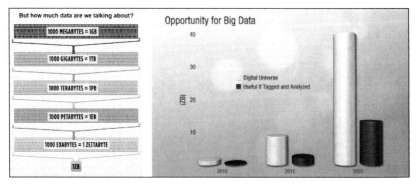

Abbildung 51: Links: Herleitung eines Zettabytes. Quelle: Cisco. Rechts: Anstieg des Datenvolumens und Verwertungschancen. Quelle: IDC's Digital Universe Study 12/2012

Orientierung in komplexen und volatilen Märkten zukünftig deutlich erleichtern werden. Mithilfe von Predictive Analytics-Datenanalysen werden die Menschen verlässlicher in die Zukunft blicken und über die analytische Innensicht in die wachsenden Datenströme Arbeitsabläufe effizienter gestalten können. Die selbstlernenden Prognosesysteme werden erkennen, ob sich Rahmenbedingungen verändern oder bestimmte Ereignisse einmaligen Charakter aufweisen. Neue Protokolle werden es erlauben, Daten unterschiedlichster Art in Echtzeit zu aggregieren, zu indexieren und je nach Bedarf kontextuiert auszugeben. Während Business Intelligence Fragen zur gegenwärtigen Situation recht präzise beantwortet, geht Predictive Analytics über die Erkennung von Mustern in großen Datenmengen hinaus und bezieht zudem statistische Verfahren, Elemente der Spieltheorie, Optimierungsrechnungen und Simulationen ein. Das Forschungsunternehmen Gartner prognostiziert, dass bis 2014 rund 30 Prozent der analytischen Anwendungen proaktive, vorhersagende Funktionen enthalten werden. So werden Unternehmen zu besseren Entscheidungen kommen können, weil Geschäftsprognosen und Investitionsentscheidungen mit höherer Plausibilität getroffen werden können. Eine der ersten Fragen auf den Chefetagen wird lauten: »Was sagen uns die Daten?«

Händler werden Warenkörbe und Kaufwahrscheinlichkeiten verlässlicher analysieren sowie ihre Bedarfsplanung für das gesamte Sortiment und ihre Artikelplatzierung in Echtzeit anpassen können. Kreditinstitute werden potenzielle Betrüger aufspüren und die Ausfallwahrscheinlichkeit von Krediten besser berechnen können. Lernfähige Assistenzsysteme werden mithilfe der überall aufgezeichneten Daten von Menschen deren Mimik, Gesten und Gefühlshaushalte besser verstehen lernen. Gesundheitskonzerne werden mit hoher Eintrittswahrscheinlichkeit prognostizieren können, welche Patienten im kommenden Jahr einen Krankenhausaufenthalt haben werden. Musikunternehmen werden die nächsten großen Hits voraussehen können. Autoversicherer werden in der Lage sein, vorherzusagen, welche Fahrzeuge mit hoher Wahrscheinlichkeit in Verkehrsunfälle verwickelt sein werden, und deren Besitzern finanzielle Anreize für Schadensfreiheiten in Aussicht stellen. Polizei und Rettungsdienste werden über Mobilfunkdaten und Internetdienstleister exakte Informationen darüber erhalten, wo genau in den nächsten Minuten Hilfe benötigt wird, wenn Sport-, Konzert- oder Karnevalveranstaltungen gerade aus dem Ruder zu laufen scheinen. Durch anonymisierte Erfassung, Atomisierung und neue Zusammensetzung der Datenmengen werden Datenschutzbedenken weitgehend abgeschwächt.

5.7 Neue Datenübertragungswege über Lichtwellen oder Töne

Der deutsche Physiker Haas stellte 2011 auf einer TED-Konferenz eine Lösung vor, mit der theoretisch jede mit Microchip modifizierte Glühbirne auf der Welt in der Lage wäre, Daten zu übertragen. Die Suche nach alternativen Übertragungswegen zu den derzeit in ihrer Kapazität und Effizienz begrenzten rund eineinhalb Millionen Funkmasten oder Basisstationen, welche über elektromagnetische Wellen (Radiowellen) weltweit über fünf Milliarden Endgeräte versorgen, führte ihn zu fast kostenfrei beziehbaren, fast überall verfügbaren, energieeffizienten datenübertragenden LED-Lichtwellen. Das Flackern einer einzelnen LED ist so schnell, dass es das menschliche Auge nicht wahrnehmen kann. Durch das Wegdrehen der Lichtquelle an eine bestimmte Stelle können Nutzer verhindern, dass weitere, unerwünschte Nutzer die über das Licht übermittelten Datenströme mitnutzen. Da Lichtwellen nicht durch Wände dringen können, lässt sich ein sicherer Datenaustausch gewährleisten. Laut Haas lassen sich über diese Li-Fi-Technologie (Light-Fidelity) Datenraten schneller als zehn Megabit pro Sekunde übertragen.

Haas sieht eine Zukunft mit fast unbegrenzten Anwendungsfeldern, in der Daten für Laptops, Smartphones und Tablet-PCs via Licht übertragen werden. Dafür stehen derzeit weltweit rund vierzehn Milliarden Lichtquellen in Haushalten, Industrien, Straßenbeleuchtungen, Flugzeugen, Zügen, Bahnen, Bussen, Ampeln, Fahrzeugrückleuchten und im Auto selbst zur Verfügung. Haas entwickelte die Technologie an der University of Edinburgh weiter und konnte 2012 bereits ein drahtloses Netzwerk mit einer Übertragungsgeschwindigkeit von bis zu 130 Megabit je Sekunde abbilden.

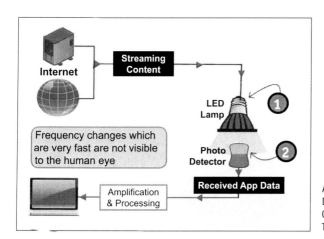

Abbildung 52:
Das Li-Fi-Prinzip.
Quelle: The Economic Times 2013

Die Technologie soll weiterentwickelt werden, sodass zukünftig eine Geschwindigkeit von bis zu einem Gigabit je Sekunde erreicht werden kann.

Die US-Firma Sonic Notify hat 2012 ein Datenübertragungsverfahren vorgestellt, das mithilfe entsprechender Software und für Menschen unhörbarer hochfrequenter Töne Inhalte auf Smartphones überträgt. Die Geräusche lassen sich von kleinen elektronischen Sendern erzeugen oder über bestehende Lautsprecheranlagen übertragen. Das Unternehmen bietet dazu eine App an, die auf die hochfrequenten Auslöser-Signale reagiert. Neben der Verwendung über Lautsprecher-Systeme, TV oder Radio sieht das Unternehmen Einsatzfelder über spezielle Sender, die, je nach Energieversorgung, ohne Verstärkung Räume mit unhörbaren Tönen beschallen können.

Sobald ein entsprechendes Handy ein solches Signal entdeckt hat, wird dessen Benutzer darauf aufmerksam gemacht. Sonic Notify sieht für seine Technologie vielfältige Einsatzmöglichkeiten: gezielte mobile Werbung in Supermarktgängen oder an Lebensmittelautomaten, Übertragung von lokalen Inhalten und Wegeschreibung, umgebungsspezifische Gutschein-Angebote oder Durchführung von Umfragen.

5.8 E-Mobility und Connected Driving

Elektromobilität ermöglicht CO_2-freie Fortbewegung, wenn Fahrzeuge mit Strom aus erneuerbaren Energie beladen werden. Sie stellt ein wichtiges Element einer klimagerechten Verkehrsgestaltung und Energienutzung dar. Das erste elektrobetriebene vierrädrige Null-Emissions-Kraftfahrzeug zur Personenbeförderung stammt aus dem Jahr 1888. In New York fuhren um 1900 bereits 50 Prozent Elektroautos umher. Obwohl sie nach 1910 von Verbrennungsmotoren fast vollständig verdrängt wurden, tauchten Neuentwicklungen von Elektrofahrzeugen im größeren Stil wieder um 1990 auf. Seit 2010 wird in Dänemark ein Teil der Elektroautos in intelligenten Energienetzwerken genutzt. In Deutschland wurden 2012 knapp dreitausend Elektrofahrzeuge angemeldet. Das sind 0,1 Prozent aller Neuwagen. Bis 2020 soll – so der aus heutiger Sicht von vielen Kritikern als zu ambitioniert angesehene Plan der deutschen Bundesregierung – die Anzahl auf bis zu eine Million Fahrzeuge und bis 2030 auf sechs Millionen Fahrzeuge ansteigen.

In den USA hat Mitte 2012 der Praxistest »Connected Vehicles« – ein auf drahtloser Internetverbindung basierte Verkehrssicherheitssystem – begonnen. In einem Alltagsversuch können seitdem rund dreitausend Fahrzeuge miteinander kommunizieren. Im gleichen Jahr startete in Frankfurt ein Pilotprojekt mit rund hundertzwanzig Fahrzeugen von Deutschlands führenden Automobilherstellern, die untereinander und mit Ampeln kommunizieren und über das Internet vernetzt durch den Alltag fahren.

Laut Hudi, Leiter Entwicklung Elektronik bei Audi, hängen 90 Prozent aller heutigen Innovationen bei Autos inzwischen direkt oder indirekt mit Elektronik zusammen. Hochleistungsrechner sorgen bereits heute dafür, dass die Fahrzeuge in ihrer Spur bleiben, die Übertragung zwischen Motor und Getriebe funktioniert, Highspeed-Internet zur Verfügung steht und Infotainment-Systeme funktionieren. Lag in den vergangen Jahren der Fokus der Automobilhersteller noch darauf, die Fahrzeuge in sich zu vernetzen, werden diese zukünftig zunehmend mit ihrer Umwelt verbunden – mit dem Fahrer, dem Internet, der Infrastruktur und mit anderen Fahrzeugen.

Die Verkehrsmittel der Zukunft werden nahezu perfekt kommunizieren, sowohl mithilfe der neuen Technologien untereinander (Car-to-Car) als auch mit ihrer Infrastruktur (Car-to-Infrastructure) über Kurzwellensignale. Über das mobile Internet vernetzt, tauschen sie unaufhörlich Daten mit Fahrzeugen, Bussen, Straßenbahnen, Zügen, Ampeln, Verkehrsleitsystemen und multifunktionalen, digitalen Straßenbelägen aus. Automobilbauer, Energieversorger, ITK- und Verkehrsunternehmen werden neue Wertschöpfungsketten entstehen lassen. Elektrisch betriebene Busse und Bahnen, die keine Oberleitung mehr benötigen, LKW, Transporter, Busse, PKW, Motorräder und Fahrräder werden an effizient arbeitende und intelligent verteilende Systeme angeschlossen sein.

Mit branchenübergreifenden Innovationsinitiativen sorgen Automobilhersteller und -zulieferer, Mobilitätsdienstleister, Logistikunternehmen, Telekommunikationsanbieter und -vermarkter, Datenspeicherer und Softwareentwickler dafür, dass Staus oder Unfallgefahren früher erkannt, der Verkehrsfluss verbessert und individuelle Mobilität bequemer, umweltfreundlicher und sicherer wird. Intermodale Mobilitätskonzepte werden sich mit Zuverlässigkeit, Informiertheit, Bedarfsorientiertheit und Kalkulierbarkeit befassen. Sie werden Unfallquoten senken, für einen verbesserten Verkehrsfluss sorgen und die Parkplatzsuche verkürzen, indem sie Parkplätze vorab online oder mobil reservierbar machen.

Unsere Mobilitätsanforderungen werden zukünftig individueller und vielfältiger sein. Das Fahrzeug wird zum Chauffeur. Wir steigen am Zielort aus und überlassen es dem Auto, selbst einen geeigneten Parkplatz anzusteuern – in einem Parkhaus oder an der Straße. Nach unserem Termin lassen wir uns wieder von unserem Auto am Eingang abholen. Navigationssysteme im Auto werden heraushören, wenn wir in einem Stau gestresst sind, und uns dann eine ruhigere Strecke oder eine Pause vorschlagen. Auf Wunsch werden wir auf pilotiertes Fahren umschalten können. Dieses wird in der Anfangszeit auf eine bestimmte Geschwindigkeit begrenzt sein. Ebenso wird die Wartung und Reparatur von Verkehrsmitteln zunehmend digitalisiert. Die Technik wird online durchgecheckt und kleinere, elektronische Fehler werden auf Knopfdruck behoben.

5.9 Smart (Mobile) Learning

In ihrer 2012 publizierten Studie »Transforming learning through mEducation« gehen McKinsey und GSMA davon aus, dass Mobile-Learning-Lösungen an Bedeutung gewinnen werden. Sie prognostizieren den Wert des mobilen Bildungsmarktes im Jahr 2020 auf ein Volumen von siebzig Milliarden US-Dollar. Davon sollen zweiunddreißig Milliarden auf mobile Bildungsgeräte entfallen. Mobiles Lernen könnte die Lernprozesse von mehr als einer Milliarde Schüler und Studenten weltweit nachhaltig verändern.

Lernen und Lehren wird sich zwischen (Hoch-)Schulen, Schülern, Studenten, Eltern und Dozenten künftig vernetzter abspielen. Intelligente Technologien werden ermöglichen, dass sowohl Lehrer und Lernende Informationen richtig interpretieren und weiterverarbeiten können. Das digital unterstützte Lernen wird neue komplexe Präsentationsformen ermöglichen. Der Zugang zu Lerninhalten wird ohne zeitliche und räumliche Beschränkung angeboten werden. Hochschulen werden keine Orte mehr sein, an denen sich überwiegend Menschen zwischen zwanzig und dreißig treffen. Vielmehr werden sich Menschen aller Lebensphasen hier einfinden, um zu lernen und ihr Wissen auf den neusten Stand zu bringen. Und wenn nicht in der Universität, dann mithilfe von Mobile Learning von unterwegs aus über mobile Learn-and-Go-Anwendungen. Bei Bedarf werden sich Live-Übertragungen bestimmter Lerninhalte hinzubuchen lassen.

Hochadaptive, digitale Lernsysteme werden sich den individuellen Lernstilen, Lerngeschwindigkeiten, Lernfortschritten und Wünschen der Lernenden anpassen und Lehrern Vorschläge zu bestmöglich kombinierbaren Lehrmodulen unterbreiten. Dies geschieht auf Grundlage von individuellen Voraussetzungen und Fähigkeiten der Lernenden. Die Lernsysteme werden im Zeitverlauf den aktuellen Wissensstand erkennen und selbstständig Empfehlungen unterbreiten, welche Themen in zukünftigen Schritten bearbeitet werden sollten. Über digitale Experten- und Kompetenzmodelle werden Wissenszustände modelliert und Aufgabensets in Echtzeit aktualisiert und angepasst. Auf diese Weise werden individuelle Lernpfade und optimierte Lernkreisläufe entstehen und Lernende (in Gruppen) zusammengeführt, wenn sich deren jeweiligen Stärken und Schwächen ergänzen. Lesende Lernende sehen, wer in ihrer Community zur gleichen Zeit den gleichen Text liest, und können bei Bedarf untereinander kommunizieren. Da sich die Lernsysteme in einer »natürlichen Sprache« ausdrücken werden, wird die Interaktion zwischen Mensch und digitalen Lernsystemen immer mehr wie eine normale Unterhaltung erscheinen.

5.10 Future Work

Unseren Arbeitsplatz der Zukunft werden wir digital mit uns herumtragen. Von räumlichen Grenzen befreit, werden wir in vernetzten, virtuellen Teams noch kreativer und effektiver arbeiten. Wir werden recht genau wissen, was wir gegenwärtig können, was wir zukünftig wollen und was unsere Märkte brauchen. Wir werden unsere Fähigkeiten reflektieren, uns ständig weiterbilden und unser Arbeitsleben aktiver gestalten. Der Grad unserer Selbstverantwortung und Selbststeuerung wird ansteigen.

Räume für Rückzug und konzentriertes Arbeiten werden sich abwechseln mit Räumen zum Austausch und der Vernetzung. Arbeit wird nicht mehr gleich Zeit- und Festanstellung sein, sondern produziertes Ergebnis aus wechselnden Co-Working- oder Shared-Working-Arbeitsplätzen heraus. Von wo aus wir arbeiten ist prinzipiell egal, solange wir jederzeit Zugriff auf alle Informationen oder Kompetenzträger haben, die unser Informationsbedürfnis befriedigen können. Einer der Arbeitszwecke wird darin bestehen, sich Spaß, Leidenschaft, Freizeit und deren Finanzierung zu verdienen. Die Arbeitsverhältnisse werden flexibilisiert und Grenzen zwischen Arbeit und Freizeit immer mehr verschwimmen: Work-Life-Balance wird von Work-Life-Integration abgelöst.

Das 2013 von Fraunhofer IAO veröffentlichte Szenario *Arbeitswelten 4.0* beschreibt die Arbeits- und Lebenswelt von Büro- und Wissensarbeitern im Jahr 2025. Es zeigt eine hoch vernetzte, räumlich und zeitlich flexibilisierte Arbeitsorganisation, die sich an individuellen Lebenskontexten orientiert und auf diese Weise Innovationskraft, Effizienz und Effektivität steigert. Flexibel verfügbare Cloudworker lassen ihre Fähigkeiten, Kompetenzen und Leistungen auf Internetplattformen bewerten und versteigern ihre Dienstleistungen zu Höchstpreisen. Sogenannte »Caring Companies« binden Mitarbeiter frühzeitig und langfristig an sich, indem sie die mentale und körperliche Fitness ihrer Mitarbeiter fordern und fördern.

Die digitale Vernetzung schreitet weiter voran. In Zukunft sind wir von unserer eigenen digitalen »Aura« umgeben. Datenpflege bekommt einen höheren Stellenwert, denn Daten repräsentieren uns und vermitteln einen ersten Eindruck. Wir stehen im permanenten Austausch mit unserer Umgebung. Geräte versorgen sich selbstständig mit Informationen über unsere Vorlieben, unsere Lebensführung und Arbeitsaufgaben und stellen individualisierte Services bereit. In Zukunft konzentrieren wir uns viel mehr auf für uns relevante Aufgaben, da lästige Routineaufgaben wie das Suchen, Archivieren und Dokumentieren wegfallen. Per Klick können geschriebene Texte in gesprochene Sprache und gesprochene Sprache in geschriebene

Texte umgewandelt und automatisch in verschiedene Sprachen übersetzt werden.

Bürogebäude spielen als Schnittstelle zwischen digitaler und realer Welt immer noch eine wichtige Rolle. Intelligente, technologiebasierte und maximal medial unterstützte Arbeitsumgebungen fördern Kommunikation und Zusammenarbeit. Verschiedene Arbeitsbereiche und Ebenen sind offen gegliedert und miteinander verflochten. Dank Smart Room Technology stellen sich alle Arbeitsplätze automatisch auf individuelle Profile ein. Auch außerhalb der Gebäude, zu Hause oder in Co-Working-Centern kann in Zukunft gearbeitet werden. In diesen Centern können Arbeitsplätze zu variablen Konditionen angemietet werden.

Innovative Unternehmen machen das Rennen auf dem Weltmarkt. Sie suchen sich ihre Wunschmitarbeiter von morgen schon als Kinder oder Jugendliche, fördern oder unterstützen sie in ihrer Entwicklung. In der Schule wird ihnen beigebracht, wie die Arbeitswelt funktionieren wird und wie dauerhaft Kreativität, Effektivität und Effizienz entsteht.

In ihrer Zukunftsstudie *The Future of the Work 2020* prognostizierte PwC, dass 50 Prozent der Arbeitnehmer außerhalb ihres Heimatlandes arbeiten werden. Unternehmen werden sich in kleinen, stark miteinander vernetzten Einheiten organisieren und das soziale Wohlergehen ihrer Mitarbeiter in den Fokus stellen. Deren innere Freiräume und Kreativpotenzial werden sich erst dann mit weitreichendem Nachhall erschließen, wenn auch der äußere Rahmen stimmig erscheint – im anderen Fall wird kreatives Kapital zum Engpassfaktor. Nachhaltiges Wachstum wird sich für Unternehmen einstellen, wenn es ihnen gelingt, die richtigen Talente dauerhaft an sich zu binden. Unternehmen werden um neue Talente der kreativen Klasse ringen. Das Arbeitgeber-Arbeitnehmer-Verhältnis wird zunehmend auf den Kopf gestellt. Nicht

> »Zukunft ist nicht der Ort, an den man geht, sondern der, den man sich erschafft.«
>
> [Michael Rendell; Partner bei PwC]

mehr das Unternehmen allein wird über die Probezeit eines neuen Mitarbeiters entscheiden, sondern der neue qualifizierte Kandidat wird dem Unternehmen mitteilen, dass er sich dazu entschieden hat zu bleiben.

5.11 Virtuelle Entwicklungslabore, Showrooms und 3D-Internet

Zur Geräteoptimierung nutzen die Konstrukteure der Bosch-Siemens-Haushaltsgeräte BSH Simulationsverfahren und seit 2011 zusätzlich ein Virtual-Reality-Labor. Darin werfen leistungsfähige Projektoren auf eine fast elf Quadratmeter große Projektionsfläche Stereobilder, die aus den Konstruktionsdaten beispielsweise eines Herdes errechnet wurden. Gleichzeitig kann auch das vergrößerte Herdinnenleben über Spiegel projiziert werden.

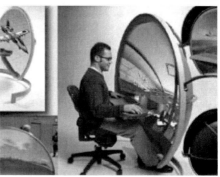

Abbildung 53: Virtuelle 3D-Simulationen.
Quelle: Heinz Nixdorf Institut,
TU Chemnitz, internet3d.org

Mit einer speziellen dafür entwickelten 3D-Brille können sich die Entwickler virtuell durch den übergroß dargestellten Herd bewegen. Im Virual-Reality-Labor lässt sich auf diese Weise bereits vor der Entwicklung von Werkzeugen testen, ob sich Ideen beispielsweise zur Material- und Energieeinsparung auch realistisch umsetzen lassen.

Digitale Simulationen werden Entwicklungszeiten und -kosten deutlich reduzieren. Digitale Planungsprozesse und 3D-Visualisierungen in virtueller Realität werden die Parametrisierung von komplexen Strukturen ermöglichen. Dies erleichtert das Planen in Varianten und eine automatisierte Fertigung von Bauelementen. Digitale Fabriken werden sich verfeinern lassen – bis zur Funktionssteuerung einzelner Maschinen. Simulationstechniken und Virtual Reality lassen Produkte und ganze Fertigungslinien virtuell entstehen, noch bevor eine Schraube oder Maschine real existiert.

Entwicklungen und Reparaturen von technischen Geräten oder Autos werden zunehmend in virtuellen Trainings- und Demonstrationsräumen stattfinden. Hier werden sich innerhalb weniger Sekunden Einzelbauteile austauschen, Zulieferer als Inputlieferanten hinzuschalten oder bestimmte Produktionshandgriffe über haptische Simulationen testen und trainieren lassen. Ingenieure werden mithilfe von Animationen intuitiv erkennen, wo Knackpunkte liegen und wo sie die Konstruktion optimieren sollten. Mit wenigen Klicks werden ganze Straßenzüge von virtuellen Städten simuliert – inklusive der Konsequenzen aller Bauschritte auf ihre Umgebung – etwa den Verkehrsfluss oder Energieverbrauch.

Die Zukunft des Internets wird sich immer mehr wegentwickeln von der Flächenwelt zu einer immer realistischeren dreidimensionalen Welt. Die simulierte Welt wird von der realen kaum noch zu unterscheiden sein. Web-Technologien werden interaktive 3D-Anwendungen direkt in Browsern ermöglichen. Für Nutzer wird es üblich sein, dreidimensionale Räume, die einen intuitiven Zugang bieten, zu betreten, dort nach Informationen zu suchen und Handlungen auszuführen.

5.12 Future Commerce

Mobiles Einkaufen
Als additiver Baustein zum E-Commerce werden Smartphones zunehmend den digitalen Handel mit dem klassischen, stationären Handel verbinden. Darüber hinaus werden sie zu Spontan- und Impulskäufen im jeweiligen Umkreis anregen. Bezahlen mit EC- oder Kreditkarte wird zur Rarität – etwa so wie heute noch eine Postkarte geschrieben und verschickt wird. Preisvergleiche, das Abrufen von sozialen Produktleistungsinformationen, eine globale Produktauswahl und lokale Produktangebote werden Basisanforderungen darstellen – etwa vergleichbar mit der Basisanforderung an einen wasserundurchlässigen Gartenschlauch. Das Funktionsset von Smartphones wird sich erweitern: neben Kommunikations-, Informations-, Medienwiedergabe-, Organisations-, Navigations- und Spielefunktionen werden Smartphones zur mobilen Geldbörse, zum Auto-, Garagen- und Haustürschlüssel und zur täglichen Einkaufsunterstützung. Darüber hinaus werden sie zu einem wichtigen Trägersystem für digitale Innovationen – dies gilt insbesondere für digitale Serviceinnovationen.

Personalisierte Einkaufsimpulse von überall, wo wir uns gerade aufhalten
Mobiles Einkaufen an Ort und Stelle wird von überall möglich sein: im öffentlichen Nahverkehr, im Auto, auf Rolltreppen, im Fitnessstudio, im Flughafen, vor der Würstchenbude, am Tresen der Szene-Bar oder auf der Parkbank. Die Nachfolgegenerationen von Plakaten werden ähnlich wie bereits heute in U-Bahnen und Bahnhöfen auf flexiblen, ultradünnen Displays optimal ausgeleuchtete, hochemotional anmutende Produkte des täglichen Bedarfs bewerben. Diese werden mit digitalen Einkaufscodes versehen sein, die mobile Einkäufe innerhalb weniger Sekunden ermöglichen. Lokale Einkaufsdienstleister erhalten die Bestellungen in Echtzeit und werden diese auf Wunsch binnen weniger Stunden zu Hause anliefern oder in gegen Diebstahl geschützten Behältern vor der Haustür oder im Vorgarten einlagern. Die Displays werden ihre Benutzer automatisch erkennen

und präferenzbasierte Shopping-Produkte einblenden. Dessen ungeachtet wird es auch werbe- und displayfreie Räume sowie Distrikte geben, die der mentalen Erholung von digitalen Reizen dienen.

Intelligente Regalberatung und Einkaufs(wagen)führung
Das Einkaufserlebnis wird zukünftig stärker an unsere individuellen Bedürfnisse angepasst sein. Kurz vor Erreichen des Supermarkt-Parkplatzes werden wir bereits im Auto über die Anzahl und die genaue Position von noch freien Parkplätzen sowie über aktuelle Sonderangebote des Tages, die unseren Einkaufspräferenzen entsprechen, informiert. Beim Betreten des Gebäudes werden wir automatisch erkannt und erhalten auf Wunsch bei Einkaufsbeginn Vorschläge, die sich an bisherige Einkäufe anlehnen. Auf instrumentierten Einkaufswagen können individuelle Einkaufslisten eingegeben werden. Wurde bereits zuvor eine entsprechende Einkaufsliste von zu Hause aus erstellt, erkennt dies der Einkaufswagen automatisch. Als Display fungieren dabei entweder händlerspezifische Geräte oder das eigene Smartphone, das sich an jedem Einkaufwagen andocken lässt. Der Wagen ermittelt unsere Position im Supermarkt und bietet uns auf Wunsch die schnellste Navigation zu den einzelnen Produkten in einer bestimmten Reihenfolge an. Ein Klick auf die gesuchte Ware in der Einkaufsliste genügt, um die Navigation zu starten. Produkte, die bereits aus dem Regal entnommen wurden, werden automatisch von der digitalen Einkaufsliste gestrichen. Wenn wir einen Schokoladenriegel aus dem Regal nehmen, erkennt das Regalsystem, welches Produkt ausgewählt wurde, und zeigt auf einem großen Regal-Display Preis und Zusatzinformationen wie Produktherkunft, Inhaltsstoffe und Transportweg an. Nimmt man ein weiteres Produkt eines anderen Herstellers aus dem Regal, lassen sich beide Produkte anhand einer tabellarischen Gegenüberstellung von Ernährungsinformationen einfach miteinander vergleichen. Jedes Regal wird erkennen, dass wir bereits mehrfach zuvor in der Supermarktkette eingekauft haben. Auf Basis unserer Einkaufsgewohnheiten werden weitere Süßigkeiten vorgeschlagen, die im Umkreis von fünf Metern in benachbarten Regalen stehen. Einkaufswagen erkennen selbstständig zu wiegende Lebensmittel optisch aufgrund

ihrer Oberflächenbeschaffenheit, Farbe, Größe. Digitale Sommeliers empfehlen zum Einkaufswageninhalt passende Weine. Große digitale Werbedisplays zeigen überall aktuelle Sonderangebote. Schlangestehen an der Kasse ist nicht mehr notwendig, da die Abbuchung automatisch bei Verlassen des Supermarktausgangs erfolgt. Sobald sich Kunden in Richtung der Kasse bewegen, druckt der Einkaufswagen automatisch eine Rechnung aus. Bei Bedarf kann diese vor dem Ausgang kontrolliert und korrigiert werden.

Smart Packaging: die sendende Verpackung
Gedruckte, sendende Verpackungen werden mit neuen Funktionen ausgestattet und schaffen zusätzlichen Nutzen für Konsumenten, Händler und Hersteller. Über die in die Verpackung eingebettete Intelligenz werden uns Produkte ihre »Lebensgeschichte« erzählen: von der Herstellung, Verarbeitung, Lagerung, Kühlketteneinhaltung und dem Transport bis zum Recycling. Digitale Frischedetektive werden uns über den aktuellen Qualitätszustand von Lebensmitteln oder Futter informieren. RFID-Chips werden Produkte durch ihre eindeutige Identifikationsnummer fälschungssicher machen. Auch Medikamentenverpackungen werden mit Zusatzfunktionen, wie beispielsweise einer Kalenderfunktion, ausgestattet sein, mit digitalen Therapieplänen in Verbindung stehen und elektronische Sichtverpackungen die Einnahmehistorie zum jeweiligen Zeitpunkt der Dosisentnahme aufzeichnen.

Profilbasierte Beratung und qualifizierte Befriedigung von Kundenwünschen

Auf anspruchsvolle Kunden wartet zukünftig ein Service-Paradies. Sie werden erwarten dürfen, dass ihre Probleme schnell und unkompliziert gelöst und nahezu alle Wünsche qualifiziert befriedigt werden können. Mithilfe von digitaler Beratungsintelligenz werden sich Kundenberater qualifizierter informieren und in ihrer Beratung auf ganz individuelle Kundenbedarfe und -bedürfnisse eingehen. Das Einverständnis zur Speicherung und

Auswertung von personenbezogenen Daten wird dann auf breiter Basis erfolgen, wenn für Datenschutz und -sicherheit gesorgt ist, Kunden die Datenhoheit besitzen und in der qualifizierten Beratung einen wichtigen Zusatznutzen für sich erkennen können.

Ganzheitliche Beratungsansätze werden im Zentrum stehen. Berater werden uns über die frühzeitige Erkennung von Bedarfssituationen unterstützen und Beratungsgespräche mit unseren Zielen und Erwartungen beginnen lassen. Sobald wir unseren Feinschmeckerladen, unser Restaurant, Tuningzubehör- oder Weingeschäft betreten oder beim Hausfriseur, unserer Würstchenbude oder Fitnessstudio einkehren, werden wir als Kunde automatisch wiedererkannt. Die Service-Mitarbeiter werden anhand unseres Profils erkennen, wann wir was in welcher Höhe eingekauft, für was wir uns bisher interessiert, wie wir trainiert haben oder unsere Haare haben schneiden lassen. Kundenwünsche und aktuell verfügbare oder rabattierte Angebote werden mühelos zusammenfinden. Eine intelligente Anwendung wird unser Präferenzprofil mit dem verfügbaren Warenbestand abgleichen und den Service-Mitarbeitern ein Bündel aus unterschiedlichen Vorschlägen – auch mit neuen, bisher ungenutzten Angeboten – zusammenstellen. Die gesammelten Kontextinformationen werden es bei Überschreitung einer bestimmten, auswertbaren Informationsmenge ermöglichen, passgenaue Vorschläge zu unterbreiten. Ein Unternehmen mit 10.000 hinreichend ausführlichen Kundendaten wird in der Lage sein, 10.000 unterschiedliche, einzigartige Präferenzprofile abzuleiten und daraus passende Vorschlagsbündel zusammenzustellen.

5.13 Future Health

Seit der Jahrtausendwende versuchen Wissenschaftler hochwirksame Nanopartikel zu entwickeln, die Medikamente effektiv und sicher an ihren Einsatzort bringen. Bei Wirkstoff-Transportsystemen werden »Atom-Bauklötze« so zusammengesetzt, dass eine Art Container für Arzneistoffe entsteht. Das Ganze basiert auf ultrakleinen Teilchen, die aus wenigen Atomen oder Molekülen bestehen und in der Maßeinheit Nanometer gemessen werden. Im Rahmen der Krebsbekämpfung ist die Hülle von Nanoteilchen mit Antikörpern oder anderen Molekülsorten bestückt, die sich selektiv beispielsweise nur an Tumorzellen binden, gesunde Zellen aber verschonen. Einmal an den Krebszellen angedockt, sorgen die winzigen Partikel dafür, dass die Substanz aufgenommen wird. Die Selbstorganisation der Partikel läuft dabei verlässlich auf dieselbe Weise ab, sodass Partikel sowohl von einheitlicher Qualität als auch in großen Mengen herstellbar sind. Als einer der Vorreiter auf diesem Gebiet forscht Langer am MIT an innovativen Nanopartikeln für fortgeschrittene medizinische Einsatzzwecke. Der bisher vielversprechendste Nanopartikel-Kandidat namens BIND-014 hat 2012 in einer ersten klinischen Testphase nachgewiesen, dass er Chemotherapeutikum sicher zu Tumoren transportieren kann. Sobald die Partikel angedockt hatten, wurden sie offenbar wie vorgesehen von den Krebszellen aufgenommen. Im Inneren diffundierte der Wirkstoff nach und nach aus seinem »Transportkäfig« und entfaltete seine heilende Wirkung.

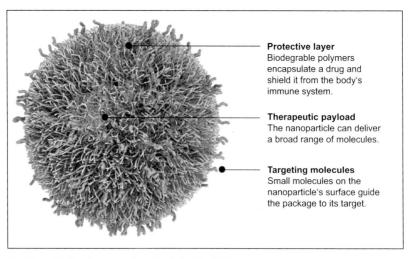

Abbildung 54: Simulation von BIND-014. Quelle: Digizyme

Digitale Gesundheitssysteme der Zukunft werden mit immer ausgeklügelteren Methoden und Technologien viele Krankheiten gar nicht entstehen lassen oder diese frühzeitig erkennen und behandeln. Durch Fortschritte in der Erforschung von Krankheitsursachen und neue diagnostische Technologien wird ein Höchstmaß an therapeutischer Wirksamkeit bei gleichzeitiger Minimierung von Nebenwirkungen erreicht. Über die Darstellung komplexer Wechselwirkungen werden lebenswissenschaftliche Grundlagenforschung und diesbezüglich medizinische Genomforschung, Neurowissenschaft, Systembiologie und Stammzellenforschung wertvolle Hinweise für die Ursachenforschung von Krankheiten beziehungsweise die Vorsorge hervorbringen. Medizin wird immer mehr individualisiert, indem krankheits- und therapierelevante Gene und Proteine für eine spezifische Diagnose genutzt, optimale Therapieverfahren digital unterstützt ausgewählt und patientenspezifische Medikamente und therapeutische Unikate passgenau für Patienten angefertigt werden.

Kleinste Mikrochips werden sehr genaue, verlässliche Informationen von Organen und Krankheitsherden im Körper ganz individuell abrufen und für eine viel genauere Diagnose und Therapie auswerten. Ganzheitliche Messinstrumente (Self-Tracking-Systeme) werden unsere physische, geistige und seelische Gesundheit scannen und auf verschiedenen Endgeräten wie Tablets oder Smartphones erfahrbar machen. Minisensoren werden Blutmessungen vornehmen können, Smartphones und Labs-on-a-Chip werden als Minilabors agieren. Intelligent vernetzte Anwendungen der Selbstdiagnose und Fernüberwachung in Body-Area-Networks und Wearable Electronics werden über Sensorsysteme Körperfunktionen, Positionen und Bewegungsmuster rund um die Uhr messen. Digitale Expertensysteme werden diese Messdaten automatisch mit Zusatzinformationen anreichern und generierte Therapievorschläge verschlüsselt via Internet an Kliniken, medizinische Versorgungseinrichtungen und niedergelassene Ärzte senden. Dort werden die Daten mit Referenzwerten verglichen und bei kritischer Überschreitung von Sollwerten notwendige Maßnahmen eingeleitet.

5.14 Künstliche Intelligenz

Hat die biologische Menschheit ihren evolutionären Gipfel bereits erreicht? Und liegt die nächste Entwicklung von intelligentem Leben in den »Händen« der computergestützten, künstlichen Intelligenz, die intelligentes Verhalten automatisiert? Dieses Thema wird seit Jahrzehnten kontrovers diskutiert. 1994 gewann das Computerprogramm Chinook den ersten Weltmeistertitel im Kampf gegen menschliche Gegner. Seit 2007 ist das Programm so übermächtig stark, dass es nicht mehr gegen Menschen verlieren kann. Schachweltmeister Kasparov verlor 1997 gegen den IBM-Schachcomputer »Deep Blue«. Während des Spiels gab Kasparov mehrfach an, Zeichen von menschlicher Intelligenz im Computer wiederzuerkennen. 2005 durchbrach der Supercomputer des U.S. Department of Energy »BlueGene/L« die 100 Billionen Rechenoperationen des menschlichen Gehirns pro Sekunde. Der ebenfalls von IBM entwickelte Nachfolger von Deep Blue, ein Hochleistungscomputer namens »Watson«, trat 2011 beim US-amerikanischen Fernsehquiz *Jeopardy* gegen die beiden besten menschlichen Spieler an und gewann. Nicht weil er so intelligent war, sondern weil er mit 2.800 parallel arbeitenden Rechnern über so unglaublich große Kapazitäten verfügte, dass Watson vieles schneller auswerten und berechnen konnte als die menschlichen Spieler mit ihrer Intelligenz.

Wenn es nach Google ginge, werden wir uns zukünftig mit Suchmaschinen ganz normal unterhalten können. Die Eingabe bloßer Suchworte wird eine immer kleinere Rolle spielen. Statt schlagwortbasierter Ereignisse gibt es echte Antworten – dank der fortschreitenden Entwicklung von wissensbasierter Systemtechnologie, Spracherkennung, Mustererkennung, logischer Schlussfolgerung, Approximation mittels künstlich geschaffener neuronaler Netze, Multiagentensystemen und Echtzeitentscheidungen. Die auf künstliche Intelligenz setzende und menschliche Unterhaltung imitierende Webanwendung cleverbot.com nahm 2011 an einem Turing-Test beim Indian Institute of Technology Guwahati teil. Beim Turing-Test führt ein menschlicher Fragesteller über Tastatur und Bildschirm ohne Sicht- und

Hörkontakt mit zwei unbekannten Gesprächspartnern eine Unterhaltung. Der eine Gesprächspartner ist ein Mensch, der andere eine Maschine. Beide versuchen, den Fragenden davon zu überzeugen, dass sie denkende Menschen sind. Kann der Fragesteller nicht mehr unterscheiden, welcher von beiden die Maschine ist, hat die mit künstlicher Intelligenz kommunizierende Maschine den Turing-Test bestanden. Über diese Aufgabe waren sowohl der Mensch als auch Cleverbot informiert. Cleverbot musste versuchen, sich wie ein Mensch zu verhalten. Das Programm analysierte bereits geführte Gespräche, suchte nach passenden Antworten, stellte Nach- oder Gegenfragen. Nach einer vierminütigen Unterhaltung hielten von über 1.300 bewertenden Personen überraschende 60 Prozent Cleverbot für einen Menschen. Die menschlichen Konkurrenten erzielten dagegen einen Wert von rund 63 Prozent.

Seit 2008 entwickelt Hasegawa am Tokio Institute of Technology Maschinen, die sich selbst weiterentwickeln, um Aufgaben zu lösen, für die sie ursprünglich nicht programmiert wurden. Mit seinem Algorithmus SOINN (Self-Organizing Incremental Neural Network), mit dem Roboter auf ihr bestehendes Wissen zurückgreifen und selbstständig Schlussfolgerungen für neue Problemstellungen ziehen, beabsichtigt Hasegawa, eine Brücke zwischen der digitalen und realen Welt zu bauen. Dazu sammelt SOINN Umgebungsdaten und bringt die analysierten Informationen in ein stimmiges Set von Handlungsanweisungen. Die Aufgabe, »Wasser zu servieren«, erledigt ein SOINN-gestützter Roboter, indem er die Aufgabe in einzelne Fähigkeiten zerlegt, die ihm beigebracht wurden, und die Reihenfolge selbst bestimmt: Tasse finden und halten, Flasche finden und halten, Wasser aus der Flasche in die Tasse gießen, Flasche und Tasse abstellen. Jede neue Information speichert das intelligente System für den späteren Gebrauch ab. Zukünftig soll das System in der Lage sein, Aufgaben über Online-Recherche zu lösen. So könnte das japanische System ein englisches befragen, wie man genau eine Tasse Tee zubereitet, um die Aufgabe anschließend in Japan auszuführen. Lernfähige Roboter im Haushalt werden unbekannte, als Bitte formulierte Aufgaben wie »Bitte bring mir die Chilisauce an den Tisch«

selbstständig ausführen, indem sie zuerst das Internet durchsuchen, um zu lernen, was Chilisauce ist, und sie dann in der Küche zu identifizieren.

5.15 Augmenting Cognition

Wiederum in Verbindung mit einem IBM-Supercomputer, dem »Blue Gene«, steht das von Markram 2005 in Lausanne gestartete *Blue Brain Project*, das sich als Pionierprojekt zum Verständnis der Funktionsweise unseres menschlichen Gehirns und unseres Bewusstseins versteht. Neurologen, Biologen, Physiker und Informatiker arbeiten mithilfe von groß angelegten Simulationen daran, das menschliche Gehirn Nervenzelle für Nervenzelle digital nachzubauen. Sie wollen das Aktivitätsniveau jeder einzelnen Nervenzelle im Gehirn erfassen, sie kartieren und verstehen, wie das Organ funktioniert. Für dieses Projekt haben sich weltweit mehr als hundert Forschungsinstitute zusammengeschlossen. Aus den Neuronen simulieren die Wissenschaftler den Grundbaustein des Gehirns, die neokortikale Säule. Sie ist die kleinste funktionale Einheit in unserem Gehirn. Mit diesen Säulen können wir sehen, hören, schmecken, sprechen und vor allem denken. Jede Säule besteht aus einem Netzwerk aus etwa 10.000 Neuronen. Die Konnektivität dieses Systems ist enorm, durchschnittlich etwa tausend Verbindungen pro Neuron. Ein Jahr nachdem IBM das erste Exemplar eines »kognitiven Chips« vorgestellt hat, wurden im August 2012 fast hundert neokortikale Säulen und damit rund eine Millionen Neuronen mit rund einer Milliarde Synapsen digital simuliert. Bis Ende 2014 soll das Gehirn einer Ratte mit rund 21 Millionen Neuronen simuliert werden. Obwohl die zunehmende Anzahl an Kritikern nicht davon ausgeht, dass sich die Biologie innerhalb einer so kurzen Zeit in eine Computerwissenschaft verwandeln lässt, soll Markrams ehrgeizige Simulation des menschlichen Gehirns mit etwa rund hundert Milliarden Nervenzellen etwa um 2023 möglich sein. Mit Spannung wird in diesem Kontext der Einsatz von künftigen Superrechnern in Kombination mit Bio-Komponenten, optischen Computern oder Quanten-Computern beobachtet. Ein weiteres Großvorhaben mit ähnlichem Forschungsschwerpunkt steht gerade in den USA in der Pipeline: das *Brain Activity Map Project*. Über zehn Jahre sollen zur Digitalisierung von Gehirnaktivität bis zu drei Milliarden US-Dollar Fördergeld in die Kooperation von Forschungsinstutitionen und IT-Konzernen wie Microsoft und Google fließen.

5.16 Biometrische Identifikationsverfahren

1998 etablierten sich erste Produkte am Markt, die Passwort-Anmeldungen am PC über eine Fingerabdruckerkennung ersetzten oder ergänzten. Fünfzehn Jahre später sind die Anwendungsfelder hoch komplexer biometrischer Erkennungssysteme vielseitiger geworden – angefangen bei der Benutzerzugangssicherung, Personenidentifikation über den Zugang zu Dienstleistungen bis hin zur Gerätezugangskontrolle. Laut der Global-Biometrics-Technology-Markets-Studie wächst der weltweite biometrische Technologiemarkt jährlich mit einer Rate von über 20 Prozent. IBM prognostiziert, dass bis 2016 die biometrische Spracherkennung auf breiter Basis verfügbar sein wird. Neben einer Stimme können auch andere biometrische Daten wie Gesicht oder Auge erkannt werden. Pin-Nummern werden durch biometrische Systeme abgelöst. Fingerscan, Venenmuster, Gesichtsfelderkennung oder Retina-Scan werden zu ausgereiften Verfahren mit hohem Sicherheitsstandard. Die biometrische Technologie wird mithilfe von digitaler Signalverarbeitung und einmaligen biometrischen Merkmalen Zutrittskontrollen und Identifikationssysteme genauer und sicherer machen. Digital Signal Processing wird eine Echtzeitanalyse von rechenintensiven Funktionen ermöglichen. So werden Tausende von gespeicherten Benutzerdaten in Bruchteilen von Sekunden verglichen.

Am Bankautomaten werden wir den Betrag, den wir abheben möchten, nur noch nennen. Den Zugang zu Gebäuden werden wir erhalten, ohne einen Chip mit uns zu tragen. Sicherheitskontrollen und Warteschlangen am Flughafen werden der Vergangenheit angehören. Arbeitsplätze werden uns erkennen und sich automatisch im Rahmen unseres Nutzungsprofils rekonfigurieren. Kameras werden beim Eintritt in ein Geschäft unsere Gesichtsstruktur oder unseren Gang erkennen. Unsere Haustür wird bei Verlassen der Wohnung automatisch verriegelt. Smartphones werden sich durch Gesichtserkennung entsperren und Autos per Fingerabdruck starten lassen.

5.17 Intelligent Robotics

Bereits seit mehreren Jahren können sie auf einem Bein springen und sich dabei in der Luft drehen, Fußbälle schießen, auf einem normalen Fahrrad über ein Geländer fahren, das so breit ist wie die Reifen selbst, Geige oder Heavy-Metal-Konzerte spielen, mit fünf Bällen gleichzeitig jonglieren und bis zu zehn Kilometer in der Stunde schnell laufen. ASIMO ist das derzeit fortschrittlichste menschenähnliche Robotersystem. Das Projekt Advanced Step in Innovative Mobility (ASIMO) begann Honda bereits 1986, nachdem Honda seinen ersten Roboter vorstellte, der auf zwei Beinen gehen konnte. Ende 2000 erhielt ASIMO schließlich einen vollständigen Körper, wodurch der Roboter zunehmend menschliche Gestalt annahm. Das Robotersystem greift auf drei verschiedenen Sensorarten zu, visuelle Sensoren, Bodensensoren und Ultraschallsensoren, und ermöglicht eine Bewegung innerhalb von 34 Freiheitsgraden über verschiedene Motoren. Die Intelligence-Walk-Technologie ermöglicht es ASIMO, seine nächsten Bewegungen zu planen und beispielsweise die Richtung zu ändern, ohne dafür anzuhalten. Wenn er um die Ecke geht, legt er sich wie ein Mensch in die Kurve, verlagert seinen Körperschwerpunkt und bleibt so im Bewegungsfluss. Seit 2008 lässt sich ASIMO zusätzlich über Hirnsignale steuern, indem er Spannungsschwankungen an der Kopfoberfläche via Helm registriert. Seit 2011 kann ASIMO, nun mit höherer Intelligenz ausgestattet, ohne Schwierigkeiten Getränke servieren, indem er mit seiner multifunktionalen Hand Schraubverschlüsse sicher aufschraubt und ein Glas befüllt. Darüber hinaus kann er entgegenkommenden Personen ausweichen, indem er alternative Routen wählt. Der Roboter entwickelt sich immer mehr von einer automatischen

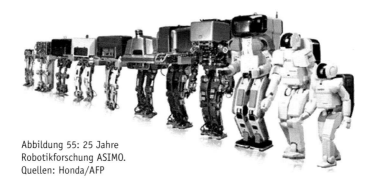

Abbildung 55: 25 Jahre Robotikforschung ASIMO.
Quellen: Honda/AFP

Maschine zu einer autonomen Maschine, um dem Ideal eines humanoiden Roboters näherzukommen. Honda rechnet damit, dass die alltagstauglichen Begleiter ab dem Jahr 2020 einem breiteren Markt zugänglich gemacht werden können.

Seit der Jahrtausendwende beschäftigt sich das Fraunhofer Institut für Produktionstechnik und Automatisierung IPA mit der Entwicklung von mobilen, humanoiden Roboterassistenten für eine aktive Unterstützung von Menschen im täglichen Leben. Die dritte Generation des Modells »Care-O-bot« zeichnet sich seit 2008 durch ein produktnahes Systemdesign aus. Es bietet Potenzial für den Praxiseinsatz mobiler Serviceroboter in Alltagsumgebungen. Der interaktive Haushaltsassistent ist in der Lage, sich sicher unter Menschen zu bewegen, Türen zu öffnen, typische Haushaltsgeräte zu erkennen, zu greifen und sicher zu servieren. Prototypen der nächsten Generation sind bereits im Einsatz. Rollstuhlroboter Friend von der Universität Bremen öffnet bereits Kühlschränke und unterstützt Querschnittsgelähmte beim Essen und Trinken. Über ihm befindet sich eine Kamera, mit deren Hilfe Friend navigiert. Forschungsroboter Armar 3 der Universität Karlsruhe kann selbstständig Spülmaschinen ausräumen und wieder beladen. Shoppingroboter Toomas von der TU Ilmenau kann Kunden eines Baumarkts seit 2008 durch die Regalgänge lotsen.

Damit sich ein Roboter in den Alltag von Menschen integrieren kann, soll er dort hineinwachsen wie ein Kind. So lautet das Credo des europäischen Projektes Felix. In dessen Rahmen haben Wissenschaftler einen Roboter dazu gebracht, wie ein Kind von einem Erwachsenen zu lernen und eine Bindung zu ihm aufzubauen. Der rund 60 Zentimeter große und rund fünf Kilogramm schwere humanoide Roboter nennt sich NAO. Er wurde 2006 erstmals vorgestellt und drei Jahre nach Verkaufsstart bereits zweitausend Mal verkauft. Seine Gelenke in Armen, Beinen und im Hals ermöglichen 25 Freiheitsgrade. Kameras lassen ihn sehen und Mikrofone räumlich hören. Zur Sprachausgabe verwendet NAO zwei Lautsprecher, die am Kopf sitzen. Hindernisse erkennt er über vier Ultraschallsensoren in seiner Brust. Ein Trägheitssensor im Torso sorgt zusammen mit Drucksensoren in den Füßen dafür, dass der Roboter nicht umfällt. Ein Berührungssensor auf dem Kopf ermöglicht eine Interaktion mit Menschen. Macht der kindliche Roboter Dummheiten, drückt der Mensch einfach auf seinen Sensor am Kopf. Der Mensch kann aber auch über den Sensor streichen und auf diese Weise Zuneigung oder Sympathie zeigen. An der Universität wurde NAO beigebracht, eine emotionale Bindung zu Menschen aufzubauen. NAO gewöhnt sich mit der Zeit an die Handlungen und Stimmungen des Menschen und entwickelt eine Bindung zu diesem. Die Bindung wird umso stärker, je mehr beide miteinander interagieren und je häufiger der Mensch auf den Roboter eingeht. Der Roboter zeigt eigene Gefühle wie Trauer, Angst, Ärger oder Freude. Ist er beispielsweise traurig, lässt er Kopf und Schultern hängen. Hat NAO Angst, kauert er sich nieder und kann nur mit Kopfstreicheln beruhigt werden, freut er sich, reckt er die Arme hoch und will den Menschen umarmen.

Das von der Europäischen Union seit 2010 geförderte Projekt Humavips soll Roboter gesellschaftsfähiger machen. Dazu werden humanoide Roboter mit den audiovisuellen Fähigkeiten für Erkundung, Erkennen und Interaktion ausgestattet. Roboter sollen perzeptive Fähigkeiten wie Hören und Sehen in Kombination einsetzen, um die Wahrnehmung auf ein Gegenüber zu fokussieren und Hintergrundgeräusche auszublenden. Nach Projektabschluss

Abbildung 56: Haushaltsroboter Care-O-Bot-3, Forschungsroboter Armar 3, Shoppingroboter Toomas, NAO Next Gen. Quellen: Fraunhofer IPA, Universität Karlsruhe, TU Ilmenau, HTW

soll ein Roboter in der Lage sein, sich ganz normal in einer Gesellschaft zurechtzufinden, einzelne Menschen oder kleinere Gruppen von bis zu fünf Personen auszumachen. Er soll die Übersicht behalten, wie viele Personen sprechen und wie viele nicht, indem er menschliche Sprachäußerungen von anderen Schallwellen unterscheidet. Anschließend soll er in der Lage sein, Personen gezielt auszuwählen, zu ihnen hinzugehen, ihre Aufmerksamkeit zu erregen und ein Gespräch zu beginnen.

Neben Haushalts- und Industrierobotern entstehen weitere Einsatzfelder in der Medizin. Exoskelette als Art Roboter zum Anschnallen mit künstlichen Beinen, Knien und Hüftgelenken unterstützen querschnittsgelähmte Menschen mit bewegungsunfähigen Gliedmaßen dabei, wieder mit anderen auf Augenhöhe zu kommunizieren oder zu gehen. Rehabilitationsroboter wie intelligente Rollstühle, Roboterarme oder Beinprothesen ermöglichen es älteren, kranken oder behinderten Menschen, ihre verlorene Mobilität und Selbstständigkeit zurückzugewinnen.

In vielen Universitätslabors und auf Robotik spezialisierten Unternehmen arbeiten Menschen mit Hochdruck daran, Roboter zu echten Gefährten zu machen. Roboter der Zukunft werden das Denken immer besser erlernen und an Autonomie gewinnen. Sie werden Daten nicht wie bisher einfach nur sammeln, sondern auch auswerten und selbstständig interpretieren. Mit ihren kognitiven Fähigkeiten und einem kontrollierten Maß Selbstständigkeit werden sie Situationen erfassen und bewerten, autarke Entscheidungen treffen und Handlungen proaktiv ausführen. Sie werden auch den Umgang untereinander aushandeln – beispielsweise wenn zwei Roboter an einer Tür aufeinandertreffen – und autark und bilateral bestimmen, wer zuerst eintritt. Da ihre intellektuellen wie physischen Fähigkeiten zunehmen, werden Roboter immer menschenähnlicher. Um von Menschen zunehmend akzeptiert zu werden, lernen die Maschinen ganz »normal« mit ihren Partnern aus Fleisch und Blut umzugehen. Sie werden darauf trainiert, in menschlichen Gesichtern zu lesen und die Körpersprache zu verstehen. Die Systeme erkennen bereits über fünfzig Gesichtsausdrücke und lernen kontinuierlich dazu, indem sie Stimmen analysieren, komplexe menschliche Emotionen und Gemütszustände erkennen und angemessen darauf reagieren. Durch die gemeinsame Betrachtung und den Vergleich von Augen- und Mundpartie unterscheiden sie höfliches, falsches, zynisches von einem gütigen oder zufriedenen Lächeln.

5.18 Surrounding Interfaces, Floating Interfaces, holografische und volumetrische 3D-Displays

Benutzeroberflächen werden sich von vielen physischen Geräten lösen und sich in die Umgebung einfügen. Intuitive Eingabesysteme, die Sprache, Gesten oder Gedanken erkennen, werden die Kommunikation zwischen Mensch und Maschine erleichtern. Sie bilden die Basis für sogenannte Surrounding Interfaces. Dabei handelt es sich um spezielle Display- und Projektionstechnologien, die sich naht- und drahtlos in die unmittelbare Umgebung integrieren lassen. Diese Technologien werden fast jede beliebige Oberfläche wie Schreibtisch, Wand, Fensterscheibe oder die eigene Hand in einen interaktiven Touchscreen verwandeln – so wird die ganze Welt zum Touchscreen. Es werden vernetzte Kommunikationserlebnisse ermöglicht, wenn sich Schaufensterscheiben im stationären Handel in transparente, interaktive Multi-Touch-Projektionsflächen verwandeln und außerhalb von Öffnungszeiten als Einkaufskanal agieren.

Sony hat mit seinem 2012 vorgestellten Xperia Sola ein Smartphone mit einer Floating-Touch-Bedienung vorgestellt: Eine neue Bedienungsfunktion erlaubt, mit dem Finger über dem Touchscreen zu schweben und damit einen Mauszeiger zu bewegen. Einen Schritt weitergedacht, braucht es nicht einmal mehr eine physische Oberfläche, wenn holografische Projektionen mitten im Raum stattfinden. In diesen Fällen kommen Touchless Displays zum Einsatz.

Trendforscher Megerle von TrendOne geht davon aus, dass mobile Kleinstprojektoren, sogenannte »Pico-Projektoren«, bereits ab 2015 Interaktions- und Navigationselemente im größeren Stil gut sicht- und bedienbar auf analogen Oberflächen wie Wand, Tisch, Fensterscheibe oder Fußboden projizieren werden. Im Sinne des »ShyTech«-Trends werden physische Geräte bei den Benutzeroberflächen immer weiter in den Hintergrund treten. Die Funktionen selbst werden zum dominierenden Element. Smartphones werden sich so über auf Tischflächen projizierte Tastatur und Eingabefelder steuern lassen. Die erzeugten Bilder werden gleichermaßen als Bedienfelder und Displays fungieren.

Abbildung 57: User-Interface-Projektionen. Quellen: Minority Report/Fraunhofer IOF

Auch fühlbare Tasten könnten Touchscreens zukünftig veredeln. Öffnen Anwender eine Anwendung, bei der eine Tastatur benötigt wird, erheben sich haptisch wahrnehmbare Tasten durch eine zusätzliche Schicht aus der Oberfläche heraus und vereinfachen die Eingabe.

Der natürliche Umgang mit unnatürlich entstandener Technologie wird alltäglicher. Berührungen, Gesten und Sprache lösen Icons, Menüs und Maus immer mehr ab. Volumetrische Farbdisplays simulieren Dreidimensionalität, indem die Displays die Oberfläche von Figuren mithilfe von Leuchtpunkten im Raum darstellen. Holografische Displays projizieren bereits fühlbare 3D-Bilder. Der Forscher Hoshi von der Universität Tokio spricht von Hologrammen zum Anfassen. Mit ihrem »Airborne Ultrasound Tactile Display« sollen sich dreidimensionale Bilder im freien Raum anzeigen lassen, die beim Berühren taktiles Feedback geben.

Sony präsentierte 2009 einen volumetrischen Display-Prototypen namens RayModeler. Dessen autostereoskopisches 360°-Display verfügt über spezielle LEDs, welche ein Rundum-Bild darstellen. So werden Objekte jeglicher Art – wie Menschen oder Gegenstände des täglichen Lebens – von

Abbildung 58: 3D-Holographic Projections. Quelle: Sony

hochperformanten Grafikprozessoren in Echtzeit dargestellt. Mit Gestensteuerung lassen sich die 3D-Objekte in alle Himmelsrichtungen verschieben. Über diese 3D-volumetrischen Bildschirme könnten zukünftig neue Computerspielformen und Unterhaltungsprogramme angeboten werden. Das Anschauen von virtuellen Haustieren, 3D-Bilderbüchern oder 3D-Videos wird aus jeder denkbaren Himmelsrichtung möglich sein. Vom 3D-Bildschirm zum Holo-Display: In einer ferneren Zukunft werden Inhalte auf einem holografischen Display frei im Raum stehen und in der Realität nicht mehr zu unterscheiden sein.

5.19 Gedankensteuerung

Denkprozesse entstehen, wenn Nervenzellen im Gehirn mithilfe von biochemischen Botenstoffen und elektrischen Signalen zusammenwirken. Gedanken beeinflussen das Aktivitätsmuster des Gehirns – und damit auch EEG-Gehirnwellen. Seit einigen Jahren arbeiten Wissenschaftler global daran, EEG als Schnittstelle zu nutzen, um Maschinen zu steuern. Schließt man Elektroden-Headsets an Rechner an, kann man diesen beibringen, verschiedene EEG-Muster jeweiligen Gedanken zuzuordnen. Über spezielle Softwares lassen sich Gedanken dann in Anweisungen übersetzen, die Maschinen steuern können. Forscher des Innovationslabors AutoNOMOS an der FU Berlin konnten 2011 im Rahmen des Projekts *Brain Driver* einen VW Passat präzise um Kurven steuern und das Fahrzeug via Gedankensteuerung beschleunigen und bremsen. Del Milan zeigte 2012 in seinem Forschungslabor in Lausanne, wie ein Rollstuhl ausschließlich über die Kraft von Gedanken gesteuert werden kann. Wissenschaftler der Universitäten in Genf, Berkley und Oxford konnten Mitte 2012 bei Informatikstudenten Informationen wie Bankdaten und Adressen aus Gehirnströmen auslesen, ohne mit den Studenten zu sprechen. Informatiker der University of Essex ließen Probanden allein kraft ihrer Gedanken ein virtuelles Raumschiff steuern.

IBM hat diesbezüglich ein ehrgeiziges Ziel formuliert: Im Jahr 2017 sollen Computer und Smartphones auch mit Gedankenkraft bedient werden können. Nach der manuellen Steuerung, Gestensteuerung und Sprachsteuerung folgt die Gedankensteuerung.

Smartphones werden die Gedanken ihrer Nutzer interpretieren können. So wird es genügen, an eine bestimmte Person zu denken, um sie im Anschluss mobil anzurufen. Nachrichten werden per »Gedanken-Zitat« erstellt und verschickt. Die Möglichkeit, unsere Gedanken durch Computer auslesen zu lassen und Maschinen durch Gedanken zu steuern, wird ein besonders weitreichender Entwurf einer umfassenden Vernetzung und Verbindung des Internets mit dem menschlichen Lebensalltag sein.

Die Spieleindustrie blickt auf eine Zukunft, die fast hundert Prozent auf digitale Inhalte eingestellt ist. Seit Jahren entwickelt sie gedankengesteuerte Computerspiele stetig weiter. Via Gedankensteuerung sollen Funktionen im Spielkontext eingeblendet und ausgeführt oder Gegenstände verschoben werden können. Wenn man als Spieler unter- oder überfordert ist, soll sich das Spiel automatisch an uns anpassen, indem es Schwierigkeitsgrade so lange erhöht oder absenkt, bis wir kognitiv optimal gefordert werden und die größte Spielfreude erleben. Es scheint nur noch eine Frage der Zeit zu sein, bis unser menschliches Gehirn mit technischen Endgeräten wie Nachfolgegenerationen heutiger Smartphones oder Spielkonsolen verbunden sein wird. Ab diesem Zeitpunkt müssen keine Tasten mehr gedrückt oder Anweisungen ausgesprochen werden. Sobald wir daran denken, passiert es bereits.

> »Die Zeit wird kommen, in der sich unsere Nachkommen wundern werden, dass wir so offenbare Dinge nicht gewusst haben.«
>
> [Seneca, 1–65; Römischer Philosoph und Stoiker]

5.20 3D-Druck und 3D-Biodruck

»Schatz, unsere Tochter hat schon wieder ihre Puppe verloren!« – »Macht nichts, ich druck ihr heute Abend eine neue aus.« So könnte ein Familiengespräch in wenigen Jahren klingen. Dreidimensionales Drucken wird unser Leben verändern, wenn 3D-Drucker in kaum einem Haushalt fehlen. Jeder Inhaber eines solchen Druckers kann dabei selbst zum Künstler und Hersteller zugleich werden. Spielzeuge, Haushaltsgeräte und Gegenstände des täglichen Bedarfs oder individuelle Geschenke werden sich am Bildschirm auswählen, entwickeln und innerhalb weniger Minuten bis Stunden dreidimensional drucken lassen. Mithilfe von Bindemittel und schnell aushärtendem Material entstehen bis zu mehrere Millimeter starke Schichten additiv. Eines der Verfahren nennt sich »Additive Manufactoring«, das gewünschte Gegenstände Schicht für Schicht modelliert. Neben Kunststoff kommen Materialien wie Gips, Pulver für Glas, Silber, Chrom oder Mineralstaub zum Einsatz. 3D-Druck wird sich in unterschiedlichen Industrien ausbreiten, beispielsweise im Modell-, Flugzeug- und Automobilbau oder in der Schmuck-, Geschirr-, Zahnersatz-, Spielzeugproduktion oder im Bereich der Medizin, Wissenschaft und Kunst. Die Vorteile dieser Drucker liegen auf der Hand: Sie setzen nur so viel Material ein, wie tatsächlich benötigt wird, und drucken auch kompliziert zusammengesetzte Modelle aus. Darüber hinaus werden sie die Herstellung von Kleinstmengen oder Unikaten zu immer geringeren Preisen ermöglichen. 2012 stellte das US-Unternehmen Makerbot seine neuste Druckergeneration »Replicator 2« vor, die eine bisher kaum erreichte Präzision bot: Gegenstände ließen sich mit einer Genauigkeit von 0,1 Millimeter – bei Bedarf sogar gleichzeitig nebeneinander – ausdrucken.

Verbindet man 3D-Druck mit der Biologie, spricht man von Biodruck. Mit seinem Forschungsteam entwickelte Forgacs 2009 den weltweit ersten 3D-Biodrucker. Wenige Jahre später druckte Forgacs als Erster eine komplette menschliche Ader. Der Forscher geht davon aus, dass bis 2020 menschliche Organe aus menschlichen Zellen künstlich und individuell gedruckt und reproduziert werden können. Zunächst im Rahmen einer Testumgebung für neue Medikamente und Therapien, zu einem späteren Zeitpunkt als direkt implementierbare, lebende und personalisierbare Ersatzorgane für den Einsatz in menschlichen Körpern. 2012 entwickelten Wissenschaftler um Shaochen Chen an der University of California eine neue Methode, um innerhalb weniger Sekunden Nano-Strukturen zu erzeugen. Der Druck von Mikrostrukturen in ein biokompatibles Hydrogel soll bei den Versuchen der künstlichen Erzeugung von Gewebe, Organen, Blutgefäßen oder Leder behilflich sein. Auf Basis von Gewebeproben und 3D-Aufnahmen von Organen werden diese mit körpereigener »DNA-Tinte« Schicht für Schicht gedruckt. Anschließend stehen sie für Transplantationen zur Verfügung. Gedruckte Verbände mit in einem speziell angeordneten Muster aus lebenden Zellen werden den Wachstumsprozess von Blutgefäßen steuern und den Heilungsprozess beschleunigen können. Nachwuchsärzte werden an realistischen Organkopien üben, bevor sie an einem echten Körper Hand anlegen und zu einer höheren Behandlungsqualität und Sicherheit von Patienten beitragen.

Biodruck könnte auch zum Wachstumstreiber für die Lebensmittelindustrie werden. So werden sich Rohkost oder auch Würstchen, Nuggets und Steaks ausdrucken lassen, indem »Biotinte« mit Fett-, Muskel- und Bindegewebszellen auf Nährgel aufgetragen wird. Im nächsten Schritt reifen dann Muskelklumpen in Bioreaktoren heran, die mit mechanischen Belastungen und sanften elektrischen Impulsen trainiert und anschließend zu Zuchtfleisch entwickelt werden. Forgacs zeigt sich davon überzeugt, mit seinen Entwicklungen einen großen Beitrag zu leisten, um die zukünftig überwältigenden Probleme von Hunger, Armut, Energieverbrauch und Tierrechten zu lösen.

Literaturverzeichnis

Andrew, James; Harold Sirkin (2004): Wenn Innovationen Profit bringen sollen. 9/2004, S. 66–75.

Auer, Thomas (2011): Identifying, controlling, measuring & reporting innovative competence. In: Service Innovation Yearbook.

Austen, Harriet (2010): Open Innovation – Das Netz weit auswerfen. In: wirtschaft, Magazin der IHK München, 6/2010, S. 68–70.

Behrends, Thomas (2001): Organisationskultur und Innovativität.

Bieger, Thomas; Dodo zu Knyphausen-Aufseß; Christian Krys (2011): Innovative Geschäftsmodelle.

Biyalagorsky, Eyal; William Boulding; Richard Staelin (2001): Stuck in the Past: Why Organizations Exhibit Escalation Bias.

Borchert, Jan; Philipp Goos; Svenja Hagenhoff (2003): Innovations- und Technologiemanagement: Eine Bestandsaufnahme.

Boutellier, Roman; Christian Lach (2000): Produkteinführung – Herausforderung für Marketing und Logistik.

Brühl, Kirsten (2010): Future Jobs – Wie wir in Zukunft in Europa leben werden.

Brunswicker, Sabine; Ulrich Hutschek (2011): Kreative Seitensprünge in den frühen Innovationsphasen. In: Fraunhofer IAO.

Bullinger, Hans-Jörg (2006): Fokus Innovation: Kräfte bündeln – Prozesse beschleunigen.

Capgemini Consulting (2011): Transform to the Power of Digital.

Chesbrough, Henry (2006): Open innovation – The new imperative for creating and profiting from technology. In: Harvard Business School Press.

Clements, Paul; Felix Bachmann; Len Bass (2003): Documenting Software Architectures – Views and Beyond.

Czotscher, Eric; Steria Mummert Consulting (2009): Managementkompass Komplexitätsmanagement.

Debicki, Johann (2012): Untersuchung der Rolle von Produktdesignern als Promotoren in Innovationsprojekten.

Dershin, Harvey (2011): An Adaptive Approach to Managing Innovation – a practical guide for managers.

Dolata, Ulrich (2011): Wandel durch Technik: Eine Theorie soziotechnischer Transformation.

Dyer, Jeff; Hal Gregersen; Clayton Christensen (2011): The Innovator's DNS: Mastering the Five Skills of Disruptive Innovators.

Erichson, Bernd (2002): Prüfung von Produktideen und -konzepten. In: Handbuch Produktmanagement, S. 413-438.

Feldmeier, Erich (2010): Sonntags Reden, montags Meeting: Wie Innovationen dennoch gelingen.

Finzen, Jan; Harriet Kasper; Maximilien Kintz (2010): Innovation Mining – effektive Recherche unternehmensstrategisch relevanter Informationen im Internet. Fraunhofer IAO.

Finzen, Jan; Maximilien Kintz; Stefan Kobes (2011): A Comparative Study of Publicly Accessible Web-Based Idea Portals. In: Int. J. Technology Marketing, 6 (1), S. 85-98.

Fischermann, Thomas; Götz Hamann (2013): Wer hebt das Datengold? In: DIE ZEIT Nr. 2, 3.1.2013.

Fischhoff, Baruch; Paul Slovic; Sarah Lichtenstein (1977): Knowing with Certainty: The Appropriateness of Extreme Confidence. In: Journal of Experimental Psychology, Human Perception and Performance 3, S. 552-564.

Franken, Rolf; Swetlana Franken (2012): Integriertes Wissens- und Innovationsmanagement.

Ganders, Tammo (2011): Holistic Innovation 2011, Zentrum für Innovationsforschung und Business Development zibd.

Gassmann, Oliver; Christoph Kausch (2005): Den Technologietrend nicht verschlafen. In: Wissenschaftsmanagement 2, März/April 2005.

Gassmann, Oliver; Carmen Kobe (2006): Management von Innovation und Risiko: Quantensprünge in der Entwicklung erfolgreich managen.

Gassmann, Oliver; Philipp Sutter (2008): Praxiswissen Innovationsmanagement: Von der Idee zum Markterfolg.

Gassmann, Oliver; Sascha Friesike (2012): 33 Erfolgsprinzipien der Innovation.

Gärtner, Sandra; Kerim Herbst (2008): Meta-Studie zur Ermittlung der optimalen Kontaktdosis von Online-Ads. In: Research & Results, 4/2008, S. 48.

Geschka, Horst (2006): Kreativitätstechniken und Methoden der Ideenbewertung. In: Innovationskultur und Ideenmanagement, S. 217-249.

Glanz, Axel; Philipp Nadler (2011): Entscheiderstudie zur steigenden Innovationsgeschwindigkeit.

Gourville, John (2005): The Curse of Innovation: A Theory of Why Innovative New Products Fail in the Marketplace. In: Harvard Business School, Paper No. 05-06.

Gourville, John (2006): Eager Sellers and Stony Buyers. Understanding the Psychology of New-Product Adoption. In: Harvard Business Review, Juni 2006, S. 99-106.

Grabmeier, Stephan (2012): Social Collaboration in Unternehmens- und Personalführung bei Deutsche Telekom AG. In: Jäger, Wolfgang; Thorsten Petry (Hrsg.): Enterprise 2.0 – die digitale Revolution der Unternehmenskultur, S. 61-67.

Gräf, Jens; Christian Langmann (2011): Kennzahlen im F&E und Innovations-Controlling. In: Der Controlling-Berater, Band 13 »Innovations-Controlling«.

Greiner, Oliver; Tim Wolf (2011): In Marktveränderungen die Chancen packen. In: io management, Mai 2011, S. 38–42.

Griesar, Klaus (2008): Management von Forschung und Entwicklung.

Gupta, Arvind (2013): Adaptive Innovation – Create, Learn, Repeat. In: Rotman Magazine, Winter 2013, S. 97–100.

Haber, Tobias (2008): Resistenz gegenüber Innovationen.

Hauschildt, Jürgen; Hans-Georg Gemünden (1999): Promotoren: Champions der Innovation.

Hilgers, Dennis; Frank Piller (2009): Controlling für Open Innovation – Theoretische Grundlagen und praktische Konsequenzen. In: Controlling, 2009, Heft 2, S. 5–11.

Hobel, Bernhard; Silke Schütte (2006): Projektmanagement von A-Z: Kompetent Entscheiden. Richtig handeln.

Howaldt, Jürgen; Ralf Kopp; Emanuel Beerheide (2011): Innovationsmanagement 2.0.

Ili, Serhan (2009): Open Innovation im Kontext der Integrierten Produktentwicklung. Strategien zur Steigerung der FuE-Produktivität.

Ili, Serhan (2012): Innovation Excellence: Wie Unternehmen ihre Innovationsfähigkeit systematisch steigern.

Jäger, Wolfgang; Thorsten Petry (2012): Enterprise 2.0 – die digitale Revolution der Unternehmenskultur.

Janszky, Sven Gabor (2009): 2020 – so leben wir in der Zukunft.

Janszky, Sven Gabor (2010): Rulebreaker – wie Menschen denken, deren Ideen die Welt verändern.

Karmasin, Helene (2007): Produkte als Botschaften: Konsumenten, Marken und Produktstrategien.

Kaulartz, Sandro; Edvin Babic (2009): Schöpfergeist gefragt – was Co-Creation heute leisten sollte. In: Research & Results, 02/2010, S. 44–46.

Kirchgeorg, Volker; Markus Achtert; Hanno Großeschmidt (2010): Pathways to Innovation Excellence, Results of a Global Study by Arthur D. Little.

Klapp, Ulrich (2009): Analyse von Besonderheiten, Problemfeldern und Zukunftschancen des Innovationsmanagements industrieller Dienstleistungen.

Klima- und Energie-Fonds (2011): Smart Cities – Städte der Zukunft.

Klimecki, Rüdiger; Markus Thomae (2000): Interne Netzwerke zur Entwicklung organisationalen Wissens. In: Personal, Heft 11, 2000, S. 588–590.

Kraus, Roland (2005): Strategisches Wertschöpfungsdesign – ein konzeptioneller Ansatz zur innovativen Gestaltung der Wertschöpfung.

Kriegesmann, Bernd; Friedrich Kerka (2007): Managementkonzepte im Wandel – Vom Lean Management und Business Reengineering zur Lernenden Organisation. In: Kriegesmann, Bernd; Friedrich Kerka (Hrsg.): Innovationskulturen für den Aufbruch zu Neuem, S. 11–42.

Kuester, Sabine (2008): Herausforderung Innovation.

Kurzweil, Ray (2000): The Age of Spiritual Machines: When Computers Exceed Human Intelligence.

Kurzweil, Ray (2005): The Singularity is near: When Humans Transcend Biology.

Lamattina, Sebastiano (2010): Die Bedeutung von Wissensmanagement bei der Generierung von Innovationen in Unternehmen.

Liebeherr, Jeanette (2008): Innovationsförderliche Organisationskultur – eine konzeptionelle und empirische Untersuchung radikaler Innovationsprojekte.

Macharzina, Klaus; Joachim Wolf (2010): Unternehmensführung: Das internationale Managementwissen, Konzepte – Methoden – Praxis.

MacPherson, Duncan; David Miller (2007): Breakthrough Business Development: A 90-Day Plan to Build Your Client Base and Take Your Business to the Next Level.

McMath, Robert; Thom Forbes (1998): What were they thinking?

Meier, Florian (2009): Matrix 2020: wann kommt die weltweit vernetzte intelligente Maschine?

Mensch, Gerhard (2002): Investition: Investitionsrechnung in der Planung und Beurteilung von Investitionen.

Mes, Florian (2012): Internal Corporate Venturing zur Steigerung der Innovationsfähigkeit etablierter Unternehmen.

Meyer, Jens-Uwe (2008): Das Edison-Prinzip – der genial einfache Weg zu erfolgreichen Ideen.

Meyer, Jens-Uwe (2011): Erfolgsfaktor Innovationskultur – das Innovationsmanagement der Zukunft.

Meyer, Jens-Uwe (2012): radikale innovation – das Handbuch für Marktrevolutionäre.

Meyer, Jens-Uwe; Henryk Mioskowski (2013): Genial ist kein Zufall – die Toolbox der erfolgreichsten Ideenentwickler.

Micic, Pero (2006): Das ZukunftsRadar. Die wichtigsten Trends, Technologien und Themen für die Zukunft, Future Management Group.

Micic, Pero (2007): Fachmedien 2020: Wie Zukunftsexperten über die Branche reden.

Müller, Susan; Thierry Volery (2011): Querdenken als Königsdisziplin. In: io management, Juni 2011, S. 43–47.

Müller-Prothmann, Tobias; Nora Dörr (2009): Innovationsmanagement. Strategien, Methoden und Werkzeuge für systematische Innovationsprozesse.

Nappa, Michael (2007): Zur Komplexität der Innovationsorganisation. In: Nappa, Michael; Kai Engel (Hrsg.):Innovationsmangement: Von der Idee zum erfolgreichen Produkt.

Nijkamp-Diesfeldt, Margot (2012): The Human Factor in Open Innovation.

Oestereich, Bernd (2011): Einführung in Design Thinking.

Osterwalder, Alexander; Yves Pigneur (2011): Business Modell Generation.

Peters, Tom; Ursel Reineke (2002): Der Innovationskreis: Ohne Wandel – kein Wachstum.

Piller, Frank; Kathleen Diener (2002): The Market for Open Innovation: Increasing the efficiency and effectiveness of the innovation process.

Piller, Frank; Ralf Reichwald (2006): Interaktive Wertschöpfung. Open Innovation, Individualisierung und neue Formen der Arbeitsteilung.

Pradel, Marcus (2001): Dynamisches Kommunikationsmanagement – Optimierung der Marketingkommunikation als Lernprozess.

Preuss, Rudolf (2011): Intermedia: Künstlerische Experimente und Vermittlungsprozesse.

PricewaterhouseCoopers (2006): Innovation Performance – das Erfolgsgeheimnis innovativer Dienstleister.

Probst, Gilbert; Kai Romhardt (1996): Bausteine des Wissensmanagements – ein praxisorientierter Ansatz.

Rammer, Christian et al. (2011): Innovationen ohne Forschung und Entwicklung. In: Studien zum deutschen Innovationssystem, Nr. 15-2011.

Raynor, Michael; Mumtaz Ahmed (2013): Die 3 Regeln für den Erfolg. In: Harvard Business Manager, 05/2013, S. 22–34.

Rekece, Robert; Hans-Dieter Zimmermann; Christoph Meili (2012): Open Innovation Monitor 2012.

Robinson, Les (2009): A Summary of Diffusion of Innovations.

Rogers, Everett (1995): Diffusion of Innovations.

Roser, Thorsten; Alain Samson (2009): Co-creation: New pathways to value. An overview.

Rüggeberg, Harald (2009): Innovationswiderstände bei der Akzeptanz hochgradiger Innovationen aus kleinen und mittleren Unternehmen. In: Business & Management 12/2009, Working Papers No. 51.

Sander, Jan (2004): Produktentwicklung mit virtuellen Communities: Kundenwünsche erfahren und Innovationen realisieren.

Schäppi, Bernd; Franz-Josef Radermacher, Mogens Andreasen; Manfred Kirchgeorg (2005): Handbuch Produktentwicklung.

Schmitz, Bernd (2012): Zehn Tipps für Unternehmen auf dem Weg zum Enterprise 2.0. In: Jäger, Wolfgang; Thorsten Petry: Enterprise 2.0 – die digitale Revolution der Unternehmenskultur, S. 275–280.

Schnaars, Steven (1988): Megamistakes: Forecasting and the Myth of Rapid Technological Change.

Schon, Donald (1963): Champions for Radical New Investments. In: Harvard Business Review, 41, S. 77-86.

Schuh, Günther (2011): Lean Innovation – Entwicklungsproduktivität signifikant steigern.

Schultz, Randall; Kathryn Braun (1998): The Overreach Effect of New Product Decisions, University of Iowa Working Paper.

Schütz, Peter (2003): Implementierung von Trends – die hohe Kunst des Schnittstellen-Managements.

Schwaninger, Markus (2006): Fehlertoleranz – ein zweischneidiges Schwert. In: Zeitschrift für Personalforschung 20, S. 277-281.

Seiter, Simone; Birgit Holz (2009): Launch Excellence aktuell – Anforderungen an Produktneueinführungen im veränderten Marktumfeld. In: Pharm. Ind. 71, Nr. 6, S. 924–930.

Sharma, Arun; Gopalkrishnan Iyer; Heiner Evanschitzky (2008): Personal Selling of High-Technology Products – The Solution-Selling Imperative. In: Journal of Relationship Marketing, 7(3), S. 287-308.

Sommerlatte, Tom (2011): Strategie, Innovation, Kosteneffizienz.

Spielkamp, Alfred; Christian Rammer (2006): Balanceakt Innovation – Erfolgsfaktoren im Innovationsmanagement kleinerer und mittlerer Unternehmen.

Stampfl, Georg (2010): Innovationsprojekte und Heterogene Teams: Erfolgsfaktoren interdisziplinärer Zusammenarbeit.

Staudt, Erich (2002): Kompetenzentwicklung und Innovation.

Stern, Thomas; Helmut Jaberg (2010): Erfolgreiches Innovationsmanagement: Erfolgsfaktoren – Grundmuster – Fallbeispiele.

Szogs, Günther (2009): Das Management des Intellektuellen Kapitals im Wechselspiel von Abteilungs-, Unternehmens- und Gesellschaftsinteressen. In: BRAICONN, S. 1–3.

Tapscott, Don; Anthony Williams (2009): Wikinomics. Die Revolution im Netz.

Thomzik, Markus (2007): Big Ideas erkennen und Flops vermeiden – Dreistufige Bewertung von Innovationsideen, Institut für angewandte Innovationsforschung (IAI).

Tiemeyer, Ernst (2009): Handbuch IT-Management: Konzepte, Methoden, Lösungen und Arbeitshilfen für die Praxis.

Tushman, Michael; Wendy Smith; Andy Binns (2011): Die zwei Rollen des CEO. In: Harvard Business Manager, 08/2011, S. 32–40.

Von Hippel, Eric (2005): Democratizing Innovation. In: MIT Press.

Von Oertzen, Jürgen (2010): Wer macht's? Die Rollen von Promotoren bei der Etablierung von Konfliktmanagement(systemen) in Unternehmen.

Walgenbach, Gertrud (2007): Die Vorteilssituation von Innovatoren auf elektronischen Märkten.

Waltenberger, Thomas (2011): Strategische Geschäftsentwicklung in FuE-Unternehmen.

Warschat, Joachim; Karin Auernhammer; Axel Gomeringer; Marc Bannert (2003): Integriertes Innovationsmanagement: Erfolgsfaktoren, Methoden, Praxisbeispiele. In: Fraunhofer IAO.

Wieking, Klaus (2006): Wenn Innovationen zum Milliarden-Flop werden. In: Werben und Verkaufen, 16, S. 26–29.

Wirtz, Bernd (2000): Electronic Business.

Witte, Marc (2011): Open Innovation als Erfolgsfaktor für KMU: Theoretische Analyse und praktische Untersuchung.

Witzer, Brigitte (2011): Risikointelligenz.

Zerfaß, Ansgar; Simone Huck (2007): Innovationskommunikation: Neue Produkte, Ideen und Technologien erfolgreich positionieren. In: Handbuch Unternehmenskommunikation, S. 846-858.

Zimmermann, Rainer et al. (2001): Brand Equity Review. In: BBDO Group Germany, Brand Equity Excellenc.

Radikale Innovation

Jens-Uwe Meyer
Radikale Innovation
Das Handbuch für Marktrevolutionäre

256 Seiten; 2012; 24,80 Euro
ISBN 978-3-86980-134-6; Art-Nr.: 867

Fortschritt war gestern – Unternehmen, die im Wettbewerb bestehen wollen, müssen die Revolution ausrufen: Radikale Innovation. Sie brauchen Produkte, für die es noch keine Märkte gibt. Dienstleistungen, die niemand für möglich hält. Und Geschäftsmodelle, die die Regeln ganzer Branchen auf den Kopf stellen. Innovationen, die mutige Pioniere erfordern – und nicht Verwalter aufwendiger Prozesse.

Doch hier herrscht Mangel. Draußen verändert sich die Welt, drinnen verändert sich die Powerpoint-Präsentation. Draußen wird die digitale Revolution ausgerufen, drinnen der Abstimmungsprozess neu aufgesetzt. Draußen sind Rebellen dabei, neue Märkte zu erobern, drinnen überlegen Manager, wie sie sich absichern, bevor sie handeln. Quer durch alle Branchen ist die Mehrheit der Unternehmen und Institutionen heute nicht in der Lage, radikale neue Ideen zu entwickeln.

Radikale Innovation erfordert radikale neue Konzepte. Konzepte, mit denen Unternehmen beweglicher und mutiger werden. Konzepte für Macher, die sich nicht damit abfinden, dass große Ideen irgendwo im Bermuda-Dreieck der festgefahrenen Unternehmensstrukturen verschwinden. Und ein neues Denken – statt Konzepte wiederzukäuen, die in den Neunzigerjahren aktuell waren.

Das neue Buch von Jens-Uwe Meyer, einem der anerkanntesten Innovationsexperten in Deutschland, stellt bahnbrechende Denkansätze vor. Ein Handbuch aus der Praxis, das anhand internationaler Fallstudien und der Erkenntnisse aus Hunderten von Innovationsprojekten zeigt, wie Unternehmen durch radikal neue Wege zu Innovationsgewinnern werden.

www.BusinessVillage.de

Shop-Floor-Management

Albert Hurtz, Martina Stolz
Shop-Floor-Management
Wirksam führen vor Ort

280 Seiten; 2013; 34,80 Euro
ISBN 978-3-86980-209-1; Art.-Nr.: 902

Die Führungskräfte blicken auf Zahlenwüsten und Diagramme, die Produktionsanlagen und Prozesse kennen sie oftmals nur noch oberflächlich – Alltag in vielen Unternehmen. Eine Folge der immer schlankeren und effizienteren Produktion und eines ausgedünnten Managements.

Lean-Produktion galt lange Jahre als das Erfolgsrezept. Doch um gerade am Wirtschaftsstandort Deutschland auch zukünftig zu bestehen, wird es nicht ausreichen, nur kostengünstig zu produzieren. Erfolgreich werden nur die Unternehmen sein, die es langfristig schaffen, die Wertschöpfung verschwendungsfrei und reibungslos zu gestalten.

Das kann jedoch nur gelingen, wenn das Management den Elfenbeinturm der Führungsetage verlässt und sich dem Geschehen vor Ort annähert. Führung vor Ort – Shop-Floor-Management – heißt die zukünftige Herausforderung. Das erfordert ein teils radikales Umdenken in den Führungsetagen: wirkliche Präsenz, ein offenes Ohr für Mitarbeiter, ein Blick für Prozesse und Probleme. Erst dann kann Führung Entscheidungen beschleunigen, Mitarbeiter zu aktiven Verbesserungsmanagern machen und eine nachhaltige und strukturierte Problemlösungsfähigkeit etablieren.

www.BusinessVillage.de

Zeit. Macht. Geld.

Martin Geiger
Zeit. Macht. Geld.
Die Erfolgsgeheimnisse produktiver Unternehmer

296 Seiten; 2013; 24,80 Euro
ISBN 978-3-86980-201-5; Art-Nr.: 889

Wenn Sie morgen bessere Ergebnisse erzielen wollen, dürfen Sie heute nicht mit einem Zeitmanagement von gestern arbeiten.

Vergessen Sie alles, was Sie bisher über Zeitmanagement gehört haben. Das neue Buch des Produktivitätsexperten Martin Geiger wird Ihre bisherige Zeitverwendung völlig auf den Kopf stellen.

Für Unternehmer ist der richtige Einsatz ihrer Zeit von entscheidender Bedeutung. Ganz gleich ob Selbstständiger, Freiberufler, Geschäftsführer oder Inhaber: Tatsächlich ist das Verwandeln von Zeit in Geld sogar ihr eigentliches Geschäft.

Effektivitätscoach Martin Geiger verrät Ihnen anhand zahlreicher praktischer Beispiele die Erfolgsstrategien produktiver Unternehmer. Seine unkonventionellen Methoden und außergewöhnlichen Tipps lassen sich unmittelbar in Ihren Berufsalltag integrieren und führen zu einer nachhaltigen Verbesserung von Leistung und Lebensqualität.

ZEIT. MACHT. GELD. wird Ihre Zeitverwendung revolutionieren und Ihre persönliche und unternehmerische Produktivität steigern.

Das unverzichtbare Standardwerk moderner Zeitführung für jeden Unternehmer!

www.BusinessVillage.de